Christa Gürtler
Sigrid Schmid-Bortenschlager

# Eigensinn und Widerstand

## Schriftstellerinnen der Habsburgermonarchie

Ueberreuter

Die Deutsche Bibliothek – CIP-Einheitsaufnahme

**Gürtler, Christa:**
Eigensinn und Widerstand : Schriftstellerinnen der Habsburgermonarchie / Christa Gürtler ; Sigrid Schmid-Bortenschlager. - Wien : Ueberreuter, 1998
ISBN 3-8000-3706-8

Die Arbeit an diesem Buch wurde durch einen Forschungsauftrag des Bundesministeriums für Wissenschaft und Verkehr in Wien unterstützt. Der Druck wurde vom Wissenschaftsreferat der Magistratsabteilung 18 der Stadt Wien, der Stiftungs- und Förderungsgesellschaft der Paris-Lodron-Universität Salzburg und vom Bundesministerium für Wissenschaft und Verkehr in Wien gefördert.

AU 0438/1

Umschlag: Irma von Troll-Borostyáni (Salzburger Museum Carolino Augusteum), Rosa Mayreder, Bertha von Suttner, Adelheid Popp, Marie von Ebner-Eschenbach (Bildarchiv der Österreichischen Nationalbibliothek)

Printed in Austria
1 3 5 7 6 4 2

# Inhalt

# Einleitung

*ALS EINE FRAU LESEN LERNTE,*
*TRAT DIE FRAUENFRAGE IN DIE WELT.*

*Marie von Ebner-Eschenbach*

In ihren »Memoiren« listet Bertha von Suttner eine lange Reihe der von ihr gelesenen Bücher auf, darunter »den ganzen Shakespeare, den ganzen Goethe, den ganzen Schiller und Lessing, den ganzen Victor Hugo«. Ebner-Eschenbach notierte in ihrem Tagebuch immer genau ihre umfangreiche Lektüre, und auch Minna Kautsky wurde im väterlichen Bücherschrank fündig, wo neben einer Geschichte Frankreichs Schillers »Räuber« und »Kabale und Liebe« das junge Mädchen besonders beeindruckten. »Ich las gerne. Ich las wahllos, was ich in die Hände bekommen konnte«, schrieb Adelheid Popp in ihrer »Jugendgeschichte einer Arbeiterin«.

Die fünfzehn hier porträtierten Schriftstellerinnen klagen alle über ihre mangelhafte Erziehung und beschreiben die Möglichkeit, zu lesen und sich dadurch die Welt anzueignen, als ihre einzige Chance. Die Schulbildung aller Frauen – vom Arbeiterkind Adelheid Popp bis zur adeligen Marie von Ebner-Eschenbach – läßt mehr als zu wünschen übrig. Sie alle sind Autodidaktinnen, haben sich ihre oft stupende Bildung mühsam durch Lektüre im Selbststudium erworben.

Viele Schriftstellerinnen kämpfen in ihren Werken für eine Verbesserung der weiblichen Ausbildung und Erziehung, die nicht länger – wie es Irma von Troll-Borostyáni formuliert – eine »Verziehung« sein sollte. Emilie Mataja, die sich als Schriftstellerin Emil Marriot nannte, durfte/mußte nach der Grundschule noch einen kaufmännischen Kurs belegen, um im elterlichen Geschäft mitzuarbeiten (ihre Mutter war vor ihrer Heirat selbst Geschäftsfrau). Diese Ausbildung ist beinahe schon außergewöhnlich, von Else Jerusalem wird der Besuch von Vorlesungen als Gasthörerin an der philosophischen Fakultät in Wien, von Asenijeff von einer Gasthörerschaft in Leipzig berichtet, das Studium der Geisteswissenschaften in Zürich, das Helene von Druskowitz absolviert, ist über Jahrzehnte eine singuläre Ausnahme. Als erste Österreicherin promoviert sie als Zweiundzwanzigjährige mit einer Dissertation über »Byron's Don Juan« 1878 zum Doktor der Philosophie.

In ihren späteren Lebensjahren konnten sich dennoch viele Autorinnen mit ihrer ausgedehnten Lektüre an zeitgenössischen und philosophischen Debatten über die Werke Friedrich Nietzsches, Arthur Schopenhauers, Ernst Haeckels oder Otto Weiningers aktiv beteiligen – wie etwa die Frauenrechtlerinnen Irma von Troll-Borostyáni und Rosa Mayreder mit ihren Essays. Die Weltreisende und berühmte Reiseschriftstellerin Ida Pfeiffer wurde aufgrund ihrer Forscher- und Sammlertätigkeit Mitglied von internationalen Akademien.

Seit nunmehr einem Vierteljahrhundert beschäftigt sich die Frauenliteraturforschung intensiv mit der Suche nach und der Bearbeitung von Texten von Schriftstellerinnen und versucht erfolgreich, den ihnen gebührenden Stellenwert in der Literaturgeschichtsschreibung zu erkämpfen.

Die folgenden Darlegungen beziehen sich auf Texte von Frauen aus der Habsburgermonarchie, wobei Österreich als grober Suchbegriff verstanden wird, also Autorinnen umfaßt, die im Bereich der österreichisch-ungarischen Monarchie geboren worden sind, dort ihre Prägung erhalten haben oder sich während einer wichtigen Lebensphase einen Wohn- und Arbeitsort innerhalb dieses Bereichs gewählt haben.

Die Sonderstellung der österreichischen Literatur im deutschen Sprachraum wird auch in der Literatur von Frauen bestätigt: Während im protestantischen Norden die moderne Literatur – und mit ihr auch die Literatur von Frauen – im 18. Jahrhundert im Zusammenhang mit der Aufklärungsbewegung breit einsetzt, ist dieses Jahrhundert in Österreich durch die katholische Gegenreformation geprägt, die nur in wenigen radikalen Aufklärern und Pamphletisten rund um Josef II. ein Gegengewicht findet. Frauen haben als Schriftstellerinnen – trotz oder wegen Maria Theresia – hier kein positives Klima gefunden. Es gibt kein österreichisches Pendant zu Sophie La Roche, zu den moralischen Wochenschriften von und für Frauen. Allenfalls im Bereich des Theaters, das als Volkstheater in Wien eine dominante Stellung einnimmt, wird durch neue Forschungen deutlich, daß es neben den Schauspielern, die ihre Stücke selbst bearbeitet und geschrieben haben, auch Schauspielerinnen und Prinzipalinnen gegeben hat, die diese Tätigkeit ausgeübt haben. Doch sind diese Vorläufer und Vorläuferinnen von Ferdinand Raimund und Johann Nestroy bis auf ganz wenige Namen heute nur mehr Experten bekannt.

Auch die für den norddeutschen Raum so wichtigen Salons der Romantikerinnen – von Bettina von Arnim bis Rahel Varnhagen – mit ihrer literarischen Produktion fehlen in Wien fast völlig, die einzigen Ausnahmen sind Fanny von Arnstein und Caroline Pichler, die mit ihren Erinnerungen noch heute gern zitiert wird, von der aber meist nicht bekannt ist, daß sie selber ein literarisches Werk von sechzig Bänden vorgelegt hat.

Erst im 19. Jahrhundert können wir in Österreich-Ungarn von einer tatsächlichen Präsenz von Frauen auf dem schriftstellerischen Markt sprechen; gleich am Beginn dieser Tradition steht eine Schriftstellerin, deren Anerkennung bei Zeitgenossen und bei Literarhistorikern unbestritten ist. Dennoch zählt sie nicht mehr zu den literarisch Schaffenden, deren Texte noch – zumindest über Lesebücher und Anthologien – bekannt sind: »der größte Lyriker Österreichs«, wie sie Franz Grillparzer bezeichnete, Betty Paoli. Dominiert Betty Paoli als Ausnahmefrau im Literaturgeschehen die erste Hälfte des Jahrhunderts, so steht die zweite im Zeichen von Marie von Ebner-Eschenbach, deren Werke heute noch gelesen werden, auch wenn sie, wie bei Frauen häufig, gern auf Kinder- und Tiergeschichten reduziert wird. Die beiden Grandes dames haben sich übrigens gegenseitig nicht nur geschätzt, sondern waren miteinander gut befreundet, trafen sich regelmäßig zum Tarockieren und Rauchen sowie zur Lektüre und Diskussion ihrer Manuskripte.

Diese Freundschaft täuscht eine soziale Gleichheit vor, die realiter nicht existiert, sondern nur über die Kunst und eine persönliche Wertschätzung funktioniert hat, denn die sozialen Ausgangsbedingungen der beiden Autorinnen könnten unterschiedlicher nicht sein: Hier die altem Adel entstammende, wohlhabende Ebner-Eschenbach, fest eingebunden in einen engen Familienverband, dort die einer verarmten Bürgerfamilie entstammende Elisabeth Glück, die sich ihren Lebensunterhalt durch Stellungen als Vorleserin und Gesellschafterin alter Damen verdienen mußte, nachdem sie im ebenfalls dem Dienstbotenstand zuzurechnenden Beruf der Gouvernante gescheitert war. Als Autorin legte sie sich das Pseudonym Betty Paoli zu und konnte sich erst in späten Jahren durch ihre journalistische und schriftstellerische Tätigkeit selbst erhalten, bis zu ihrem Lebensende war sie auf die Unterstützung ihrer Freundin Ida Fleischl angewiesen. Ohne ihre künstlerische Produktivität wäre es leicht möglich gewesen, daß Betty Paoli Gesellschafterin von Ebner-Eschenbach geworden wäre. Die Literatur machte sie zu gleichberechtigten Kolleginnen und Freundinnen.

Paoli und Ebner-Eschenbach nehmen, nicht nur wegen der ihnen zuteil gewordenen Anerkennung, eine Sonderstellung ein. Sie gehören zu den wenigen Autorinnen, für die Schreiben als Kunst, als ästhetische Kreation im Zentrum stand und die sich diese Selbstverwirklichung im Schreiben auf individuelle Weise erkämpft haben: Ebner-Eschenbach gegen den Widerstand der Familie, von den Rollenerwartungen ihrer Gesellschaftsschicht ganz zu schweigen, Paoli gegen die Notwendigkeit des Gelderwerbs, der durch ihre journalistischen Arbeiten allerdings sehr viel besser erfüllt wurde als durch ihre Gedichte. Beide Autorinnen haben auch keinerlei direkte Verbindungen zu den diversen Frauen-Emanzipationsbestrebungen, die sich im Laufe des 19. Jahrhunderts entwickeln und die das Denken und Handeln der Frauen entscheidend prägen. Sie stehen dieser Bewegung allerdings nicht feindlich, sondern wohlwollend gegenüber, wie das große testamentarische Geschenk von Marie von Ebner-Eschenbach an den »Verein der Schriftstellerinnen und Künstlerinnen in Wien« beweist. Freilich konnte sich die alte Dame mit den radikalen Texten und Haltungen einer Helene von Druskowitz, die sie anfänglich gefördert hatte, später nicht mehr anfreunden. Der in der Irrenanstalt internierten Helene von Druskowitz verursachte Marie von Ebner-Eschenbach unangenehme Halluzinationen, wie in der Krankengeschichte vermerkt ist, und sie wollte nichts mehr mit der früheren Gönnerin zu tun haben.
Der Großteil der Schriftstellerinnen im 19. Jahrhundert steht, bei aller Unterschiedlichkeit, in Kontakt mit der bürgerlichen und/oder proletarischen Frauenbewegung, manche – wie Troll-Borostyáni oder Mayreder, aber auch Kautsky und Popp – verstehen ihre Literatur durchaus als Tendenzliteratur im Sinne der emanzipatorischen Bestrebungen. Denn am Beginn von beinahe allen weiblichen Schreib-Karrieren steht die Unzufriedenheit mit der Weiblichkeitsrolle, die die Gesellschaft für sie vorgesehen hat.
Häufig ist es die Kleidung, die als sichtbares Zeichen die Geschlechterdifferenz – und die Einschränkungen der Mädchen – markiert, die einen ersten Anlaß zur Revolte bietet. Ida Pfeiffer darf als Kind in Bubenkleidung herumlaufen. Als ihr nach dem Tod des Vaters die Mutter Mädchenkleider aufzwingt, wird sie schwer krank, bis sie wieder ihre Hosen anziehen darf. Auch Emil Marriot verweigert die weibliche Kleidung und die rundliche Rosa Mayreder beschließt mit 18 Jahren, kein Korsett mehr zu tragen, was ihre Umgebung als unsittlich empfindet. Irma von Troll-Borostyáni schneidet sich schon als Mädchen ihren Zopf ab und trägt zeitlebens einen Kurz-

haarschnitt, Hemden mit Maschen und Sakkos. Sie entwirft – ähnlich wie Ida Pfeiffer auf ihren Reisen – eine bequeme Kleidung für Frauen.

Was für bürgerliche Mädchen aber absolute Pflicht zu sein schien, war das Klavierspiel. Es eignete sich offenbar besonders als Disziplinierungsmaßnahme. Selbst später entschieden gegen ihre Rollenbeschränkungen rebellierende Frauen sahen in der musikalischen Laufbahn eine künstlerische Zukunft. Irma von Troll-Borostyáni wollte Pianistin werden, Helene von Druskowitz machte am Konservatorium sogar ihren Abschluß im Fach Klavier. Nur Ida Pfeiffer wollte unbedingt Violine lernen, was ihr von der Mutter verboten wurde, weil es als unschicklich galt. Um dem Klavierspiel zu entgehen, »schnitt sie sich in die Finger oder brannte letztere mit Siegellack, um den verhaßten Übungen zu entgehen«.

Häufig beneiden die Mädchen ihre Brüder um die Bildungsmöglichkeiten, manchen, wie Rosa Mayreder, gelingt es, an deren Unterricht teilzuhaben. Selbst die scheinbar so angepaßte Ebner-Eschenbach wird als wildes Kind, das sich durch gefährliche Reitkünste auszeichnet, beschrieben. Wenige jedoch gehen so weit wie Ida Pfeiffer, die sich nach Absolvierung ihrer weiblichen Rolle als Gattin, Mutter und Hausfrau im Alter von 44 Jahren aufmacht, um als Weltreisende ihre Jugendträume zu verwirklichen. Die Auflehnung gegen das einengende Rollenklischee ist ihnen aber allen gemeinsam. Häufig stehen die Väter den Bildungsbestrebungen der Töchter wohlwollender gegenüber als die Mütter. Nur die verwitwete Mutter der Helene von Druskowitz übersiedelt mit der Tochter nach Zürich, um ihr das in Österreich zu dieser Zeit (vor 1897) noch undenkbare Studium zu ermöglichen.

Die biographischen Recherchen stützen sich bei derartigen Angaben primär auf Selbstaussagen der Autorinnen, wie wir sie in autobiographischen literarischen Texten, in Briefen und Tagebüchern finden. Dabei gestalten sich die Untersuchungen häufig sehr schwierig, führen andererseits aber auch zu unerwarteten Funden. In den Literaturgeschichten, in der anerkannten Sekundärliteratur findet sich wenig Material über diese Autorinnen, allerdings waren sie zu ihrer Zeit durchaus anerkannt, und so sind zeitgenössische Zeitungen und Zeitschriften, aber auch Anthologien und Lexika, die heute weitgehend vergessen in den Bibliotheken verstauben, eine wichtige Quelle. Das 19. Jahrhundert ist noch ein Jahrhundert vor der Erfindung des Telefons und anderer Kommunikationsmöglichkeiten, das heißt, es wurde sehr viel geschrieben. Da die Autorinnen zu ihrer Zeit durchaus berühmt waren, findet sich so mancher Nachlaß, so mancher Briefwechsel in den Wiener Bibliotheken, Handschriftensammlungen und anderen Archiven (Marriot, Mayreder, Ebner-Eschenbach, Christen, Pfeiffer, Troll-Borostyáni) und wartet zum Teil noch auf eine Aufarbeitung. Darüber hinaus waren diese Frauen in das kulturelle Leben ihrer Zeit eingebunden, standen mit vielen als bedeutend eingestuften Männern im Briefwechsel, und so lassen sich einige biographische Details auch über den Umweg »Freundin/Frau bedeutender Männer« eruieren (z. B. Asenijeff–Klinger, Christen–Storm). Und im Falle von Wanda und Leopold von Sacher-Masoch haben wir es sogar mit einem schreibenden Paar zu tun. Wanda von Sacher-Masoch hat ihr Schreiben in Anlehnung und Abgrenzung zum Ehemann verstanden. Häufig aber brechen diese Spuren auch abrupt ab, selbst wenn es sich um Bestseller-Autorinnen wie Else Jerusalem handelt, deren Emigration nach Argentinien sogar die Fixierung ihres Todesdatums dem Zufall überantwortet (eine Bekannte einer Bekannten arbeitet zufällig in der Österreichischen Botschaft und kann die Anfrage beantworten) und von der nur ein einziges Foto in einem Almanach des Fischer Verlags auffindbar ist, in dem ihr Roman eine Auflage von über 100 000 Stück erreicht hat – alles andere ist entweder Bränden oder dem schlichten Desinteresse und Platzbedarf zum Opfer gefallen.

Doch kehren wir zu gemeinsamen Merkmalen zurück. Trotz der betonten Auflehnung gegen die weibliche Rolle passen sich die Schriftstellerinnen gezwungenermaßen den Erwartungen der Gesellschaft weitgehend an, nur drei der fünfzehn Autorinnen, die hier porträtiert sind, wählen die Selbständigkeit, bleiben ledig wie Betty Paoli und Emilie Mataja und die Philosophin und Schriftstellerin Helene von Druskowitz, die sich dazu bekannte, Frauen zu lieben. Alle anderen gehen eine Ehe ein, manche allerdings gegen den Willen der Eltern wie Bertha von Suttner oder nur widerwillig und auf Druck der Mutter wie Ida Pfeiffer. Jedoch enden, für die damalige Zeit ungewöhnlich, viele Ehen in Scheidung oder Trennung, so bei Elsa Asenijeff, Else Jerusalem, Ida Pfeiffer, Wanda von Sacher-Masoch und Irma von Troll-Borostyáni. Manchmal erzwingt oder erlaubt auch der relativ frühe Tod des Gatten die eigene Selbständigkeit wie bei Maria Janitschek oder Adelheid Popp. Kinder haben eine ganze Reihe dieser Schriftstellerinnen, doch in der Zeit der Ammen, Gouvernanten etc. scheint die Kindererziehung kein wesentliches Problem für die Mütter darzustellen. Oft tauchen Söhne und

Töchter erst als bereits erwachsene Freunde und Unterstützer ihrer Mütter auf. So interessiert sich Minna Kautsky durch ihren Sohn für die sozialistische Bewegung, auch Ida Pfeiffer dürfte durch ihre Söhne eher Unterstützung für ihre Reisepläne bekommen haben. Irma von Troll-Borostyánis einzige Tochter starb mit drei Jahren, eine Erfahrung, die die Schriftstellerin mit vielen anderen Frauen im 19. Jahrhundert teilte. Auch verheiratete Schriftstellerinnen blieben vielfach kinderlos, wie z. B. Marie von Ebner-Eschenbach und Bertha von Suttner. Bei manchen, wie im Fall von Ada Christen, sind die biographischen Spuren so sehr verwischt, daß wir nicht wissen, ob sie Kinder hatten.

Die Lebensläufe zeigen, daß es auch im 19. Jahrhundert für Frauen nicht ratsam war, sich auf die Versorgung durch die Familie oder den Ehemann zu verlassen, denn viele Schriftstellerinnen mußten ihren Lebensunterhalt selbst verdienen. Die Gesellschaft sah für die bürgerliche Frauen allerdings keine Berufstätigkeit vor, ihre Bestimmung lag in der Rolle als Ehefrau und Mutter. Die einzige Möglichkeit eines Gelderwerbs bot das Dasein als Gouvernante und Gesellschafterin, gegen Ende des 19. Jahrhunderts etablierte sich dann der Lehrerinnenberuf, der fast immer mit dem Zölibat verbunden war. Was aber geschah, wenn der Vater starb und kein Vermögen hinterließ, wie bei Irma von Troll-Borostyáni? Sie mußte als Erzieherin arbeiten wie Bertha von Suttner, deren Erbe eines Tages nicht mehr ausreichte, um den Lebensunterhalt zu sichern. Auch Betty Paoli, Ada Christen, Wanda von Sacher-Masoch und Maria Janitschek mußten die plötzliche Verarmung durch den Tod des Vaters erleben. Manche von ihnen wurden später durch die unzureichenden Verdienstmöglichkeiten des Ehemannes enttäuscht, wie Ida Pfeiffer. Wanda von Sacher-Masoch trug durch ihr Schreiben nicht unwesentlich zum Familieneinkommen bei, und auch für Bertha von Suttner bedeutete Schreiben das Mittel zum Überleben. Freilich hatten nur wenige Autorinnen dank ihrer Herkunft oder ihrer Ehe Glück und konnten ihr Schreiben ohne finanziellen Druck betreiben wie Ebner-Eschenbach, Mayreder, Jerusalem und Kautsky. Elsa Asenijeff muß nach der Scheidung bzw. Trennung für sich selbst sorgen. Für die einzige Schriftstellerin, die aus der Unterschicht stammt, stellt sich die Frage der Berufstätigkeit nicht, für Adelheid Popp ist die Notwendigkeit zum Geldverdienen ohnehin »natürlich«.

Für alle porträtierten Frauen hat Schreiben mindestens zwei Beweggründe: Selbstverwirklichung und Gelderwerb. Dies ist wohl ein Grund, weshalb wir bei ihnen selten geniales künstlerisches Selbstverständnis finden und jene Selbstdarstellung, die speziell um die Jahrhundertwende im Dandy-Kult der Männer so häufig war. Die einzige Ausnahme stellt hier wohl Elsa Asenijeff dar. »Soziale Fragen« tauchen in allen Texten der hier versammelten Schriftstellerinnen häufig auf, von Ebner-Eschenbach bis Popp.

Alle haben neben ihren belletristischen Werken auch Sachtexte geschrieben, häufig haben sie regelmäßig für Zeitungen und Zeitschriften gearbeitet, sowohl als Kritikerinnen als auch fürs Feuilleton. Mit ihren essayistischen Arbeiten versuchten sie, an den intellektuellen Debatten der Zeit teilzunehmen, einem Bereich, zu dem sie aufgrund ihrer mangelnden formalen Bildung schwer Zugang fanden. Selbst Helene von Druskowitz schaffte es nicht, sich im wissenschaftlichen Diskurs zu etablieren. Daß dabei die internationale Szene aufgeschlossener war als die heimische, zeigen die offizielle Anerkennung im Ausland von Ida Pfeiffer und der Friedensnobelpreis für Bertha von Suttner.

Die hier vorgestellten Schriftstellerinnen sind als Personen und mit ihrem Werk fest im 19. Jahrhundert verankert. Ihre Welt ist mit dem Ersten Weltkrieg zu Ende gegangen, manche von ihnen haben ihn zwar überlebt, er markiert aber doch das Ende ihrer Wirkung. Der Kampf um Frauenrechte schien mit dem Frauenwahlrecht und der Öffnung der Universitäten abgeschlossen. Der sozialistische Kampf, dem sich Popp und Kautsky verschrieben hatten, war zunächst mit der Regierungsbeteiligung erfolgreich beendet. Die »Nervenkunst der Jahrhundertwende«, der die kurzen Texte von Jerusalem, Asenijeff und Janitschek zuzuordnen sind, wurde durch die stärkeren Töne des Expressionismus und durch die Kühle der neuen Sachlichkeit abgelöst. Lediglich Asenijeff schien noch kurz den Anschluß an den Expressionismus und das neue Medium Film zu finden, bevor die Einweisung in die Nervenheilanstalt ihre Karriere beendete. Ein Schicksal, das sie mit Helene von Druskowitz und wahrscheinlich auch mit Else Jerusalem teilte. Abweichlerinnen von den gesellschaftlichen Normen waren sie alle, und manche von ihnen internierte die Gesellschaft eben in Anstalten. Traurig stimmen die meisten Lebensläufe aber auch deshalb, weil auf die Periode des schriftstellerischen Erfolges und der öffentlichen Anerkennung häufig ein langer Lebensabend und damit ein Vergessen-Werden folgten.

Die vorliegenden Porträts vermitteln einen Einblick in die besonderen Schwierigkeiten, die Frauen als Schriftstellerinnen und Künstlerinnen im 19. Jahrhundert zu bewältigen hatten. Aber der Band möchte auch die Vielfalt des weiblichen Schreibens, von der Reiseliteratur bis zur Autobiographie einer Arbeiterin, von den Gedichten bis zum Kurzdrama, vom Bestsellerroman bis zum Essay, präsentieren. Die meisten Autorinnen sind zu Unrecht vergessen und ihre Texte schwer zugänglich. Wenige Werke wurden neu aufgelegt, sind bereits wieder vergriffen und nur selten in Büchereien und Bibliotheken zu finden. Die hier versammelten Texte und Textausschnitte können nur einen kleinen Eindruck von den literarischen Qualitäten der Werke geben und machen hoffentlich Lust darauf, mehr von ihnen zu lesen.

Wir möchten die literarischen Leistungen der hier vorgestellten Autorinnen kurz umreißen und sie in den Kontext der österreichischen Literatur einordnen. Die Lyrik Betty Paolis mit ihrem Formbewußtsein und der Bandbreite ihrer Inhalte steht einsam in der österreichischen literarischen Szene der ersten Hälfte des 19. Jahrhunderts, die noch von vaterländischen Balladen im Sinne Schillers geprägt war. Erst später wird die österreichische Lyrik mit Nikolaus Lenau den Anschluß an die internationale Szene und einen eigenen Ton finden, und um die Jahrhundertwende mit Rainer Maria Rilke, Hugo von Hofmannsthal und anderen einen Höhepunkt erreichen. Vor diesem Hintergrund ist auch die Lyrik Ada Christens in den siebziger Jahren noch bemerkenswert, die mit ihrem an Heinrich Heine geschulten ironischen Ton immer wieder überrascht, abgesehen von »skandalösen« Inhalten ihrer Dichtung. Ein Vergleich mit den ebenfalls von der Heine-Bewunderung inspirierten Gedichten ihrer Zeitgenossin Kaiserin Elisabeth zeigt deutlich die Qualität der Christen-Texte.

Paoli und Christen schrieben beide vor allem Lyrik, eine Gattung, die üblicherweise, gerade wegen des in ihr möglichen persönlichen Tons und der Subjektivität, gern den Frauen zugestanden wird. Überwiegt bei Christen dieser persönliche Ton, so finden wir bei Paoli ein strenges Formbewußtsein, das dem üblichen Klischee von der sentimentalen Frau so gar nicht entspricht, und eine manchmal bis ins Sarkastische reichende Distanz: »So schreib ich ohne Gram und Beben, / Und ohne Zorn und ohne Ach, / Kalt und verachtend von dem Leben: / Es hielt mir nicht, was es versprach.« Wie Paoli, die nur die übliche unzulängliche Mädchenbildung genossen hatte, zu ihrer Sprach- und Formbeherrschung gekommen ist, läßt sich schwer nachvollziehen. Sie hat sich offensichtlich in ihrer Rolle als Vorleserin (bei der Fürstin Schwarzenberg) die internationale Literatur angeeignet und ihre journalistischen Arbeiten als Theater- und

Kunstkritikerin zu intensivem Selbststudium benutzt. Paolis Arbeit wurde noch zu Lebenszeiten belohnt. Sie war eine anerkannte Künstlerin, und in dieser Rolle standen ihr auch soziale Kreise offen, in denen sie in ihrer Jugend als Dienstbotin verkehrt hatte – allerdings reichte auch damals, wie heute, die Lyrik nicht aus, um von den Publikationen leben zu können, die Abhängigkeit von Mäzenen und Freundinnen blieb bis an ihr Lebensende bestehen.
Ada Christen hingegen gelang mit ihrer Lyrik ein Sensationserfolg. Damit begründete sie ihren Ruf, der es ihr ermöglichte, als Schriftstellerin zu existieren; allerdings hat auch ihr Ehemann – trotz aller Katastrophen – über weite Strecken dazu beigetragen, daß das Ehepaar den bürgerlichen Lebensstil pflegen konnte. Im Gegensatz zur unspektakulären Betty Paoli ist Christen ein Beispiel für die zunehmende Kommerzialisierung des literarischen Betriebes, für die erfolgreiche Vermarktung des Etiketts »weiblich« – die Wirkung ihrer Gedichte beruhte primär auf dem »neuen« Inhalt, auf dem Skandal der Beschreibung von weiblichen sexuellen Bedürfnissen und auf der autobiographischen Lesart dieser Texte.
Ganz im Gegensatz zu den Gedichten spielt in Ada Christens Prosa Sexualität keine Rolle. Hier ist sie innovativ, indem sie eine neue Gesellschaftsschicht literaturfähig macht, die kleinen Handwerker, Taglöhner und Heimarbeiterinnen der Wiener Vorstadt. In ihrer Prosa herrscht weniger der versöhnlich-verklärende Ton des poetischen Realismus, der sich nur manchmal findet, sondern die soziale Tragik wird in ihrer vollen Härte dargestellt, was sie, wie auch Emil Marriot, zu einer Vertreterin des ansonsten in der österreichischen Literatur wenig vertretenen Naturalismus macht.
Matajas/Marriots Romane werden – wenn sie überhaupt erwähnt sind – gerne der Unterhaltungsliteratur zugerechnet, es wird ihnen der Vorwurf der Trivialität gemacht; häufig handelt es sich um Gesellschaftsromane, in denen die Liebe eine entscheidende Rolle spielt. Dennoch übersieht eine derartige Zuordnung einen zentralen Punkt: In Marriots Romanen kommt es praktisch nie zu einem Happy End, der Schluß ist fast immer tragisch oder in einer an Schopenhauer geschulten hoffnungslosen Offenheit. Darüber hinaus eignen sich auch viele ihrer Themen – Kindesmord, Euthanasie, Zölibat, scheiternde Ehen – kaum für eine derartige Einstufung. Die harte Gesellschaftskritik am Bürgertum läßt die Zuordnung zum Naturalismus auch für ihr Werk am passendsten erscheinen.
Der Trivialitätsvorwurf wurde im Falle von Minna Kautsky, der »roten Marlitt«, zum Qualitätskriterium umgedeutet: Für die politisch

engagierte Literatur einer Kautsky, die sozialistische Ideen gerade auch bei Frauen propagieren wollte, ist der Anschluß an bekannte, triviale Muster Programm. Diese Methode sollte dazu dienen, die neuen Ideen besser »verkaufen« zu können. Einen ähnlichen pädagogischen Standpunkt vertraten auch Irma von Troll-Borostyáni und Bertha von Suttner in ihren belletristischen Werken. Diesen Autorinnen geht es primär darum, neue Ideen – Sozialismus, Friedensbewegung, Frauenemanzipation – in fiktionaler Verpackung zu verbreiten. Ihre Werke stellen die Definition von »Trivialitätsliteratur« vor die alte und immer neue Frage, ob es sich bei der Bezeichnung um ein rein ästhetisches, ein inhaltliches oder ein kombiniert inhaltlich-ästhetisches Kriterium handelt. Die Schriftstellerinnen waren sich jedenfalls darin einig, daß sie mit ihren Werken mehr Breitenwirkung erzielen konnten als mit ihren theoretischen Schriften. Für eine Reiseschriftstellerin wie Ida Pfeiffer stellte sich die Entscheidung für ein Genre nicht. Sie hatte keine literarischen Ambitionen, sondern sah sich als wahrheitsgetreue Beobachterin einer fremden Welt und nüchterne Berichterstatterin.
In ihren wissenschaftlich-essayistischen Schriften haben Bertha von Suttner, Rosa Mayreder und Irma von Troll-Borostyáni, aber auch Else Jerusalem nicht nur zur Stellung der Frau in der Gesellschaft, sondern auch zu anderen wichtigen Themen wie Erziehung, Religion und Frieden Stellung genommen. Auch Minna Kautsky und Adelheid Popp haben sich in vielen Artikeln in der sozialistischen Presse zu verschiedenen Problemen geäußert, die in der Arbeiterbewegung diskutiert wurden. In Schriften der bürgerlichen Schriftstellerinnen zeigt sich, neben der überraschenden Belesenheit, häufig ein ironischer Ton: Die intellektuellen Positionen der – wohl ausgesuchten – männlichen Gegner werden immer wieder durch die Methode, Zitate mit einer konkreten Anwendung zu konfrontieren oder aber die Gedanken erbarmungslos bis an ihr logisches Ende durchzudenken, entlarvt und dem Spott preisgegeben. Das konsequente Spiel mit dem Mittel der Rationalität, die den Frauen angeblich so fremd sei, die Durchleuchtung der Denkgebäude der Männer auf ihre logischen Mängel hin, scheint eine große Faszination ausgeübt zu haben: viele der Argumente überzeugen und amüsieren noch heute. Nietzsches Konzept von der »fröhlichen Wissenschaft« findet hier eine überraschende Anwendung, auch wenn man Helene von Druskowitz ihre Nietzsche-Kritik übelgenommen hat.
Um die Jahrhundertwende finden wir in den Texten von Schriftstellerinnen immer wieder die Auseinandersetzung mit dem Thema

Sexualität. Die Auswirkungen einer restriktiven und verdrängenden Erziehung auf Psyche, Physis und Moral der Frauen werden genau untersucht, die herrschende Doppelmoral wird heftig kritisiert. Eine Ausnahme stellen Wanda von Sacher-Masochs grausame Geschichten dar, die sie als »Schülerin« ihres Mannes verfaßt, deren Moral allerdings von einer feministischen Perspektive bestimmt ist. Die Werke von Elsa Asenijeff und Maria Janitschek passen in die literarische Tendenz der Seelenzergliederung; als Frauen der Wiener Moderne agieren sie im Umfeld von Literatur und Psychoanalyse im Wien der Jahrhundertwende. Sie erweitern allerdings das Spektrum um das, wie Freud es formulierte, »Rätsel« der weiblichen Sexualität. Oft haben sie dabei formal zu ähnlichen Lösungen wie ihre bekannten männlichen Kollegen gefunden, etwa bei der Verwendung des inneren Monologs.

Die österreichischen Schriftstellerinnen entsprechen mit ihren Werken den zeitgenössischen Tendenzen der Literaturentwicklung; sie bereichern deren Spektrum um bestimmte Nuancen, im Falle Betty Paolis und Marie von Ebner-Eschenbachs werden sie sogar zu anerkannten typischen Vertreterinnen einer Richtung. Die Zeitgenossen standen den schreibenden Frauen durchaus offen gegenüber, einige Autoren haben ihre Kolleginnen auch aktiv gefördert, so Franz Grillparzer Betty Paoli und Marie von Ebner-Eschenbach und Ferdinand von Saar Ada Christen.

Daß die Literaturgeschichte mit den Schriftstellerinnen so nachlässig verfahren ist, läßt eher Schlüsse auf die Literarhistoriker zu als auf die sozial- und geistesgeschichtliche Bedeutung der Autorinnen und ihrer Texte, wie die folgende Auswahl hoffentlich beweist. Für die hier porträtierten Schriftstellerinnen hatte das Lesen einen entscheidenden Einfluß auf ihre intellektuelle und künstlerische Entwicklung, doch kaum eine von ihnen konnte zu wichtigen Büchern von Frauen greifen. Das vorliegende Lesebuch möchte Ende des 20. Jahrhunderts Lesern und Leserinnen die Lektüre von Texten schreibender Frauen ermöglichen, in denen sie sich spiegeln können, um ihren eigenen Ort in der Geschichte zu finden.

Jänner 1998

Christa Gürtler
Sigrid Schmid-Bortenschlager

**Ida Pfeiffer**
**1797–1858**

Schon als zartes Kind hatte ich die größte Sehnsucht, hinaus in die Welt zu kommen«, schreibt Ida Pfeiffer in einem ihrer Reiseberichte und rechtfertigt sich für ihr unweibliches Verlangen: »Allein weil diese meine Reisebegierde sich, nach den Begriffen der meisten Menschen, für eine Frau nicht ziemt, so mögen diese meine angeborenen Gefühle für mich sprechen und mich verteidigen.«
Erst als sie ihre Pflichten als Ehefrau und Mutter von zwei Söhnen erfüllt hat, kann sie ihrer Sehnsucht nachgeben. Sie ist 44 Jahre alt, als sie am 22. März 1842 bei den Kaisermühlen in Wien an Bord des Dampfschiffes »Marianne« geht, das sie donauabwärts Richtung Bosporus bringen soll. Sie wolle nur eine Freundin in Konstantinopel besuchen, erklärt sie ihrer staunenden Umgebung, die sie für eine Närrin hält. Doch schon ihr erstes Reiseziel ist nicht Konstantinopel, sondern Jerusalem und das Heilige Land. Sie wußte, daß sie »als Frau allein in die Welt hinaus wollte«, die sie in den folgenden sechzehn Jahren zweimal umrundete.
Als drittes Kind der großbürgerlichen Textilkaufmannsfamilie Aloys und Anna Reyer wurde Ida Reyer vor 200 Jahren am 14. Oktober 1797 in Wien geboren, ihr folgten noch drei Söhne und neun Jahre später eine Tochter. Der wohlhabende Kaufmann ließ seiner Tochter die gleiche Erziehung angedeihen wie seinen Söhnen, und das bedeutete auch, daß Ida Knabenkleidung tragen durfte und mit den Brüdern spielte und herumtollte.
Der Vater stirbt jedoch, als Ida neun Jahre alt ist, und sie bekommt einen Onkel in Triest als Vormund. Die Mutter übernimmt die Firma und, da die Söhne in Schulen untergebracht sind, auch die Erziehung der Töchter. Ida sollte plötzlich die Hosen »gegen den Unterrock« tauschen und wurde so schwer krank, daß sogar der Arzt vorschlug, ihr die Hosen zu erlauben. In der »biographischen Skizze, nach ihren eigenen Aufzeichnungen«, wahrscheinlich von ihrem Sohn verfaßt, die erst nach Ida Pfeiffers Tod im Buch über ihre Reise nach Madagaskar erschien, heißt es: »Sie lernte alles, was ihr für Knaben passend schien, mit Fleiß und Eifer, betrachtete dagegen jegliche weibliche Arbeit mit der tiefsten Verachtung, und da sie beispielsweise Klavierspielen mehr als weibliche Art betrachtete, schnitt sie sich in die Finger oder brannte letztere mit Siegellack, um den verhaßten Übungen zu entgehen. Für Violin-Spiel zeigte sie große Lust.«
Aber im bürgerlichen weiblichen Erziehungskanon war nur das Klavierspielen vorgesehen, während das Violinespielen als ebenso unschicklich galt wie Idas knabenhaftes Verhalten. Doch bereits mit

dreizehn Jahren war eine bürgerliche Mädchenkindheit beendet und die Suche nach einem Bräutigam begann. Das bedeutete für die Tochter, daß sie sich nun endgültig dem mütterlichen Willen nach Mädchenkleidern fügen mußte. Im gleichen Jahr wurde von der Mutter Joseph Franz Emil Trimmel, ein Staatsbeamter, als Hauslehrer für Ida engagiert. Der Beamte, Dichter und Reiseschriftsteller wurde von ihr zunächst umschwärmt, und ihm zu Liebe disziplinierte sich das Mädchen: »Selbst alle weiblichen Arbeiten, Nähen, Stricken, Kochen usw. lernte ich. Ihm verdanke ich es, daß ich im Verlaufe von drei bis vier Jahren vollkommen zu der Einsicht der Pflichten meines Geschlechtes gelangte, daß aus dem wilden Jungen eine bescheidene Jungfrau wurde.«

Schon bald melden sich zahlreiche Bewerber für die reiche Erbin, doch Ida Reyer weist die Anträge zurück. Sie weiß mittlerweile, daß sie Emil Trimmel liebt, daß er ihre Liebe erwidert und um ihre Hand angehalten hat. Doch die Mutter verbietet eine Liebesheirat und jeglichen Kontakt mit dem mittellosen Beamten. Eine Begegnung nach drei Jahren stürzt Ida Reyer in eine tiefe Depression. Selbst Badereisen und eine Wallfahrt nach Mariazell können sie von ihren Gefühlen nicht abbringen, wiewohl sie sich zunächst den Konventionen fügen wird.

Am 1. Mai 1820 heiratete die Dreiundzwanzigjährige einen verwitweten Rechtsanwalt aus Lemberg, der um vierundzwanzig Jahre älter war als sie. Nicht aus Liebe – die galt immer noch Emil Trimmel, der übrigens zeitlebens unverheiratet blieb –, sondern aus Vernunft willigte sie in diese Ehe ein. Immerhin wohnte Mark Anton Pfeiffer Hunderte Meilen von Wien entfernt, so daß sie hoffte, sowohl von der Familie als auch von Emil Trimmel weit genug weg zu sein.

Eine Befreiung stellt auf alle Fälle die Trennung von der ungeliebten Mutter dar, doch die Ehe mit Pfeiffer erwies sich schon bald als Fehlgriff. Er war zwar ein sogenannter ehrlicher Rechtsanwalt, der diverse Machenschaften der galizischen Verwaltung aufdeckte, damit war aber auch seine Karriere ruiniert. Pfeiffer war gezwungen, seine Anwaltskanzlei in Lemberg zu schließen, die nächsten Jahre mußte seine Familie ein Wanderleben zwischen Lemberg und Wien erdulden. Ida Pfeiffer gebar 1821 ihren ersten Sohn, und nach einem Mädchen, das nur wenige Stunden am Leben blieb, drei Jahre später in Wien den zweiten Sohn, Oscar.

So oft wie möglich versuchte sie, in Wien zu bleiben, lebte aber mit ihren beiden Söhnen in tristen Verhältnissen. So hatte sie sich eine Vernunftehe mit einem Mann, der ihr Vater sein hätte können, nicht vorgestellt. »Ich stammte aus einem wohlhabenden Hause, war von frühester Jugend an Ordnung und Bequemlichkeit gewöhnt, und nun wußte ich oft kaum, wo ich mein Haupt niederlegen, wo ich das bißchen Geld hernehmen sollte, um mir nur das höchst Nötige anzuschaffen. Ich verrichtete alle Hausarbeiten, ich fror und hungerte, ich arbeitete im Geheimen für Geld, ich erteilte Unterricht in Zeichnen und Musik, und doch trotz aller Anstrengungen gab es oft Tage, an welchen ich meinen armen Kindern kaum etwas mehr als trockenes Brot zum Mittagessen vorzusetzen hatte!«

Auch der Tod der Mutter 1831 brachte keine Verbesserung der finanziellen Situation, das Erbteil betrug lediglich 234 Gulden. Denn schon zu Lebzeiten hatte Anna Reyer das Erbe als Schenkung an die Kinder übergeben. Ida Pfeiffer wurde dadurch aber wenigstens stille Teilhaberin an der väterlichen Firma, die ein Bruder übernommen hatte, den anderen Teil ihres Erbes verlor ihr Mann. Im April 1832 kehrten die Pfeiffers wieder einmal nach Lemberg zurück, ließen sich ein Jahr später aber doch in Wien nieder.

Während Ida Pfeiffer das nächste Jahrzehnt mit ihren Söhnen in Wien blieb, lebte ihr Mann vorwiegend bei seinem Sohn aus erster Ehe in Lemberg und kam nur gelegentlich nach Wien.

Als gesellschaftlich akzeptable Erklärung für die Trennung konnte das Argument einer besseren Ausbildungsmöglichkeit für die Söhne in der Hauptstadt gelten. Ida Pfeiffer war ihren Kindern nun »Vater und Mutter« und konnte auf ihre Rolle als Erzieherin später stolz sein, denn der jüngere Sohn wurde ein erfolgreicher Komponist und Pianist, der nach zahlreichen Reisen in Rio de Janeiro und später in Buenos Aires seßhaft wurde, der ältere erwarb zunächst in Kärnten ein Eisenwerk und kaufte nach einigen Jahren eine Sensenschmiede in Niederösterreich.

Als Ida Pfeiffer mit ihrem zwölfjährigen Sohn nach Triest fuhr und als fast vierzigjährige Frau zum ersten Mal das Meer sah, erfaßte sie eine »kaum zu bewältigende Reiselust«. In den nächsten Jahren las sie Reiseliteratur, befaßte sich in Gedanken mit Vorbereitungen und Plänen für ihre zukünftigen Reisen und sparte ihr Geld. Sechs Jahre später konnte sie ihre Reiselust endlich ausleben, mußte sich aber Ratschläge anhören wie diese: »So ganz allein, ohne alle Stütze hinauszuwandern in die weite Welt, über Berg und Tal und Meer, ach, das wäre unmöglich.« Aber Ida Pfeiffer wollte ohnehin nicht wandern, sondern benützte die verschiedenen Fortbewegungsmöglichkeiten des 19. Jahrhunderts, um die Welt zu umrunden: Postwagen und Eisenbahn, Boote, Segelschiffe und die teuren Dampfschiffe,

Pferde und Kamele. Freilich konnte sich Ida Pfeiffer nicht immer Passagen mit Dampfschiff und Eisenbahn leisten, dennoch beschleunigten sie ihre Reisen in ferne, unbekannte und von Europäern manchmal unbetretene Länder. Ihre Biographin Hiltgund Jehle stellt fest, daß sie sich immer bemüht hat, jeweils die schnellste Fahrgelegenheit zu bekommen.

Von März bis Dezember 1842 dauert die erste Reise, die sie von *Wien nach Konstantinopel, Brussa, Beirut, Jaffa, Jerusalem, dem Jordan und toten Meer, nach Nazareth, Damaskus, Balbeck und dem Libanon, Alexandrien, Kairo, durch die Wüste an das rote Meer, und zurück über Malta, Sizilien, Neapel, Rom u.s.w.* führt, wie das Deckblatt ihres ersten Reiseberichts genau verzeichnet.

Das Heilige Land war als Reiseziel zumindest durch die Pilgerreise legitimiert und gesellschaftlich akzeptabel. Das wußte auch Ida Pfeiffer, denn religiöse Beweggründe für ihre Reise hatte sie keine. Sie war sich der Risiken einer solchen Fahrt durchaus bewußt und offenbar nicht gänzlich unbeeindruckt von den Warnungen ihrer Freunde geblieben: »Ich machte mein Testament«, notierte sie zu Beginn ihres Reiseberichts.

Von ihrem fortgeschrittenen Alter erhofft sie sich nicht zu Unrecht mehr Vor- als Nachteile und lehnt es deshalb auch ab, in Männerkleidern zu reisen, schneidet sich allerdings aus praktischen Gründen – wie sie betont – die Haare ab. »Ich zog es vor, meine einfache europäische Tracht, die aus einer Bluse und Beinkleidern bestand, beizubehalten. Auf dem Kopf trug ich einen runden Strohhut. In der Folge wurde ich immer überzeugter, wie gut ich getan, mein Geschlecht nicht zu verleugnen. Man begegnete mir überall mit Achtung und hatte oft Nachsicht und Güte für mich, gerade weil man auf mein Geschlecht einige Rücksicht nahm.«

Bereits ihre erste Reise war nicht ohne Gefahren zu bewältigen. Ida Pfeiffers organisatorisches Talent half ihr, Bekanntschaften und angebotene Hilfe zu nützen, und sie konnte so Orte aufsuchen, in die bis dahin kaum Frauen vorgedrungen waren. Sie durchstreifte die Basare von Konstantinopel, erlebte den Sklavenmarkt, lernt Bursa kennen, das nur mit Hilfe eines Pferdes zu erreichen war, weil sie einfach behauptete, reiten zu können. Nicht ohne die ihr eigene Ironie vermerkte sie über diese Episode: »Alle Augenblicke glaubte ich herabzustürzen. Mit beiden Händen erfaßte ich oft den Sattel und schwankte bald auf die eine, bald auf die andere Seite.« Nur wenig später wird sie auf einem Kamel durch die ägyptische Wüste reiten und sicher in Suez ankommen, von wo sie die Heimreise nach Wien antritt.

Ida Pfeiffer ließ die europäischen hygienischen Verhältnisse hinter sich, übernachtete in einfachen Quartieren, ernährte sich ortsüblich – ihre finanziellen Verhältnisse erlaubten ihr keinen Luxus. Und sie reiste mit möglichst wenig Gepäck, das sie auch selbst tragen konnte, nicht wie manche Europäer mit ihrem ganzen Haushalt und zahlreichen Bediensteten. Sie bemühte sich auf allen ihren Reisen um einen genauen Blick in die alltäglichen Lebensverhältnisse, versuchte fremde Sitten und Gebräuche zu begreifen und Menschen kennenzulernen. Sie war neugierig auf alles Fremde und hielt dennoch Distanz. Sie sah ihre Rolle nicht als sensationslüsterne Reporterin oder abenteuerlustige Selbstdarstellerin, sondern als möglichst wahrheitsgetreue Beobachterin und nüchterne Berichterstatterin. Sie bemühte sich, eine ihr völlig neue und unbekannte Welt zu verstehen, und wußte, daß sie nicht vorurteilslos war, bemühte sich aber in ihren Urteilen um Ausgewogenheit. Von der Perspektive der europäischen bürgerlichen Dame konnte sie nicht wirklich absehen, wenn sie das Leben im Orient, in China oder bei den Indianern beschrieb. Aber ebenso heftig, wie sie den Sklavenhandel und andere für sie abzulehnende Zustände kritisierte, reflektierte sie auch die europäische Gesellschaft.

Besonders interessierte sie sich auf allen ihren Reisen für die Lebensverhältnisse der Frauen. Gleich auf ihrer Fahrt ins Heilige Land bot ihr der Orient eine Erfahrung, von der die europäischen männlichen Reisenden nicht berichten konnten. In Akra betrat Ida Pfeiffer zum ersten Mal einen Harem – das Erstaunen war offenbar auf beiden Seiten gleichermaßen hoch. Über ihre kurzen Haare schienen die Frauen sehr beunruhigt. »Auch meine Magerkeit schien sie zu befremden.« Sie war froh, als sie nach einer Stunde den Harem wieder verlassen konnte. Die Sinnenfreudigkeit und Körperlichkeit, die sie etwa in einem Frauenbad erlebte, in dem sich Frauen mit wohlriechenden Ölen verwöhnten, konnte sie nur mehr als unsittlich beurteilen. Und dennoch schreibt sie schließlich über ihre Erfahrungen in verschiedenen Harems: »... überall traf ich dieselbe Unwissenheit, Neugierde und Trägheit. Im ganzen mögen sie glücklicher sein als wir Europäerinnen, dies schließe ich teils aus ihrer Beleibtheit, teils aus ihren ruhigen Gesichtszügen.«

Zunächst nur als persönliche Erinnerungshilfe gedacht, notiert sie alle Eindrücke während der Fahrt in ein umfangreiches Tagebuch – 14 Hefte schreibt sie voll. Der Wiener Verleger Jakob Dirnböck hat von der Reise der Wienerin erfahren und versucht, sie nach ihrer Rückkehr zu einer Veröffentlichung ihres Reiseberichts zu überreden. Die ungewöhnliche Reiselust der »Biedermeierdame« ließ ihn ein Geschäft wittern, denn die von Männern dominierte Gattung Reiseliteratur war damals sehr beliebt, und vor allem Frauen träumten sich, eingesperrt in ihre Zimmer, in die fremde weite Welt hinaus. Er täuschte sich nicht, denn schon nach kurzer Zeit waren Ida Pfeiffers Reiseberichte ungeheuer beliebt.

Doch zunächst waren noch Hindernisse zu überwinden. Denn der Ehemann und ihre Geschwister verlangten ein Mitspracherecht, nachdem Ida Pfeiffer bereits einer Veröffentlichung zugestimmt hatte. Die alleinreisende Abenteuerin wurde in ihre Schranken verwiesen, einige Passagen des Buches wurden gestrichen, und es erschien nicht unter ihrem Namen, sondern als *Reise einer Wienerin in das heilige Land.* Erst die vierte Auflage des Buches 1856 trägt den Namen der Verfasserin – da ist sie bereits berühmt und ihre Autorinnenschaft kein Geheimnis mehr.

Bereits auf ihrer zweiten Reise nach Skandinavien und Island, die sie im April 1845 antritt, versteht sie sich als Reiseschriftstellerin und als Naturforscherin. Beides war für sie ökonomisch notwendig, um die nächsten Reisen zu finanzieren, und beides legitimierte ihre Reisen, die nun nicht länger nur aus »Reiselust« unternommen wurden.

Sie hatte sich ein unkonventionelles Reiseziel ausgesucht, war aber davon – abgesehen von den Naturschönheiten – enttäuscht. Die Literatur hatte eine hochentwickelte und intellektuelle Gesellschaft beschrieben, die sie nicht vorfand. »Um hier gut aufgenommen zu werden, muß man entweder reich sein oder als Naturforscher reisen«, schreibt sie in ihrem Reisebericht. Das letztere war sie zwar, aber einer weiblichen Geschlechts und daher doch keiner.

Ihre erste Weltreise, die sie im Mai 1846 antrat, dauerte mehr als zweieinhalb Jahre und führte sie nach Südamerika, Tahiti, China, Indien, Persien und Mesopotamien. Drei Bände umfaßte ihr 1850 erschienener Bericht mit dem Titel *Eine Frauenfahrt um die Welt.* Ihre zweite Weltreise führte sie durch die indonesische Inselwelt, nach Borneo, Sumatra und Java, sowie nach Nord- und Südamerika. Mehr als vier Jahre Reisenotizen wurden in vier Bänden 1865 publiziert. Auf dieser Fahrt hatte sie sich in Gebiete vorgewagt, in die noch kein Europäer vorgedrungen war, und sie selbst bezeichnet Sumatra als interessanteste Erfahrung. Ihr Forschergeist trieb sie sogar zu den Bataks, einem Kannibalenstamm. In einer vielzitierten Anekdote berichtete sie, wie sie den Menschenfressern entkam: »Ihr werdet eine Frau nicht auffressen, am wenigsten so eine alte wie ich bin, deren Fleisch schon hart und zäh ist.«

Von ihren Reisen brachte sie nicht nur Notizen mit, sondern auch bedeutende naturhistorische und ethnographische Sammlungen, die sie zum Teil an Museen verkaufte. Sie hatte sich bei zahlreichen Besuchen in wichtigen Museen in London, Berlin und Wien die Techniken des Sammelns und Präparierens angeeignet. Das berühmte Bild aus der Wiener Modezeitung »Die Wiener Elegante« zeigt sie mit ihrem Schmetterlingsnetz, das sie stets im Reisegepäck führte. Informationen von Geographen und anderen Reisenden halfen, die Kenntnisse zu vertiefen. Aber sie hatte kein Universitätsstudium absolviert und wagte es selbst nicht, sich als Wissenschaftlerin zu definieren. Diese Bescheidenheitstopoi kennen wir bei Ida Pfeiffer und anderen Frauen des 19. Jahrhunderts als Entschuldigungsgeste, wenn sie die ihnen zugeschriebenen Rollen überschreiten.
Viele ihrer gesammelten Naturalien – Pflanzen, Insekten, Krebse, Fische etc. – gingen in die Bestände des k.k. Hof-Naturalienkabinetts in Wien ein. Nach ihrer zweiten Weltreise eröffnete sie in Wien ihr privates »Naturalien- und Kunstkabinett«, das sie für alle »Neugierigen und Wissenschaftsmenschen« zugänglich machte, einiges davon ist heute im »Wiener Museum für Völkerkunde« zu sehen.
Bereits vor ihrer zweiten Weltreise lernte sie in Berlin Alexander von Humboldt, der fortan ihre Arbeit unterstützte, und den Geographen Carl Ritter kennen, mit dem sie in den folgenden Jahren einen Briefwechsel führte. Humboldt verschaffte ihr auch die Ehrung durch den König von Preußen, der sie mit der goldenen Medaille für Wissenschaft und Kunst auszeichnete, und war nicht unbeteiligt an ihrer Aufnahme als »Ehrenmitglied der Gesellschaft für Erdkunde« in Berlin. In London verkehrte sie zwar mit Mitgliedern der Geographischen Gesellschaft, doch die Statuten verboten ausdrücklich die Aufnahme einer Frau. Ihren eigenen Angaben nach war sie Ehrenmitglied der Pariser Geographischen Gesellschaft, doch ihre Biographinnen Hiltgund Jehle und Gabriele Habinger fanden dafür keine Belege. Die österreichische Regierung hingegen ignorierte die weltberühmte Reisende ohnehin, nur einmal erhielt sie eine kleine Unterstützung. 1852 beklagte sie sich in einem Brief aus Indonesien: »Ich genieße wahrlich einen Weltruf. Welche Unterstützungen würde man mir zukommen lassen, hätte ich nicht das Unglück, eine Österreicherin zu sein. Meine Regierung tut wenig, meine Landsleute gar nichts.«
Ihr letztes Reiseziel ist Madagaskar. Bei ihrem Aufenthalt wird sie in politische Kämpfe verwickelt und muß schließlich schwerkrank die Insel verlassen. Seit ihrem Indonesienaufenthalt litt sie unter

Malaria, schließlich dürfte sie am sogenannten »Madagaskarfieber« erkrankt sein, von dem sie nicht mehr geheilt wurde. Nur mit Mühe erreichte sie Berlin und kehrte schließlich einige Wochen später krank nach Wien zurück, wo sie in der Nacht zum 28. Oktober 1858 mit einundsechzig Jahren starb. Das Totenschauprotokoll führt als Todesursache »Entartung der Unterleibsorgane« an. Am 30. Oktober wurde sie in Wien ohne besondere Ehrungen begraben.

Erst auf Aufforderung des Wiener »Vereins für erweiterte Frauenbildung« beschloß der Wiener Gemeinderat 1892, vierunddreißig Jahre nach ihrem Tod, die Gebeine Ida Pfeiffers in ein Ehrengrab auf dem Wiener Zentralfriedhof zu überführen. Es ist das erste Ehrengrab für eine Frau, deren größte Sehnsucht es gewesen war, »hinaus in die Welt zu kommen«.

# Ida Pfeiffer

## *Eine Frauenfahrt um die Welt: Chinesische Impressionen*

Seit einigen Jahren erst ist auch uns europäischen Frauen der Eintritt und Aufenthalt in den Faktoreien zu Canton gestattet; ich verließ daher ohne Zagen das Fahrzeug. Nur mußte zuvor noch überlegt werden, wie der Weg nach dem Hause des Herrn Agassiz, an das ich gewiesen war, zu finden sei. Da ich noch kein chinesisches Wort sprechen konnte, so mußte ich meine Zuflucht zu Zeichen nehmen. Ich machte meinem Kapitän begreiflich, daß ich kein Geld bei mir habe, und daß er mich daher in die Faktorei führen solle, wo ich ihn bezahlen würde. Er verstand mich sehr bald, brachte mich dahin, die daselbst anwesenden Europäer wiesen mir das Haus, und so war ich geborgen.

Als mich Herr Agassiz ankommen sah und die Art meiner Reise, die Fußpartie vom Schiffe in sein Haus erfuhr, war er sehr verwundert und wollte kaum glauben, daß ich unbeschädigt und ohne Anstand durchgekommen sei. Nun wurde ich erst inne, wie höchst gewagt es für mich als Frau gewesen war, allein mit einem chinesischen Führer die Straßen Cantons betreten zu haben. Es war dies ein hier noch nie vorgekommener Fall, und Herr Agassiz meinte, daß ich es meinem besonderen Glücke zu verdanken hätte, von dem Volke nicht gröblichst beleidigt, ja wohl gar gesteinigt worden zu sein. In solch einem Falle würde mein Führer die Flucht ergriffen und mich meinem Schicksale überlassen haben.

Wohl hatte ich auf dem Wege vom Schiffe bis zur Faktorei bemerkt, daß Alt und Jung mir nachschrie und nachsah, mit Fingern nach mir wies, daß die Leute aus den Buden liefen und daß sich sogar nach und nach ein mich begleitender Zug bildete. Was blieb mir wohl übrig, als gute Miene zum bösen Spiel zu machen, – ich schritt furchtlos weiter, und vielleicht gerade weil ich keine Furcht zeigte, geschah mir auch nichts.

Ich war ebenfalls Willens gewesen, nicht lange in *Canton* zu verweilen, in dem seit dem letzten Kriege der Engländer mit den Chinesen die Europäer sich hier weniger als je sehen lassen dürfen. Noch mehr gilt dieser Haß den Frauen, da es in einer der chinesischen

Prophezeiungen heißt, daß einst eine Frau das himmlische Reich erobern werde. Ich machte mir daher wenig Hoffnung, hier etwas zu sehen, und gedachte, meine Wanderung nach dem Norden Chinas, nach dem Hafen Schanghai fortzusetzen, wo es, wie man mir sagte, leichter sein soll, sich unter Volk und Adel Zutritt zu verschaffen. Glücklicherweise lernte ich einen Deutschen, *Herrn v. Carlovitz*, kennen, der bereits einige Jahre in Canton zugebracht hatte. Er nahm einiges Interesse an mir und bot sich sogar zu meinem Mentor an, unter der Bedingung, daß ich mich mit Geduld waffnen wolle, bis die europäische Post, die in einigen Tagen erwartet werde[1], angekommen sei. Es sind in dieser Zeit die Gemüter der Kaufleute so aufgeregt und beschäftigt, daß sie keine Muße haben, sich mit irgend etwas anderem als ihrer Korrespondenz zu befassen. Ich mußte also warten, bis der Dampfer nicht nur angekommen, sondern auch wieder abgegangen war, worüber acht Tage verflossen. Herrn Agassiz verdanke ich es, daß mir diese Zeit nicht lang wurde; ich war über alle Maßen gut und herzlich aufgenommen und hatte dabei Gelegenheit, die Lebensweise der hier angesiedelten Europäer kennen zu lernen.

Nur wenige Europäer nehmen ihre Familie mit nach China, am allerwenigsten aber nach Canton, wo Frauen und Kinder beinahe wie in Gefängnissen leben und ihr Haus höchstens in einer wohl verschlossenen Sänfte verlassen können. Überdies ist alles so teuer, daß man dagegen in London noch billig lebt. Eine Wohnung von sechs Zimmern samt Küche kostet jährlich bei 7 bis 800 Dollars. Die Diener bekommen 4 bis 8 Dollars per Monat, – ja Dienerinnen sogar 9 bis 10 Dollars, da die Chinesinnen den Europäern nur dienen wollen, wenn sie überzahlt werden. Zu diesem kommt noch die hier herrschende Sitte, zu jeder Art Verrichtung eine eigene Person zu haben, woraus das Bedürfnis einer großen Anzahl von Dienern entspringt.

Eine Familie von nur vier Köpfen benötigt wenigstens zehn, zwölf und auch mehr Diener. Erst muß jedes Glied der Familie einen Diener ausschließlich für sich haben; dann hat man einen Koch, einige Kinderwärterinnen und mehrere Cooli, die zu den gemeineren Arbeiten, als: Zimmer reinigen, Holz und Wasser tragen u.s.w. verwendet werden. Bei dieser großen Menge von Dienern ist man dazu oft sehr schlecht bedient, denn geht der eine oder der andere aus und man benötigt seines Dienstes, so muß man warten bis er wieder

[1] Die europäische Post kommt jeden Monat nur einmal.

kommt, da kein Diener die Arbeit des andern verrichten würde. [...] Der Anzug beider Geschlechter des gemeinen Volkes besteht aus weiten Hosen und langen Überkleidern und zeichnet sich durch grenzenlose Unsauberkeit aus. Der Chinese ist ein Feind der Bäder und Waschungen, er trägt kein Hemd, die Hose aber so lange, bis sie am Körper zerreißt. Die Überkleider reichen bei den Männern bis über die Knie, bei den Weibern noch etwas tiefer. Der Stoff ist Nanking oder Seide, die Farbe dunkelblau, braun oder schwarz. Während der kälteren Jahreszeit ziehen sie ein Sommerkleid über das andere und halten die Gewänder durch Leibbinden zusammen; in der großen Hitze aber läßt man letztere lose um den Körper flattern. Das Haupt ist bei den Männern geschoren bis auf einen kleinen Teil am Hinterkopfe, wo die Haare sorgfältig gepflegt und zu einem Zopfe geflochten werden. Je stärker und länger der Zopf ist, desto stolzer ist der Besitzer darauf; man flicht daher falsches Haar und schwarzes Band ein, und so reicht ein solcher Zopf oft bis an den Knöchel des Fußes. Während der Arbeit wird er um den Hals geschlagen, beim Eintritte in ein Zimmer aber hinabgelassen, da es gegen den Anstand und die Artigkeit wäre, mit umgewickeltem Zopfe zu erscheinen. – Die Frauen behalten ihr volles Haar. Sie kämmen selbes ganz aus der Stirne zurück und flechten und stecken es höchst kunstvoll am Haupte fest, wozu sie zwar viel Zeit verwenden; doch währt so ein Haarputz auch eine ganze Woche. Männer und Weiber gehen teils ohne Kopfbedeckung, teils tragen sie Hüte von dünnem Bambus, die oft gegen drei Fuß im Durchmesser haben, vor Sonne und Regen schützen und dabei unendlich leicht und unverwüstlich sind.
Die Fußbekleidung besteht aus genähten Strümpfen und Schuhen von schwarzen Seiden- oder Wollstoffen; die Sohle an den Schuhen, über einen Zoll hoch, ist von dicker Pappe oder Filz, der mehrfach aufeinander geklebt ist. Die ärmeren Leute gehen ohne Fußbekleidung.
Die Häuser des Volkes, armselige Baracken, sind von Ziegeln oder Holz erbaut, die innere Einrichtung ist höchst erbärmlich: ein schlechter Tisch, einige Stühle, ein paar Bambusmatten, Kopfschemelchen und alte Decken bilden den ganzen Hausrat; doch fehlen nirgends einige Blumentöpfe.
Die billigste Art Wohnung ist der Besitz eines Bootes. Der Mann geht auf das Land in die Arbeit, und das Weib sucht unterdessen durch Spazier- oder Überfahrten ebenfalls zur Erhaltung der Familie beizutragen. Die eine Hälfte des Bootes gehört der Familie, die

andere dem Mieter, und obwohl der Raum außerordentlich beschränkt ist (das ganze Boot mißt kaum 25 Fuß in der Länge), so herrscht doch die größte Reinlichkeit und Ordnung, denn jeden Morgen wird alles gescheuert und gewaschen. Jedes Fleckchen ist äußerst sinnreich benützt, sogar zu einem winzigen Hausaltare findet sich Platz. Untertags wird gekocht und gewaschen, wobei es nicht an kleinen Kindern fehlt, und dennoch wird der Mieter nicht im geringsten belästigt; kein ekliger Anblick bietet sich ihm dar, und er vernimmt nur höchst selten die weinerliche Stimme eines der armen Kleinen. Während die Mutter das Ruder führt, trägt sie ihr Jüngstes auf den Rücken gebunden. Die größeren Kinder haben auch zuweilen dergleichen festgebundene Lasten; springen und klettern aber damit herum, ohne im geringsten darauf Rücksicht zu nehmen. Oft sah ich mit Wehmut, wie das Köpfchen eines kaum geborenen Kindes bei jedem Sprunge des älteren von einer Seite auf die andere geworfen wurde, oder wie die brennende Sonne so aufs unbedeckte Haupt stach, daß das Kindchen kaum die Augen zu öffnen vermochte. – Von der Armut und Beschränktheit einer chinesischen Bootsfamilie ist es wahrlich schwer sich einen Begriff zu machen.

Man beschuldigt die Chinesen, daß sie viele der neugeborenen oder schwächlichen Kinder töten. Sie sollen selbe entweder gleich nach der Geburt ersticken und in den Fluß werfen oder in den Straßen aussetzen, welch letzteres das grausamste ist, da es viele Schweine und herrenlose Hunde gibt, die dann mit Heißhunger über die gebotene Beute fallen. Am häufigsten mag dies mit Mädchen geschehen, denn was die Knaben betrifft, so schätzt sich jede Familie glücklich, deren zu haben, da es ihre Pflicht ist, die Eltern in den alten Tagen zu ernähren, ja der älteste Sohn muß, falls der Vater stirbt, dessen Stelle vertreten und für seine übrigen Geschwister sorgen, wogegen diese ihm unbedingt zu folgen und in allem die höchste Achtung zu erweisen haben. – Auf Erfüllung dieser Gesetze wird sehr strenge gehalten und jeder Dawiderhandelnde mit dem Tode bestraft. […]

Die Bevölkerung Chinas besteht aus vielen und sehr verschiedenen Stämmen, deren Charakteristik zu geben ich leider unvermögend bin, da die Zeit meines Aufenthaltes in China viel zu kurz hiezu war. Das Volk, welches ich in Canton, Hongkong und Macao gesehen habe, ist von mittlerer Größe. Die Farbe der Haut ist, je nach der Beschäftigung, verschieden; der Landmann, der Träger ist ziemlich sonnenverbrannt, der Reiche, die vornehme Frau weiß. Die Gesichtsbildung ist breitgedrückt und häßlich; die Augen sind schmal, etwas schiefgeschlitzt und stehen weit auseinander, die Nase ist breit und der Mund groß. Die Finger an den Händen fand ich bei vielen ungewöhnlich lang und mager.

Die Nägel daran lassen nur die Reichen (beiderlei Geschlechtes) zum Beweis, daß sie nicht, gleich den Geringeren, nötig haben, durch Händearbeit ihr Brot zu verdienen, übermäßig lang wachsen; gewöhnlich sind dergleichen aristokratische Nägel einen halben Zoll lang – bei einem einzigen Manne sah ich sie von der Länge eines starken Zolles, und auch das nur an der linken Hand. Mit dieser konnte er einen flachen Gegenstand nicht aufheben, ohne die Hand flach darauf zu legen und die Sache zwischen die Finger zu klemmen.

Die Frauen der Vornehmen sind im Durchschnitte zum Fettwerden geneigt – eine Beschaffenheit, die hier nicht nur am weiblichen, sondern auch am männlichen Geschlechte hoch geschätzt wird.

Obwohl ich viel über die kleinen Füße der Chinesinnen gelesen hatte, überraschte mich doch deren Anblick im höchsten Grade. Durch Vermittlung einer Missionärs-Frau (Mad. Balt) gelang es mir, solch ein Füßchen in natura zu sehen.

Die vier Zehen waren unter die Fußsohle gebogen, an dieselbe fest gepreßt und schienen mit ihr wie verwachsen, nur die große Zehe ließ man ungestört auswachsen. Der Vorderteil des Fußes war mit starken, breiten Bändern so zusammengeschnürt, daß er, statt in die Breite und Länge, in die Höhe ging und sich mit dem Rohre des Fußes vereinte; an der Stelle des Knöchels bildete sich daher ein dicker Klumpen, der sich an das Bein anschloß. Der Unterteil hatte kaum vier Zoll Länge und anderthalb Zoll Breite. Der Fuß wird stets in weißes Linnen oder in Seide gewickelt, mit starken breiten Seidenbändern umwunden und in niedliche Schuhe mit sehr hohen Absätzen gesteckt.

Zu meiner Verwunderung trippelten diese verstümmelten Geschöpfe trotz uns breitfüßigen Wesen ziemlich schnell einher, nur mit dem Unterschiede, daß sie dabei gleich Gänsen wackelten; sie stiegen sogar treppauf und -ab ohne Hilfe eines Stockes.

Von dieser chinesischen Verschönerung sind nur die Mädchen der ärmsten Klasse, das ist jene, die in Booten wohnt, ausgenommen; in den vornehmen Familien trifft alle das Los, in den geringeren gewöhnlich die erstgeborene Tochter.

Der Wert der Bräute wird nach der Kleinheit der Füße bestimmt.

Man nimmt diese Verstümmelung nicht an dem neugeborenen

Kinde vor, sondern wartet damit bis zum vollendeten ersten, manchmal auch bis zum dritten Jahr. Auch wird der Fuß nach der Operation nicht, wie manche behaupten, in einen eisernen Schuh gezwängt, sondern nur mit festen Bändern zusammengeschnürt.
Die Chinesen dürfen, ihrer Religion gemäß, viele Frauen halten; doch stehen sie in diesem Punkte den Mohammedanern weit nach. Die Reichsten haben selten mehr als sechs bis zwölf Frauen, die Armen begnügen sich mit einer einzigen.

**Betty Paoli**
**1814–1894**

Helene Bettelheim-Gabillon erinnert sich an Betty Paolis Zimmer, in dem ein Schreibtisch stand, »der nicht einfacher sein konnte, mit tiefen, festen Laden, eine Platte ohne jeden Zierat, doch bedeckt mit unzähligen Schreib- und Rauchrequisiten, deren krauses Vielerlei von ihrer fast pedantischen Genauigkeit stets in derselben Ordnung gehalten wurde. Ob das Schreiben oder das Rauchen ihr unentbehrlicher war (wie bei George Sand) – wer wüßte das zu sagen! Sicher ist nur, daß, wann immer man bei ihr eintrat, zitternde blaue Rauchwölkchen die Luft erfüllten. Es gab einen merkwürdigen Kontrast, sie mitten in einem Qualm, der jedem Corpsstudenten Ehre gemacht hätte, sitzen zu sehen ... Ein kleiner Hund lag meist auf ihrem Schoß und eine Tasse Tee stand neben ihr auf dem Tisch – ein Bild unendlicher Gemütlichkeit.«

Das Bild täuscht. Denn gemütlich war das Leben der Bewohnerin, die mit über vierzig Jahren 1855 endlich bei ihrer Freundin Ida Fleischl-Marxow eine dauerhafte Bleibe gefunden hatte, nicht zu nennen. Zeitlebens konnte sie mit verschiedensten Arbeiten kaum ihren Lebensunterhalt verdienen und war auf Zuwendungen angewiesen. Zu ihren Mäzeninnen zählte auch Ida Fleischl-Marxow. Mit ihr und Marie Ebner-Eschenbach verbrachte sie so manche Stunden beim Tarockieren, und nicht nur Betty Paoli, sondern auch die beiden anderen Damen frönten zuweilen dem genußvollen Rauchen.

In Wien tagte gerade der Wiener Kongreß, als Elisabeth Barbara Glück 1814 geboren wurde. Sie war ein uneheliches Kind, der Vater ein ungarischer Adeliger, die Mutter eine Belgierin, die mit einem Wiener Militärarzt verheiratet war, der bald nach der Geburt der Tochter starb. So lange es ihre finanziellen Verhältnisse erlaubten, förderte die Mutter die Ausbildung der Tochter, die bereits als Zehnjährige Gedichte schrieb. Die offizielle Schulbildung war für die Mädchen mit Absolvierung der Volksschule beendet, privater Fremdsprachenunterricht und eigene Lektüre waren die einzigen Möglichkeiten, Bildung zu erwerben. Später klagte sie, ihre Erziehung sei »à la diable« gewesen. In einem Gedicht mit dem doppeldeutigen Titel *Kein Gedicht,* in dem sie autobiographische Erfahrungen verdichtet, heißt es: »In starrem Zwang verflossen jene Tage, in strenge Regeln ängstlich eingeschult.«

Die Reisen der Mutter unterstützten die intellektuelle Entwicklung des Mädchens, die bald die französische, englische und italienische Sprache beherrschte. Später wollte sie unbedingt auch Russisch lernen, um Turgenjew, Tolstoi und andere Schriftsteller im Original lesen zu können und vielleicht zu übersetzen.

Doch die ungewöhnliche Fürsorge der Mutter für die Bildung der Tochter fand ein jähes Ende, als diese ihr Vermögen bei verschiedenen Spekulationsgeschäften verlor. Von nun an mußte die sechzehnjährige Tochter für das Einkommen sorgen und das war damals nur als Erzieherin oder Gouvernante möglich. Mutter und Tochter gingen gemeinsam 1830 nach Rußland, wo Elisabeth eine Stelle fand. Doch schon bald wollte die Mutter Rußland wieder verlassen – sie starb auf dem Weg nach Wien in Galizien. Die Tochter blieb nun als Erzieherin bei einer polnischen Adelsfamilie und kehrte 1835 nach Wien zurück.

Bereits während ihres Aufenthaltes in Polen erschienen einige Gedichte Elisabeth Glücks unter dem Pseudonym Betty Paoli in Prager Zeitungen. Sie behielt den Namen bei, der sie später berühmt machen sollte und ihre ungeliebte Herkunft verbarg. In Wien begann sie ihre journalistische Tätigkeit mit Beiträgen für die »Wiener Zeitschrift«, arbeitete als Übersetzerin und gab Unterricht. Betty Paoli war siebenundzwanzig Jahre alt, als ihr erster Gedichtband 1841 im Pester Verlag Heckenast erschien, den sie »als Zeichen freudigster Anerkennung und innigster Bewunderung« Nikolaus Lenau widmete. Franz Grillparzers Kritik dieses Bandes gipfelte in dem Lob, daß Betty Paoli »der erste Lyriker Österreichs« sei.

Trotz des literarischen Ruhms ließ sich mit Lyrik damals wie heute kein Lebensunterhalt verdienen. Betty Paoli hatte diesmal Glück, auch wenn sie diesen Namen zu tragen ablehnte, weil er wohl weder ihrer Lebenshaltung noch ihrem Lebenslauf gerecht wurde. Im dem Jahr, in dem ihr Gedichtband erschien, erhielt sie eine Anstellung im Hause der Familie Wertheimer. In diesem Salon verkehrten neben Grillparzer, den sie kennenlernte, auch Stifter, Hammer-Purgstall, Feuchtersleben, Ottilie von Goethe und Fürst Friedrich von Schwarzenberg, der sich als Schriftsteller »der Lanzknecht« nannte.

Zwei Jahre später wurde Betty Paoli Vorleserin bei Schwarzenbergs Mutter, der Fürstin Maria Anna Schwarzenberg. Es entstand ein Arbeitsverhältnis, das für Betty Paoli auch zu einer Bildungsreise wurde: »Es ist wenig Gutes in mir, dessen Ausbildung ich nicht ihr verdanke. Was die Erziehung in mir versäumte, hat der Verkehr mit diesem ganz großen und reinen Charakter nachgeholt.«

Adalbert Stifter war ihr Vorgänger als Vorleser bei der Fürstin gewesen und später noch gern gesehener Gast. Er freundete sich mit Betty Paoli an, die Beziehung schien zunächst »für alle Zeiten« gegründet.

Stifter war es auch, der ihre Novellen und Erzählungen von Anfang an hoch schätzte, an den gemeinsamen Verleger Heckenast schrieb er 1844: »... denn das Weib ist durch und durch Genie und es fehlt nur an Ruhe und Besonnenheit.«
Doch nach 1848 trennten sich künstlerisch, freundschaftlich und wohl auch ideologisch ihre Wege. Viele Jahre später porträtierte Adalbert Stifter Betty Paoli in seinem 1857 erschienenen Roman »Der Nachsommer«: »Diese Vorleserin war aber keine bloße Vorleserin, sondern vielmehr eine Gesellschafterin der Fürstin, die mit ihr über das Gelesene sprach und die eine solche Bildung besaß, daß sie dem Geiste der alten Frau Nahrung zu geben vermochte, so wie sie von diesem Geiste auch Nahrung empfing. Nach dem Urteile von Männern, die über solche Dinge sprechen können, war die Gesellschafterin von außerordentlicher Begabung, sie war imstande, jedes Große in sich aufzunehmen und wiederzugeben, so wie ihre eigenen Hervorbringungen, zu denen sie sich zuweilen verleiten ließ, zu den Beachtenswertesten der Zeit gehörten.«
Das Bild, das Adalbert Stifter von seiner Nachfolgerin entwarf, entsprach in vielen Zügen dem einer begabten Muse. Was Betty Paoli von ihrer Verwandlung in eine literarische Figur hielt, wissen wir nicht. Stifter bat zwar seinen Verleger Heckenast, den Roman zur Beurteilung an Betty Paoli zu schicken. Bevor Betty Paoli jedoch Kritiken über Bücher von ihr geschätzten Autoren schrieb, die sie nicht wirklich überzeugend fand, zog sie es vor zu schweigen. Die beiden haben einander später nie mehr erwähnt.
Doch kehren wir zurück zur Fürstin und ihrer Vorleserin. Mit Maria Anna von Schwarzenberg lebte Betty Paoli einen Teil des Jahres in Orlik, einem Schloß in Böhmen, sonst im Jakoberhof in Wien und war Begleiterin auf den Reisen nach Holland und Deutschland. Im Andenken an ihre Begegnung mit Bettina von Arnim in Berlin widmete Paoli der berühmten romantischen revolutionären Autorin den 1845 erschienenen *Romancero*. Mit dem Sohn Fürst Friedrich Schwarzenberg führte Paoli seit Beginn der vierziger Jahre einen intensiven Briefwechsel, der bestimmt ist von Zuneigung, aber auch von der ungleichen sozialen Situation. Sie weiß, daß der Fürst ihre dringlichen Bitten nach finanzieller Unterstützung in ausweglosen Nöten ebensowenig abschlägt wie ihr Gesuch um eine Beurlaubung.
Im Mai 1846 bekennt sie ihm: »Ich bin so leidend und auch geistig so gestört, daß ich das dringende Bedürfnis fühle, etwas zu tun, um meine Gesundheit wieder zu erlangen und mich wieder auf mich

selbst zu besinnen.« Sie erhoffte sich Genesung von einer Reise nach Italien. Welche Ereignisse es waren, die Betty Paoli in eine so schwere Depression stürzten, daß sie die »Möglichkeit des Weiterlebens nicht mehr begriff«, wissen wir nicht. Offenbar spielte ein Zerwürfnis mit der Fürstin Schwarzenberg dabei eine Rolle, vielleicht auch eine Liebesbeziehung.

Ein halbes Jahr lang hielt sich Betty Paoli in Florenz und Venedig auf, ihre Briefe an den Fürsten lassen aber keine Besserung ihres Zustandes erkennen. Nach einem Ausflug nach Riva erkrankte sie wieder so heftig, daß sie zu sterben glaubte: Im Jänner 1847 schrieb sie an den mit ihr befreundeten Schriftsteller Moritz Hartmann: »Ich konnte es in dem Land, wo ich so unendlich viel gelitten, nicht länger aushalten, trotz meiner Schwäche beschloß ich die Rückreise ... ich nahm die Post und kam nach einer Fahrt von drei Tagen und Nächten am 2. Jänner gesund in Wien an!!« Ganz genesen schien sie auch nach ihrer Rückkehr nicht zu sein, aber sie nahm ihre Arbeit als Gesellschafterin der Fürstin wieder auf.

Knapp ein Jahr später bricht in Wien die Märzrevolution aus, und im April 1848 stirbt die Fürstin – Betty Paoli verliert Stellung und Unterkunft. Den 15. März 1848 hat sie noch begrüßt als einen Tag, an dem »das Ideal zur Wirklichkeit« wurde. Aber nach einer ersten Begeisterung für die politischen Umwälzungen ist sie von den kämpfenden Massen rasch enttäuscht. Sie wandte sich so vehement gegen manche Ausschreitungen, daß sie von ihren Feinden »den Ehrentitel einer schwarz-gelb gefleckten Hyäne« erhielt.

Betty Paoli hat keine Aussicht auf eine Stelle, denn es ist »leider keine Nachfrage nach einem solchen Luxusartikel wie ich, ebenfalls leider! einer bin«. Sie weiß, daß sie sich als Journalistin und Literaturkritikerin etablieren muß, um Geld zu verdienen, denn der Bedarf an Gesellschafterinnen und Vorleserinnen ist nach der Revolution drastisch gesunken. Zwar findet sie noch einmal für einige Zeit eine Stelle als Gesellschaftsdame bei der deutschen Gräfin Bünau in Dresden, bis sich diese wieder verheiratet. Während ihres Aufenthaltes in dieser Stadt beeindruckt die fünfunddreißigjährige Betty Paoli den Maler und Kunstschriftsteller Friedrich Pecht. In seinen Erinnerungen zeichnet er sprachlich ein Bild der Dichterin, in dem er sie um zwei Jahre jünger macht: »Während man sich die Dichterinnen nach alter Tradition gewöhnlich häßlich vorstellt, war diese im Gegenteil bildschön und ebenso verführerisch liebenswürdig, als überdies mit dem köstlichsten Humor gesegnet, der sie in Gesellschaft zu einer wahren Perle machte, wenn sie nicht vorzog, sich als unheilweissagende Kassandra zu geben, was ihre entschiedene Liebhaberei war. Eine glänzendere Vertreterin der Wiener Frauenart wäre aber unmöglich zu finden gewesen, und das Romanhafte ihrer bisherigen Schicksale trug nicht wenig dazu bei, ihre Anziehungskraft zu vermehren. Groß und schlank, mit Augen wie getränkt in Schwarz, vollkommen regelmäßigen Zügen, einem samtartig brünetten Teint und reichem nachtschwarzen Haar, machte sie selbst damals noch, wo sie bereits im 33. Jahr stand, einen bezaubernden Eindruck und schien noch mehr geeignet, Romane zu erleben, als sie zu schreiben [...].«

So wenig wie das Leben von Betty Paoli gemütlich war, so wenig taugte es für einen Roman – wieder eine Beurteilung, die der Schriftstellerin nicht ganz gerecht wird. Über ihr Gefühlsleben, ihre Liebe und Enttäuschungen hat sie offenbar den Freunden gegenüber geschwiegen. Ihre formvollendete Lyrik ist literarisches Zeugnis eines Lebens, das von Entbehrung, Schmerz und Trauer geprägt war. Zeitlebens galt ihr die Poesie als die ihr gemäße eigentliche literarische Ausdrucksform, in der sie ihren Vorbildern Nikolaus Lenau und Annette Droste-Hülshoff an Qualität nicht nachsteht.

Für die Anerkennung der Droste hat sie sich in zahlreichen Rezensionen eingesetzt – sie hielt sie für die »größte Dichterin deutscher Nation für alle Zeiten«. Aber nur einige wenige Gedichtbände konnte Betty Paoli selbst veröffentlichen. Mit ihrer Prosa, mit Büchern über Wiens *Gemälde-Galerien und ihre kunsthistorische Bedeutung* und ihren journalistischen Arbeiten konnte sie wenigstens einen Teil ihres Lebensunterhalts verdienen. Und manchmal beklagte sie in Briefen ihren Broterwerb: »... ich arbeite wie ein Lasttier ... so wird auch dieses Buch, mit dem ich mich abquäle, zuletzt doch fertig werden.« In ihrer Erzählung *Auf- und Untergang* über die Dichterin Elisa Mercœur porträtierte sie wohl auch sich selbst: »Es heißt: seinen Geist verdingen, dichten müssen, nicht weil die Eingebung es fordert, sondern ein Kontrakt vorliegt.« Entgegen Betty Paolis eigener Geringschätzung ihrer Prosa scheint sie bis heute aktuell.

Mehrere Jahre bemüht sie sich, Korrespondentin der »Augsburger Allgemeinen Zeitung« zu werden, für die sie schon einige Artikel geschrieben hat. Ab 1852 suchte sie wieder in Wien Fuß zu fassen und findet schließlich eine Stellung beim »Wiener Lloyd«, nach seiner Einstellung dann bei der »Österreichischen Zeitung«, bei der sie für die Literatur- und Kunstberichte zuständig ist und auch über das Burgtheater berichtet, in dem seit 1850 Betty Paolis Leipziger

Freund Heinrich Laube Direktor ist. Für ihn übersetzt die sprachgewandte Autorin zahlreiche Salonstücke aus dem Französischen – allerdings unter dem Pseudonym »Branitz« –, was ihr jahrelang ein gewisses Einkommen sichert.
1852 tritt sie nochmals eine Gesellschafterinnenstelle bei der Gräfin Elisabeth Bagréef-Speransky in Wien an. Die Beziehung zu ihr erwies sich jedoch als wenig dauerhaft, denn die Dame quält die mit ihrer Gesellschafterin bekannten Dichtergrößen, die sie in ihren Salon lud – von Franz Grillparzer bis Eduard Bauernfeld –, mit ihren dilletantischen Dichterkünsten. Betty Paoli beklagt sich in einem Brief, daß sie es nicht wagen kann, der Gräfin mitzuteilen, wie grauenvoll sie ihre Texte findet: »... aber wenn ich auch schweigen kann, so besitze ich doch leider nicht die edle Verstellungsgabe und kann nicht loben, was mich gähnen macht.« Als Literaturkritikerin ist Betty Paoli unbestechlich und kritisch. Wenn sie etwas für große Kunst hält, setzt sie sich für den Schriftsteller oder die Schriftstellerin aber mit Überzeugungskraft ein. Sie tat dies für Nikolaus Lenau und später für Conrad Ferdinand Meyer und Ferdinand Saar ebenso wie für Annette von Droste-Hülshoff und Marie von Ebner-Eschenbach.
Als 1855 die »Vielumhergetriebene« – wie sie sich selbst nannte – in der Wohnung ihrer Freundin Ida von Fleischl-Marxow endlich eine neue Heimat gefunden hatte, bedeutete dies für Betty Paoli bis zu ihrem Lebensende zumindest eine gesicherte Unterkunft. Ihre *Neuesten Gedichte* im Jahr 1870 widmete sie ihrer Freundin »Ida«, darunter die folgenden Zeilen: Daß ich, als jeder Trost mir fern gelegen, / Und meiner Hand der Hoffnung Stab entwunden, / Inmitten all der Larven dich gefunden, / Ich nenn' es meines Lebens höchsten Segen!«
Und daß Betty Paoli tatsächlich noch einmal »Glück« hatte, bestätigt sich auch in Marie von Ebner-Eschenbachs neidvoller Beurteilung, ihre Freundin Betty Paoli könne »alle Annehmlichkeiten des Familienlebens ohne Verpflichtungen« genießen. Der ökonomische Unterschied trennt die beiden Frauen, die künstlerische Professionalität eint sie über Standesgrenzen hinweg. Die Literaturkritikerin Paoli hatte schon die frühen Texte Ebner-Eschenbachs hervorragend beurteilt und tat dies weiterhin in genauen und ausführlichen Rezensionen.
Auch Ebner-Eschenbach las die Manuskripte ihrer Kollegin, und Ida Fleischl war nicht nur Partnerin beim Tarock, sondern auch die erste Kritikerin der beiden berühmtesten österreichischen Dichte-

rinnen des 19. Jahrhunderts. Ebner-Eschenbach wiederum versuchte sich zu Betty Paolis 70. Geburtstag mit einem Gratulationsalbum zu revanchieren, zu diesem Geburtstag stellte sich immerhin auch der Bürgermeister von Wien mit einer Ehrengabe der Stadt ein. Nach ihrem Tod sichtete Marie von Ebner-Eschenbach gemeinsam mit Ida Fleischl den Nachlaß der Freundin und gab 1895 eine Gedichtsammlung heraus.

Einig waren sich Ebner-Eschenbach und Paoli auch in ihrer Unterstützung der Frauenbewegung, beide waren Mitglieder im 1885 gegründeten »Wiener Verein der Künstlerinnen und Schriftstellerinnen«. Betty Paoli war auch in der Frauenfrage realistisch: »Man kann niemandem die Freiheit schenken, jeder muß sich selbst befreien. Die Frauen mögen es machen wie so viele andere früher Unterdrückte, die durch Bildung und Tüchtigkeit sich selbst so glorreich emanzipiert, daß der auf ihnen lastende Druck zum Unding und deshalb endlich unmöglich wurde.« Betty Paoli wußte, wovon sie sprach: »Ich war ein Weib und kämpfte wie ein Mann!«

Im Juli 1894 stirbt Betty Paoli in Baden bei Wien nach qualvoller Krankheit. Solange sie lebte, wehrte sie sich gegen eine Biographie, die neben ihrer geistigen Persönlichkeit auch ihr Privatleben der Öffentlichkeit preisgeben wollte – ein Verlangen, das auch die Nachwelt respektiert hat, wohl aber eher aus Desinteresse an einer der bedeutendsten österreichischen Dichterinnen denn aus Diskretion: »Bin ich einmal tot und es will sich jemand die Mühe nehmen, meine Biographie zu schreiben, so kann ich es, leider! nicht hindern, aber solange ich noch auf Erden wandle, fühle ich nicht den mindesten Beruf, vor dem Publikum eine Art Generalbeichte abzulegen. Biographien noch lebender Personen müssen entweder lügen – oder lückenhaft sein; wenn dies nicht, sind sie noch schlimmeres: Eine Entweihung, die man seinem eigensten Wesen zufügt, um die Neugier und Klatschsucht der plumpen Masse zu befriedigen.«

*Betty Paoli*

## Kein Gedicht

A vingt-cinq ans le cœur se
brise ou se bronze.
*Chamfort.*

O, wäre mir das heitre Los gefallen,
Das still beglückend andern Frauen fällt,
In schirmender Beschränkung hinzuwallen
Durch eines engen Kreises kleine Welt;

Mein Herz gleich einer Blume zu verschließen,
Vor jedem Sturm und jedem Weh der Zeit,
Des Lebens Freuden harmlos zu genießen
In ahnungsloser Unbefangenheit!

Doch anders hat sich mein Geschick gewendet,
Ein Kampfplatz nur war meine Lebensbahn;
Der Kindheit Blütenruh ward mir entwendet
Und hingeopfert einem eitlen Wahn!

In starrem Zwang verflossen jene Tage,
In strenge Regeln ängstlich eingeschult,
Indessen meines jungen Herzens Klage
Um frische Luft und Sonnenlicht gebuhlt.

Ich rang dawider, doch es war vergebens,
Und als ich nun entwachsen jener Zucht,
Da drang die feindlich finstre Macht des Lebens
Wild auf mich ein mit ihrer ganzen Wucht.

Mich schirmte keines Freundes treues Lieben,
Durch meinen Frost drang keines Herzens Glut,
Und in die Fremde ward ich fortgetrieben
Ohn' andre Stütze als den eignen Mut.

Was ich bedurfte, mußt' ich selbst erringen,
Auskämpfen selber jeden herben Streit,
Und drückend lasteten auf meinen Schwingen
Die schweren Fesseln der Notwendigkeit.

Weh jedem, der in seinem Tun und Lassen
Dem inneren Gesetz nicht folgen kann!
Mein Unglück läßt sich in zwei Worte fassen:
Ich war ein Weib und kämpfte wie ein Mann!

Daß ihm am Tag der Schlacht die Wehr nicht fehle,
Erwarb mein Geist sich Schärfe, Kraft und Licht,
Doch blütenlos blieb meine ernste Seele –
Im Waffenkleid pflegt man der Blumen nicht.

Nur *ein* Mal wagt' ich, Besseres zu hoffen;
Verheißend lag vor mir ein schönes Glück;
Doch kaum erblüht, sank es, zu Tod getroffen,
Und eine Wunde nur blieb mir zurück.

So glitt, fast ungeahnt an mir vorüber
Des Liebefrühlings träum'rische Gestalt,
Und trüber ward mein Sinn und immer trüber,
Mein Herz, gleichwie die Toten, schwer und kalt.

Und wie vom Hauch der herbstlich scharfen Winde
Sich rauh verhärtet manch ein zartes Reis:
So legte sich um mein Gemüt die Rinde
Des Lebensüberdrusses starr, wie Eis.

Und nun, da schon mein bess'res Teil im Grabe,
Da meine Stirn des Zweifels Brandmal trägt,
Nun, da ich es schon fast vergessen habe,
Was einst so stürmisch meine Brust bewegt;

Nun, da im Lebenssande meine Zähren[1]
Versickert längst, da ich mit stolzem Sinn
Nichts mehr vermissend, alles kann entbehren,
Tritt deine Liebe leuchtend zu mir hin!

Suchst du denn Rosen unterm Leichentuche,
Und grünes Laub am blitzzerschellten Stamm?
Zu spät! der Segen wird an mir zum Fluche –
Mein Schicksal ist ein andrer Bileam!

---

[1] Zähren = Tränen

O warum bist du damals nicht gekommen,
Als ich nach Liebe suchte, nach ihr rief?
Jetzt kann mir dein Erscheinen nicht mehr frommen,
Denn meine Sonne steht schon allzutief! –

Das Weib, das aus den häuslichen Bezirken
Heraustrat in das brausende Gewühl,
Mit eigner Hand zu schaffen und zu wirken,
Gezwungen zu beherrschen sein Gefühl;

Das, fortgetrieben von den heim'schen Laren[2],
Auf mühevoller, ruheloser Flucht,
Durch rauhe Wirklichkeit gelernt, erfahren,
Was andre Frau'n zu denken nie versucht;

Das, wie Ödip, mit unheilvollem Munde
Des dunklen Rätsels düstre Lösung fand,
Vor der die Sphynx des Glaubens sich zur Stunde
Verzweifelnd stürzet von dem Felsenrand: –

Das mag wohl ferner mit erschloss'nen Augen
Rasch vorwärts streben auf der Bahn zum Licht,
Zum Forschen, zum Erkennen mag es taugen;
Allein zum Lieben und zum Küssen nicht!

Und darum ist's, daß ich von dir begehre:
Laß mich allein mit meinem Geistesschmerz!
Der Liebe Luft, der Liebe Grameszähre,
Sie füllen nicht mein abgrundtiefes Herz!

Du aber stehst in deiner Jugend Prangen,
Um welche nie ein trüber Schatten floß,
Dein Auge flammt, es blühen deine Wangen –
Drum geh' und suche dir ein bess'res Los!

Und denke nicht, daß ich dein frommes Werben
Hochmüt'gen Sinn's verworfen und verschmäht!
Ich sage dir ja nur, was man im Sterben
Zu allem Glücke sagt: Zu spät! zu spät!

---

[2] Laren = Hausgötter

## Die Pythia

Ich dichte nicht in frohen Stunden –
Mein Leben ist an solchen leer!
Ich dichte nicht, um zu gesunden –
Genesung gibt's für mich nicht mehr.

Ich dichte nicht, um zu erstreben
Des Ruhmes gleißnerische Pracht,
Die, statt Unsterblichkeit zu geben,
Ein zweites Mal nur sterben macht.

Ich dichte nicht, um mich zu krönen
Mit meiner Leiden Dorngeflecht:
Die Menge würde mich verhöhnen
Und sprechen: Es geschah Dir Recht!

Mein Lied quillt aus demselben Borne,
Aus dem das Wort der Pythia brach,
Als rauh und wild im Siegerzorne
Der Macedonier zu ihr sprach.

Des Schicksals nachtumflorten Willen,
Der Zukunft keimevollen Grund
Sollt' ihm ihr Seherspruch enthüllen,
Allein verschlossen blieb ihr Mund.

Doch nichts kann sein Verlangen wenden,
Nichts beugen seinen starren Sinn!
Mit frevelhaft vermessnen Händen
Faßt er die bleiche Priesterin.

Zum Schlunde, dunkel, unergründlich,
Drängt er sie zürnend mit Gewalt,
Bis: »Ja! du bist unüberwindlich!«
Sie angst- und zorndurchschauert lallt. –

So ward', was jemals ich gesungen,
Den Blick gerichtet himmelwärts,
Mir nur erpreßt und abgerungen
Vom wilden Überwinder, *Schmerz.*

## Ich

Ich kann, was ich muß! o seltnes Geschick!
Ich will, was ich muß – o doppeltes Glück.

Mein Herz ist an Stärke dem Felsen gleich,
Mein Herz ist, wie Blumen, sanft und weich.

Mein Wesen gleicht Glocken von strengem Metall:
Schlag kräftig d'ran, gibt es auch kräftigen Schall.

Mein Geist stürmt auf eiligem Wolkenroß hin;
Mein Geist spielt mit Kindern mit kindlichem Sinn.

Ich weiß, was ich will! und weil ich es weiß,
Drum bann' ich's zu mir in den magischen Kreis.

Ich weiß, was ich will! das ist ja die Kraft,
Die sich aus dem Chaos ein Weltall entrafft.

Ich weiß, was ich will! und wenn ich's erreich',
Dann gelten der Tod und das Leben mir gleich.

# Marie von Ebner-Eschenbach

**1830–1916**

Von ihrer Freundin Betty Paoli, die im gemeinsamen Haushalt bei Ida von Fleischl-Marxow lebt, sagt Marie von Ebner-Eschenbach fast ein wenig neidisch, der Lebensstil Bettys biete die Vorteile einer Familie ohne alle ihre Nachteile. Und diese Nachteile kannte sie selbst sehr gut. Man kann sagen, daß sie ihr Leben zwischen ihrer großen Familie und ihrem Schreiben teilte, wobei allerdings die Familie ihrer Schriftstellerei denkbar ablehnend gegenüberstand:
»Voll Bewunderung für Moriz, der unter den ungünstigsten Verhältnissen rastlos eifrig an der Lösung seiner großen Aufgaben arbeitet. Ich sagte ihm aber heute: Du hast leicht fleißig sein. In Deiner das heißt in unserer Familie nimmt es Dir Niemand übel, daß Du Seeminen legen willst, während Du meine armen Theaterstücke am liebsten in die Luft sprengen möchtest.
Was ich unfassbar finde: Wie die Meinen glauben können, mein Interesse für meine Schriftstellerei würde meine Liebe für sie schädigen – Du guter Gott – im Augenblick in dem einem von ihnen das geringste fehlt sind alle meine Gedanken bei ihm, ich habe keine mehr für meine Arbeit. Sie dürfte sich mit besserem Recht über meine Verwandten beklagen als umgekehrt.«
So lautet die für Ebner-Eschenbach ziemlich bittere Tagebucheintragung vom Sonntag, 29. April 1866. Sie ist 36 Jahre alt und lebt noch immer im Kreise ihrer Familie, im Winter im Rabenhaus in Wien, das ihr Vater durch seine erste kinderlose Ehe mit der Baronesse Konradine von Sorgenthal (1804–1826) geerbt hat, im Sommer auf dem mährischen Schloß Zdislawic, dem Erbe seiner zweiten Frau, der Baronesse Marie Vockel (1801–1830), der Mutter von Friederike und Marie, die 14 Tage nach Maries Geburt 1830 gestorben ist. Mit diesem Tod beginnen ihre *Erinnerungen*, mit dem Tod der Großmutter Bockel – so schreibt Marie von Ebner-Eschenbach den Namen in ihren Tagebüchern –, die auch nach dem Tod der Tochter und der Wiederverheiratung des Schwiegersohns im Familienverband verblieben ist, enden sie.
Es sind auffällig viele Frauen, die in den *Erinnerungen* auftauchen, die Amme Anuschka, das Kindermädchen Pepinka, die Reihe der französischen Gouvernanten, die Erzieherin Maria Kittl; daneben die eigentlichen Familienangehörigen: die tote, aber beim Gutspersonal und durch die Großmutter immer wieder erwähnte Mutter Marie von Vockel, deren Bild das Zimmer der Großmutter dominiert, die Großmutter Bockel selbst, Helene (1782–1864), die Schwester des Vaters, deren Sohn Moriz (1815–1898), 15 Jahre älter als Ma-

rie, sie in ihrem 18. Lebensjahr heiraten wird), Mama Bartenstein, die dritte Frau des Barons (die ihm drei Kinder, Adolf, Victor und Sophie, schenken wird) samt Großmutter Bartenstein, später immer wieder die Schwestern Friederike und Sophie, die vielgeliebte und jung verstorbene Schwester (1835–1857), (nicht zu verwechseln mit deren Tochter Sophie, der Lieblingsnichte, und Sophie, der Frau des Bruders Adolph) und natürlich auch die vierte Frau ihres Vaters, Xaverine Gräfin Kolowrat-Krakowsky, die einzige, die sich Verdienste um Maries schriftstellerische Ambitionen erwirbt, indem sie ihr zum zwölften Geburtstag eine Schiller-Werkausgabe schenkt und die die Familie noch um die Kinder Heinrich und Julie vermehrt.
Die männlichen Mitglieder der Familie – der Cousin Moriz und die Brüder Adolph und Victor – werden schon sehr jung in Internatsschulen geschickt, die Frauen bleiben unter der Herrschaft des Vaters zurück, über den die Dichterin in den *Erinnerungen* nur Gutes berichten will – die moralische Zensur ist hier enorm stark.
Das Tagebuch spricht, noch immer kaschiert, schon deutlicher: die Launen des Vaters tyrannisieren die ganze Familie. Im Jahr 1869, nach dem Tod seiner vierten Frau, Marie von Ebner-Eschenbach ist 39, kündigt er seine Absicht an, daß seine zwar verheiratete, aber kinderlose Tochter ihm den Haushalt führen solle:
23. Okt. 1869
»Moriz reiste ab ohne die Versöhnung annehmen zu wollen, die P. bot. Ich fürchte er geht zu weit. P. den ganzen Tag in Thränen, mir zehnmal das Versprechen abnehmend ihn nicht zu verlassen, in Wien zu ihm zu ziehen. Man weiß nicht ob man mehr leidet an solchen od. an stürmischen Tagen.
24. 10. Stimmung P's heut sehr gedrückt, er ist fortwährend mit der Sorge beschäftigt, daß ich nun doch nicht zu ihm ziehe wenn M. durchaus dagegen ist.
[...]
25. 10. Abreise von Zd.: mit gemischten Empfindungen. Halb Freude wie über eine Erlösung, halb Schmerz üb. die Trennung ... Moriz empfing mich sehr freundlich u. herzlich, auch er fühlt daß wir uns aufgeben u. für P. leben müssen aber auch er empfindet daß es seine Kräfte übersteigt die schwere Pflicht ganz würdig, ganz vollkommen zu lösen.«
Die Tagebücher von Ebner-Eschenbach zeigen überdeutlich, wie sehr sie sich der Familie verpflichtet fühlte, als kinderlose Tochter für alle Krankheiten und Notfälle, z. B. auch ab 1877 für die Erziehung der Kinder ihres Bruders nach dem Tod seiner Frau, zuständig

ist, wie sehr ihre Tage durch die diversen Verwandtenbesuche sowie durch Briefeschreiben in Anspruch genommen sind. Dennoch sind Stellen wie die oben zitierte, die diese Sorge auch als Last empfinden, extrem selten. Für den psychoanalytisch geschulten Blick ist allerdings auffällig, wie häufig sie, die sonst im Tagebuch sehr kurz und prägnant (auch mit Abkürzungen) arbeitet, bei den Verwandten Epitheta wie »geliebter«, »über alles geliebter«, »theurer«, »guter« (vor allem beim Vater) etc. verwendet, als müßte sie sich selbst auch schriftlich immer wieder von dieser Liebe überzeugen und als müßte sie durch diese Liebesbezeugungen ihr schlechtes Gewissen wegen ihrer Schriftstellerei, die sie doch nicht aufgibt, beruhigen.
Dabei fällt auf, daß in der Familie niemand ihre Leidenschaft für Literatur teilt (erst der Neffe Franz Graf Dubsky wird sich – zur Freude seiner Tante – ebenfalls mit Literatur beschäftigen), lediglich das Burgtheater mit seinen Aufführungen bietet einen gemeinsamen Gesprächsstoff. Daß sie unter diesen Lebensumständen einen offensichtlich psychosomatisch bedingten schmerzhaften tic douloureux, eine Erkrankung der Gesichtsnerven entwickelt, ebenso Schwierigkeiten mit dem Gehör und mit den Augen hat, die allen Behandlungen widerstehen, verwundert wenig.
»Die ganze Familie spielt mit Leidenschaft à la guerre bis zur Souperstunde 8 Uhr. Nach dem Souper machen wir eine Bezique, bei der gewöhnlich mehr gelacht und geplaudert wird, als gespielt ... Um 1/2 10 wird sie aber, ob es ihr recht ist oder nicht, expedirt.« (Brief an Pachler, 1877)
Wie Marie von Ebner-Eschenbach unter diesen familiären Verhältnissen die Lust am Schreiben entwickelte, ist auch nach der Lektüre ihrer Erinnerungen und der Tagebücher nicht klar nachzuvollziehen. Offensichtlich ist, daß sie diesen Wunsch schon als Kind entwickelt und an ihm unbeirrbar festgehalten hat. Schreiben war anscheinend ihre Überlebensstrategie, die sie mit großer Zähigkeit gegen die Familie und gegen die Öffentlichkeit, die ihr den Erfolg ja jahrzehntelang versagte, verteidigt hat. Anders als andere Schriftstellerinnen ihrer Zeit, die die Literatur als Broterwerb ausübten, gibt es bei ihr bereits eine innere Notwendigkeit, die sich allerdings nicht in autobiographischen Texten, die die eigene Situation reflektieren, manifestiert – wie es teilweise bei Gabriele Reuter oder bei Böhlau der Fall ist. Autobiographisches läßt sich natürlich auch bei Ebner-Eschenbach finden, es tritt jedoch immer in distanzierter Form, häufig stark ironisiert, auf. Warum sie, die eine typische mangelhafte Comtessen-Erziehung genossen hat, nicht eine der

Comtessen geworden ist, die sie in *Comtesse Muschi* so gekonnt karikiert, bleibt ihr Geheimnis.

Ihre Erziehung lag in den Händen von mehr oder minder sorgfältig ausgewählten Erzieherinnen und Gouvernanten. Die Erinnerungen an den Unterricht sind unterschiedlich, sie reichen von positiven Erfahrungen mit Erzieherinnen wie Marie Kittl, mit der sie bis zu ihrem Tod korrespondiert, bis zu einer sadistischen französischen Gouvernante, die erst durch Ehefrau Nr. 4 entlassen wurde, und den geliebten französischen Erzieher der Brüder Just, der sich unsterblich in ebendiese neue Gattin des Hausherrn verliebt hat und deshalb gehen muß. Die Erziehung und der Unterricht liegen ganz in den Händen der jeweiligen Gouvernanten, die praktisch keiner Kontrolle unterliegen, lediglich für Klavier und Tanz werden eigene Lehrer engagiert, den Reitunterricht behält sich der Vater selbst vor. Die literarischen Eindrücke, denen das Kind ausgesetzt ist, sind dementsprechend zufällig: böhmische Märchen und Aberglauben, die das Kindermädchen Pepinka zu Erziehungszwecken einsetzte, Fénélons Märchen, die dem Französisch-Unterricht dienten, schließlich das Repertoire des Burgtheaters, die Schiller-Ausgabe zum Geburtstag, und nach dem Tod der Großmutter Bartenstein deren Bibliothek, die sie, obwohl sie die schriftstellerischen Ambitionen der Enkelin ablehnte, ihr doch vermacht hat.

Für ihre spätere umfangreiche literarische Bildung ist Ebner-Eschenbach selbst verantwortlich, sie ist hier Autodidaktin im strengen Sinn, sie hat sich aber als Erwachsene immer um Lehrer und Kritiker auf diesem Gebiet bemüht. Im Salon der Frau von Littrow traf sie mit Schauspielern und Schauspielerinnen und Dramaturgen des Burgtheaters zusammen, Laube wird ihr Freund und auch Lehrmeister, und ihre treueste Freundin Ida von Fleischl ist gleichzeitig eine strenge Beurteilerin ihrer Werke, die Marie immer ihr zuerst vorlegt. Fleischl scheut sich z. B. nicht, Ebner-Eschenbach zu empfehlen, die deutsche Grammatik zu studieren, da sie zu viele Fehler mache, und Ebner-Eschenbach nimmt diesen Rat an. Im Tagebuch gibt sie getreulich Rechenschaft über ihre Lektüre, die einerseits dem Tagesgeschmack folgte, sich andererseits an ihren eigenen schriftstellerischen Projekten orientierte und häufig auch überraschende Konsequenz aufwies – so las sie z. B. 1863 systematisch alle Werke von Lenz, immer wieder wird vermerkt, daß sie in die Hofbibliothek geht, um ihre Studien dort zu vervollständigen.

Eine wichtige Periode dieser systematischen Studien dürfte wohl die Zeit nach ihrer Eheschließung bilden, als sie erstmals aus dem

Familienband etwas herausgelöst wurde und ihrem Mann in die Ingenieursakademie nach Klosterbruck bei Znaim folgte, in der er bis 1856 unterrichtete. Als junge Ehefrau eines Lehrers an einer militärischen Akademie in der tiefsten Provinz dürfte sie sowohl die Zeit gefunden als auch die Notwendigkeit zu einer Beschäftigung empfunden haben. Hier freundete sie sich mit der Frau eines Kollegen ihres Mannes, Dunckel, an, mit der sie eine Kur in Franzensbad macht, die zu ihrem ersten, anonym erschienenen Buch *Briefe aus Franzensbad* führt.

1856 übersiedelt die Schule und mit ihr das nun nicht mehr so junge Ehepaar nach Wien und damit wieder ins Rabenhaus der Familie. Die unterrichtsfreie Sommerzeit hatte das Paar immer auf Schloß Zdislawitz verbracht.

Über die Motive, die den 33jährigen Moriz von Ebner-Eschenbach veranlaßten, um die Hand seiner 15 Jahre jüngeren Cousine Marie anzuhalten, die er seit ihrer Geburt kannte, und über die Gefühle, die sie dem vom »Onkel Moriz« zu ihrem Gatten gewandelten Ehemann entgegenbrachte, gibt es keine schriftlichen Zeugnisse. Zwar heißt es in seinen Erinnerungen, er sei »in die kleine Marie etwas verschossen« gewesen, doch um die große Leidenschaft dürfte es sich nicht gehandelt haben. Klar ist, daß die junge, oft als eigenwillig beschriebene Marie mit dieser Ehe die Möglichkeiten zu neuen Erfahrungen in einer neuen Umgebung, die durch die Eheschließung immerhin möglich gewesen wären, nicht genutzt hat, sie bleibt örtlich und personal im bekannten Kreis. Daß die Erzählung *Erste Trennung*, die eine der damals durchaus üblichen Ehen zwischen einem viel älteren Mann und einer jüngeren Frau thematisiert und bei der es darum geht, daß der Mann nach einigen Jahren anerkennen muß, daß er seine Erziehungsfunktion beendet hat und nun mit einer gleichwertigen Partnerin zusammenleben muß, auch autobiographisches Material verarbeitet, ist zu vermuten, auf jeden Fall hält die Ehe und wird als glücklich beschrieben. Moriz von Ebner-Eschenbach ist ein offensichtlich talentierter Ingenieur, der auf dem Gebiet der Land- und Seeminen wichtige Neuerungen entwickelt, der im Offizierskorps aufsteigt und es bis zum General bringt. Er arbeitet u. a. bei der Sprengung der Wiener Stadtmauern verantwortlich mit und hat später auch Reisebeschreibungen verfaßt. Marie schätzt die Arbeit ihres Mannes, begleitet sie aber kaum mit lebhaftem Interesse. Auffällig ist dessen betonte politische Abstinenz, die bei einem Militär, der den Krieg von 1866 aktiv mitgemacht hat und als General auch Entscheidungsträger war, doch verwundert.

Moriz war zwar einer der ersten in der Verwandtschaft, der das Dichten des Kindes Marie akzeptierte, doch hat er sie als seine Frau in diesen Ambitionen nie bestärkt. Diese Unterstützung mußte sich Ebner-Eschenbach bei ihren Freunden suchen, die einzige, allerdings entscheidende Hilfe, bekam sie von ihrer Schwester, der Fürstin Julie von Waldburg-Wurzach, die ihre Novellen an den Verleger Cotta schickte. Cotta nahm sie auch an und leitete damit die »zweite« und nun endlich erfolgreiche literarische Karriere der Ebner-Eschenbach ein – doch dies geschieht erst 1875. Ebner-Eschenbach ist 45 Jahre alt, eine »alte nichtsnutzige Kraxn«, wie sie schon anläßlich ihres 40. Geburtstages notiert, für die damalige Zeit eine alte Frau. Zwar hatte bereits ihre Stiefmutter Xaverine das kompetente Urteil Franz Grillparzers eingeholt, das durchaus positiv ausgefallen war, doch blieb dies für die Einstellung der Familie letzten Endes ohne Konsequenz.

Doch Marie von Ebner-Eschenbach setzte ihre literarischen Versuche hartnäckig fort; ihr ganzer Ehrgeiz galt ursprünglich dem Theater – ein Einfluß der Schiller-Lektüre oder vielleicht auch dadurch motiviert, daß wohl nur ein Erfolg am Burgtheater in den Augen der Familie ihren Rang als Schriftstellerin bestätigt hätte. Dabei hatte ihre Karriere als Bühnenschriftstellerin einigermaßen erfolgversprechend begonnen. Das Drama *Maria Stuart,* das sie als völlig Unbekannte an die deutschsprachigen Theater geschickt hatte, wurde vom renommierten Intendanten Devrient in Karlsruhe akzeptiert und 1861 aufgeführt; es blieb auch noch längere Zeit im Repertoire. Daß es von Otto Ludwig einer ausführlichen lobenden Rezension gewürdigt wurde, hat Ebner-Eschenbach lange darüber hinweggetröstet, daß ihr Stück bei anderen Theatern keine Aufnahme fand. Groß ist die Zahl von – teilweise von ihr selbst wieder vernichteten – Entwürfen zu historischen Dramen, zu denen sie umfangreiche Studien betrieb, die sie auch immer wieder an Freunde verschickte. Schließlich wandte sie sich, unter dem Eindruck des Mißerfolgs und des Zeitgeschmacks, vom historischen Drama ab und dem Gesellschaftsstück zu. Für die bekannte Schauspielerin Julie Rettich schrieb sie nach deren Wünschen ein Stück namens *Heimkehr,* der Erfolg blieb aber versagt. Die vernichtenden Kritiken, die ihr von Heinrich Laube am Stadttheater in Wien produziertes Stück *Das Waldfräulein* 1873 erhielt, veranlaßten sie, sich endgültig vom Theater abzuwenden und hinfort nur mehr Prosa zu schreiben, denn das Schreiben ganz aufgeben konnte sie offenbar trotz aller negativer Erfahrungen nicht. Zwei Jahre nach dem Desaster der

Wiener Theateraufführung begann dann durch die Vermittlung der Schwester ihre Karriere als Erzählerin, als die sie auch heute noch berühmt ist. Ebner-Eschenbachs Biograph Bettelheim, der die Dramen durchaus wohlwollend beurteilt, betont den dramatischen Aufbau, die »Schürzung des Knotens«, auch in ihren Novellen, Techniken, die sie von ihrer langen Arbeit am Drama her bestens beherrschte. Mit den Novellen und Erzählungen kehrt sie allerdings zu ihren allerersten, anonym erschienenen schriftstellerischen Anfängen zurück, zu den *Briefen aus Franzensbad,* in denen sie schon sehr kritisch und satirisch die Gesellschaft, vor allem ihre adeligen Standesgenossen, schildert.

Mit zunehmendem Alter und Erfolg gelingt es ihr auch, etwas Distanz zu ihrer Familie zu gewinnen, Freundschaften aufzubauen, die ihren literarischen Neigungen entsprechen. So beginnt 1889 ein intensiver Briefwechsel mit Louise von François, der damals wohl bekanntesten deutschsprachigen Autorin, der zu einer persönlichen Freundschaft führt, auch zu einigen persönlichen Begegnungen anläßlich von Kuraufenthalten. »Sie sind die geistvollste und gedankenklarste Frau, die je in Deutschland geschrieben« – dieses Urteil der gewiß nicht zu Überschwenglichkeiten neigenden Louise von François hat sie tief berührt.

Den Kontakt zu Franz Grillparzer, der schon der jungen Schriftstellerin durchaus Talent zugebilligt hat, wird von Ebner-Eschenbach gepflegt, immer wieder besucht sie den Zurückgezogenen und verarbeitet diese Eindrücke schließlich in ihren *Erinnerungen an Grillparzer.* Am intensivsten ist jedoch ihr Kontakt zu Ida von Fleischl und Betty Paoli, fast täglich besucht sie im Winter die beiden in Wien, um eine Partie Tarock zu spielen, Zigarren zu rauchen und auch ihre neuen Texte einer ersten Kritik unterziehen zu lassen. Die Ausgaben für Zigarren stellen neben den Geldgeschenken an Bedürftige die konstanten Posten in ihren monatlichen Abrechnungen im Tagebuch dar, Abrechnungen, die meist einen Fehlbetrag aufweisen, da sie über ihre Wohltätigkeit nie genau Buch führt.

Nach dem Tod von Paoli 1894 intensiviert sich der Kontakt zu Ida von Fleischl, ab 1889 verbringen die beiden Frauen jeden Sommer einige Wochen gemeinsamer Sommerfrische in St. Gilgen, wo sie auch im Hause des Chirurgen Billroth verkehren, 1898 leben sie im Winter gemeinsam in Rom. Auch der Kontakt zu Thea Schücking, der Tochter von Levin Schücking, die sie bei Ida von Fleischl kennenlernt, ist ab 1877 sehr wichtig.

Das Alter bringt der Dichterin den Ruhm und die Ehren, die sie in ihrer Jugend so schmerzlich vermißt hatte. Zum 70. Geburtstag gratulieren tout le monde, sie ist die regierende Dichterfürstin des deutschen Sprachraums, selbst die Universität Wien springt über ihren eigenen Schatten und verleiht ihr – als erster Frau – das Ehrendoktorat.
Auf Drängen der Freunde und Verehrer beginnt sie an ihren Erinnerungs-Büchern zu arbeiten, überarbeitet teilweise auch ihre Tagebücher. Die Familienpflichten sind durch den Tod vieler ihrer Angehörigen – 1898 stirbt ihr Mann – geringer geworden, im Alter kann sie das sein, was sie immer sein wollte, eine Schriftstellerin, deren Arbeit respektiert wird, die sich nicht jede Minute »stehlen« muß. Ihr Tod am 12. März 1916 (ihre Lebensdaten korrespondieren mit denen des von ihr verehrten Kaisers Franz Joseph, der sie um wenige Monate überlebte, er stirbt am 21. November 1916) hat sie zwar den Ersten Weltkrieg noch erleben lassen, sie aber vor dem Erleben des Zerfallens der österreichisch-ungarischen Monarchie, der Abschaffung des Adels, dem sie zutiefst anhing – kurz, vor dem Ende ihrer Welt – bewahrt.

## Marie von Ebner-Eschenbach

### *Eine dumme Geschichte*

I.

Vor langer Zeit lebte in einem deutschen Gau ein gewaltiger Ritter. Er hatte eine herrliche Burg; er hatte kühne und wehrhafte Knechte; er hatte weite Ländereien, die er alle selbst erobert, und große Reichtümer, die er alle selbst zusammengeraubt. Er hatte auch eine schöne und tugendsame Frau. Sie hieß Dina, die Erhabene, hätte aber eigentlich die Demütige heißen sollen. Still und fleißig waltete sie tagsüber am Herde und am Webstuhl, und wenn der Abend einbrach, stieg sie zum Söller empor und lugte aus nach ihrem reisigen Herrn.

Sobald sie ihn erblickte, ließ sie ihr goldgesticktes Taschen-Fähnlein wehen und eilte ihm entgegen in den Burghof. Dann geleitete sie und ihr Page den Ritter in sein Gemach, wo er sich auf das mit einem Bärenfell bedeckte Lager warf, seinem holden Weibe die Beine entgegenstreckte und sprach: »Stiefel!«

Und sie nahte in liebevoller Dienstbeflissenheit und zog ihrem Gemahl die, je nach der Jahreszeit, mit Staub, Kot oder Schnee bedeckten Stiefel aus.

Müßig (bis auf einiges Zähneknirschen) stand der Page, ein Jüngling voll zarter Empfindung, daneben und dachte: des sollt' sie sich doch nicht unterwinden, trotz aller Weibesgüte und Tugend, des doch nicht! Und mehrmals, hingerissen von seinen Gefühlen, wagte er's und erhob seine Stimme zu wohlgesetzter Rede:

»Überlasse mir, o Herrin hochgemute, des Stiefel-Ausziehens unrühmlich Bemühen.«

Aber sein Flehen verhallte unbeachtet, und was er darüber empfand, war ein tiefer Gram. Seine Heiterkeit verschwand; er wandelte dahin, wie er nie geahnt hatte, daß man wandeln könne – in Gedanken.

Und sein Sinnen war kein totes, vielmehr ein mit reichen Keimen belebtes, die nach Entfaltung rangen, wuchsen und endlich aus ihrem Schattenreiche hinaus in die wirkliche Welt gelangten, als die gereifte Frucht eines erfinderischen Geistes, als ein Werk!

Man hatte ihn gesehen, kleine Klötze zuhauen und in den sogenannten Pagenturm hinauftragen, und hatte ihn die Nächte hindurch bis zum frühen Morgen sägen, hobeln, raspeln gehört. Sein

Tun blieb ein geheimnisvolles; er verweigerte jegliche Auskunft darüber, wurde sehr mager, und aus seinen Augen leuchtete jene Seligkeit, die durch das Bewußtsein eines von Erfolg gekrönten Strebens hervorgerufen wird.
Ein schöner Sommertag ging zur Rüste; schon brach der Abend herein, als Hörnerklang ertönte; der Herr an der Spitze seiner Mannen kehrte heim. Er hatte sich erkältet, war ganz heiser und sprach, vom Pferde springend, zu der ihm Willkomm bietenden Gattin: »Würzwein!«
Sie eilte, das Verlangte zu bereiten; er, von dem Pagen allein gefolgt, ging auf sein Zimmer. Als er sich dem Lager näherte, fiel ein seltsames Ding ihm auf, das vor demselben stand. Wie eine kleine Bucht zwischen vorgestreckten Landzungen war es gestaltet und ruhte schräg, aber fest, auf kurzen Füßen.
»Wer hat mir das gebracht, was ist das?« fragte er.
»Ich habe es gebracht und gemacht«, erwiderte der Page, und seine Wangen erglühten in freudigem Schöpferstolz. »O Herr, es ist ein Stiefelknecht.«
Er unterwies den Ritter im Gebrauche des neuen Hausgerätes, und der Ritter freute sich sehr darüber und zog zum puren Vergnügen die Stiefel gleich zweimal nacheinander aus und an.
Er war eben im Begriff, die Vortrefflichkeit der Erfindung zum dritten Male zu erproben, als seine Hausfrau eintrat, den Würzwein in goldenem Becher auf silberner Platte tragend. Beinahe wäre ihr beides entsunken.
»Was tut mein Herr?« fragte sie, und ihre schönen Augen füllten sich mit Tränen. »Sind meine Dienste meinem Herrn entbehrlich geworden? Vermag ein Stück Holz mich bei meinem Herrn zu ersetzen?«
Der Ritter entgegnete: „Nicht alleweil, nur in dem einen Fall.«
Aber dieser Trost tröstete sie keineswegs. »Wer hat die frevelige Erfindung ausgeheckt, die mich in irgend einem Falle meinem Herrn entbehrlich macht?« forschte sie mit Bangen.
»Der treueste Diener dein, – ich!« stammelte der Page und warf sich ihr zu Füßen. Er bat um Gnade und Verzeihung und beteuerte die Lauterkeit seiner Absicht. Habe sie ihren Zweck verfehlt, so trage daran einzig und allein der Begriff schuld, den er von Frauenwürde hege. Half alles nichts. Die Herrin blieb dabei, er habe sie um die Ausübung eines ihr werten Rechtes betrügen wollen und befahl ihm, das Werkzeug, welches arglistig dazu hatte dienen sollen, ins Feuer zu werfen.

Dieser Befehl war von einem Blick begleitet, der dem armen Jüngling das Herz zerschnitt und ihm verkündete, daß er die Huld seiner Herrin unwiederbringlich verloren hatte. Der bittere Schmerz, von dem nur die grausam Verkannten wissen, ergriff ihn, zugleich aber auch eine mächtige Liebe für sein Werk. Er trug es empor in seine Turmkammer, schrieb dem guten Stiefelknecht eine genaue Gebrauchsanweisung auf den Rücken und verbarg ihn in einer Vertiefung der Mauer, die er mit Steinen verlegte. Dann weihte er ihn tiefbewegt dem Verständnis kommender Geschlechter und entfloh beim ersten Morgengrauen.
Nie wieder hat man von ihm gehört; er ist vergessen und verschollen, ein Märtyrer seiner Erfindung.

II.
Hundert Jahre später hauste der Ururenkel des gewaltigen Ritters auf der Burg. Er war ein friedfertiger Herr, der sich der Gelehrsamkeit befliß, und besaß eine kleine lebhafte Frau und zwei schöne Kinder. Diese spielten dereinst Verstecken im halb verfallenen Pagenturm, fanden dort im Schutte den Stiefelknecht und brachten ihn ihrer Mutter.
Die kleine Frau wunderte sich über das seltsame Ding, und da sie vor lauter Neugier lesen gelernt hatte, machte sie sich gleich daran, die Schriftzüge, mit denen es bedeckt war, zu entziffern. Dabei wurde ihr Gesicht immer freundlicher; plötzlich lachte sie laut auf, und ihre Kinder lachten mit; sie hüpfte und tanzte mit dem Stiefelknecht im Zimmer herum, und die Kinder tanzten und sprangen wie Böcklein und jubelten über den Jubel ihrer Mutter.
Der Freudentaumel hatte seinen höchsten Grad erreicht, da kam der Herr Vater von der Gesundheits-Promenade, die er täglich zu unternehmen pflegte, nach Hause. Er steckte den Kopf zur Tür herein und sagte:
»Unziemlich ist es zu jubeln und zu tanzen am Wochentage. Weichet hinweg zur Schulstube, ihr Kinder, und du, Thusnelda, Geliebte, zieh' mir die Stiefel aus.«
»Schwerlich, schwerlich«, sprach die kleine Frau und machte dazu einen komplizierten mittelalterlichen Knicks, »für die Stiefel meines Herrn hat sich ein Knecht gefunden, die Magd kündigt den Dienst«, und sie stellte den Stiefelknecht dem Gatten vor die Füße.
»Thuschen, wonnevoll«, war alles, was er im ersten Augenblick hervorbrachte.
Er mußte sich auf einen Sessel niederlassen, denn ihm schwindelte.

Vor seinem ahnungsvollen Geiste stieg ein neues Kapitel der damals noch völlig unbekannten Kulturgeschichte auf. Er sah alle Frauen dem Beispiel der seinen folgen, und alle Männer darauf angewiesen, sich ihrer Stiefel von einem fühllosen Instrumente entledigen zu lassen statt von liebender Hand.
»Mein armer Sproß«, sprach er nach einer langen Pause und legte die Rechte auf seines siebenjährigen Söhnleins Haupt. »Die gefüge Magd kündigt den Dienst. Hast du's gehört und wird dir schlimm wie mir? Unfroher Zukunft reift mein Sproß entgegen; verschoben zwischen Mann und Frau ist das Verhältnis.«
»Nur ein wenig zurechtgerückt«, versetzte Thusnelda und streichelte ihres Töchterchens Locken.
»Mich jammert deines Irrwahns«, klagte der Gatte; »hinweggetilgt mit der minniglichen Frauen Demut wird des Hauses Eintracht sein.«
»Ja, ja«, erwiderte sie, »die Eintracht zwischen Unterwürfigkeit und Gewalthaberei wird wohl hinweggetilgt sein.«
Er sah sie mit großen, runden, bestürzten Augen an.
»Sollen wir hinkünftig auch die Kindlein in die Welt setzen und ihrer warten?« fragte er.
Die Frau schlug die Hände zusammen: »Gott steh mir bei! von den Lippen meines Hochgelahrten entfleucht Unsinn.«
Und er wurde böse und sprach: »Wer hat dir solche Rede zu mir erlaubt? Meine Zornwut weckst du. Törichte Weiber! Preis zu erjagen gedenkt ihr, und werdet sinken im Preise und sitzen bleiben alle! Kein männlicher Mann wird werben um ein Gespons, das sein nicht magdlich pflegen will. Unweise und untergeordnet in allen Stücken dem Manne seid ihr Weiber. Was an euch ehren soll er, wenn nicht die Ehre, so ihr ihm bietet; was lieben an euch, wenn nicht die Liebe, so ihr zu ihm tragt?...«
Er wollte noch weiter reden, aber Thusnelda unterbrach ihn durch ein lautes Gelächter. »Schön Dank für dieses Geständnis, o du mein trauter, aufrichtiger Geselle!« sagte sie und schlang ihre Arme um seinen Hals.
Die Ehegatten umarmten einander, während ihre Kinder sich in der entgegengesetzten Ecke des Gemaches prügelten, weil das Bübchen gesagt hatte, es werde nie eine Frau nehmen, die sich weigere, ihm die Stiefel auszuziehen, und das Schwesterchen ihm dafür eine Ohrfeige versetzt hatte.
»Laßt ab vom Kampfe, ihr Kinder«, befahl der Vater. »Vernunft angenommen hat die reine Süße, eure Mutter.«

»O weh!« jammerte sie, ihr hübsches Köpfchen zur Achsel neigend. »Wie tut das Herz mir weh, daß ich eine Frau nur bin, und demnach unweise, demnach unfähig, Vernunft anzunehmen. So hat mein gelehrter Herr gesagt, und seinem Worte darf ich nicht zuwider handeln.«

»Nicht zuwider handeln«, murmelte der Gatte und versank in tiefes Sinnen. »O liebe Frau, die Folgen sind unabsehbar«, sprach er endlich, seufzte und – bediente sich des Stiefelknechts.

**Minna Kautsky**
**1837–1912**

Selbstbewußt stellte Minna Kautsky ihre literarische Arbeit in den Dienst der sozialdemokratischen Bewegung: »Meine Arbeiten sind meinen Überzeugungen entsprungen. Wer diese nicht teilt, mag mich ohnehin ignorieren, aber er darf sie nicht von meiner Persönlichkeit trennen, denn ich stehe mit meinem ganzen Ich für dieselben ein.«

Als Minna Kautsky 1883 diese Zeilen schrieb, war sie bereits 46 Jahre alt und eine wichtige Schriftstellerin der Arbeiterbewegung, auch wenn ihre Hauptwerke erst im folgenden Jahrzehnt entstanden sind. Für sie war der Weg zum Sozialismus nicht durch die eigene Zugehörigkeit zur proletarischen Klasse bestimmt, sie wurde 1837 in Graz in kleinbürgerlichen Verhältnissen als älteste Tochter des Dekorations- und Theatermalers Anton Jaich und seiner Ehefrau geboren. Ihre Kindheit war von finanziellen Schwierigkeiten geprägt, weil der Vater keine feste Anstellung fand, obwohl er in seinem Beruf anerkannt war. 1845 übersiedelte die Familie nach Prag, wo Minna als Elfjährige die Niederschlagung der Revolution von 1848 miterlebte. Sie stand »mit ihrem ganzen jungen Herzen auf Seiten der Revolutionäre«.

Aus finanziellen Gründen unterrichtete der Vater die Tochter bis zu ihrem neunten Lebensjahr selbst. Sie konnte nur die zweite und letzte Volksschulklasse abschließen: »Damit war der öffentliche Unterricht für uns Mädchen beendet.« In den folgenden Jahren versuchte sie, wie so viele ihrer Geschlechtsgenossinnen, ihre Bildung selbst in die Hand zu nehmen, wobei der »väterliche Bücherschrank« eine große Rolle spielte. Als über Siebzigjährige erinnerte sie sich in ihrer autobiographischen Skizze, die in der sozialistischen Wochenschrift »In freien Stunden« erschien, vor allem an die Schiller-Dramen »Die Räuber« und »Kabale und Liebe«, die sie tief beeindruckt hatten.

Sowohl die finanzielle Situation im Elternhaus als auch ihre schauspielerische Begabung haben sicher dazu beigetragen, daß sie schon als Vierzehnjährige am Prager Niklastheater auftrat – allerdings gegen den Willen des Vaters. Bereits mit sechzehn Jahren heiratete Minna Jaich den akademischen Maler Johann Kautsky, den sie am Niklastheater kennengelernt hatte.

Da auch ihr Ehemann keine feste Stelle hatte, begann Minna Kautsky ihre Laufbahn als Schauspielerin, die sie nach Böhmen, Mähren und Deutschland führte. Schon ein Jahr nach der Heirat wurde ihr Sohn Karl geboren, dessen weiterer Lebensweg auch den ihren so nachhaltig beeinflussen sollte. In ihrem Rückblick auf ihre Schauspielerinnenkarriere bekannte sie später lakonisch: »Wiederholte Mutterfreuden traten störend dazwischen.« Zwei Jahre nach der Geburt Karls gebar sie eine Tochter, 1857 wieder einen Sohn, ein weiterer folgte 1864. Mit 20 Jahren erkrankte Minna Kautsky an einem schweren Lungenleiden.

Ihr Engagement am tschechischen Nationaltheater, wo sie tragende Rollen wie das Gretchen in Goethes »Faust«, die »Jungfrau von Orleans« und »Maria Stuart« in Schillers Dramen verkörperte, wurde durch ihre Erkrankung bereits im Alter von 24 Jahren beendet.

Während sie an ihrer Krankheit litt, konnte der Ehemann einen hoffnungsvollen Karrieresprung verzeichnen, womit die Erwerbsarbeit der Mutter nicht mehr notwendig wurde. Er erhielt 1862 eine gut dotierte Stelle als Theatermaler am Wiener Burgtheater.

Der Sohn Karl Kautsky, einer der führenden Theoretiker der Arbeiterbewegung, erinnerte sich später: »Wir verließen nun den Bereich ständiger Dürftigkeit und stiegen auf in das des soliden, bürgerlichen Wohlstandes.« Bereits knapp ein Jahrzehnt später konnte sich der Vater mit den Söhnen Fritz und Hans als Hoftheatermaler-Firma selbständig machen. Die finanzielle Situation gestaltete sich bald so erfolgreich, daß die Kautskys 1888 eine Villa am Wolfgangsee kaufen konnten. Zu dieser Zeit waren Mutter und Sohn Karl bereits überzeugte Kämpfer für den Sozialismus.

Während ihrer zehnjährigen Krankheit hatte Minna Kautsky viel gelesen und so ihre Bildungslücken als Autodidaktin schließen können. Durch ihren ältesten Sohn kam sie mit den Ideen der sozialdemokratischen Bewegung und den Lehren Darwins in Berührung, sie war fasziniert von historischen und philosophischen Werken. Geprägt vom Geist der Revolution von 1848, in der sich schon der eigene Vater auf seiten der Liberalen engagiert hatte, näherte sich Minna Kautsky immer stärker der sozialistischen Weltanschauung.

Sie war 33 Jahre alt, als ihre erste Erzählung, *Moderne Frauen,* unter dem männlichen Pseudonym Eckert veröffentlicht wurde. Später erinnerte sie sich an diese Situation: »Eine herrliche Zeit begann, alles erschien in einem helleren Licht, neue Energien erwachten, das Leben gewann an Schönheit und Bedeutung. [...] Ich fing zu schreiben an, ich hatte etwas zu sagen.«

Wie für viele ihrer Kolleginnen bedeutete das Schreiben auch für Minna Kautsky Identitätsfindung und verstärktes Selbstbewußtsein. Ihre zweite, wesentlich längere und erfolgreiche Karriere als sozialdemokratische Schriftstellerin begann. Im Unterschied zu jenen Schriftstellerinnen, die sich mit dem Schreiben ihren Lebensunterhalt sichern mußten, war sie allerdings finanziell abgesichert. Ungewöhnlich war sicher die ideologische Übereinstimmung mit den Ideen des Sohnes, die sogar – in der Literaturgeschichte eine Ausnahme – zum gemeinsamen Verfassen eines Theaterstückes führte. Es erwies sich allerdings ebensowenig erfolgreich wie die Dramen, die die ehemalige Schauspielerin allein schrieb. Ihr umfangreiches Werk umfaßt neben Dramen und Lyrik zahlreiche Erzählungen, Novellen, Romane und Zeitungsartikel.

Leidenschaftlich und geradezu pathetisch ergriff Minna Kautsky Partei für die gesellschaftlichen Veränderungen. Vor allem in den frühen Erzählungen und Romanen thematisierte sie in Variationen ihren Weg vom Kleinbürgertum zum Sozialismus. In der eigenen Biographie begründet scheint in ihrem Werk auch die häufige Darstellung der Figur der Schauspielerin, die ansonsten nur in der bürgerlichen Frauenliteratur eine zentrale Rolle spielte, so etwa in dem Roman *Herrschen und Dienen* (1882).

In dem 1884 erschienenen Roman *Die Alten und die Neuen* bezog sie zum ersten Mal die Arbeiterbewegung in die Romanhandlung mit ein und beschrieb das schwierige Leben der Salzarbeiter. Aber nicht die Proletarierfamilie, sondern das Schicksal des Liebespaares Elsa Marr und Arnold Lefebre, beide halb bürgerlicher, halb aristokratischer Herkunft, stehen im Mittelpunkt des Geschehens.

Für diesen Roman hatte Minna Kautsky im Salzkammergut recherchiert, sie war mit einem sozialistisch engagierten Bergarbeiter befreundet und wollte die Verhältnisse dieser Schicht dokumentieren. Gleichzeitig kannte sie aber auch die Faszination und Atmosphäre bürgerlicher und aristokratischer Schauplätze. Den Liebesgeschichten, die in herrschaftlichen Häusern, Schlössern und Palais angesiedelt waren, stellte sie das proletarische Milieu kontrastierend gegenüber. Die Kritik an den gesellschaftlichen Verhältnissen und der bürgerlichen Ideologie vermittelte sie durch individuelle Schicksale. Häufig ist eine Liebesgeschichte für die weiblichen Heldinnen die Motivation für ihren Wechsel von der »alten Ideologie« zur »neuen Zeit«, wie etwa im Roman *Die Alten und die Neuen.*

Vorwiegend im proletarischen Milieu spielte schließlich der Fabriksroman *Victoria* (1884), in dem Kautsky die Geschichte der Baumwollspinnfabrik »Victoria« erzählt. Aber auch in diesem Text rankt sich die Geschichte um die Liebesbeziehung zwischen einem Maler und einer Fabrikarbeiterin, wobei die individuelle Liebesgeschichte – mit einem Happy End – mit der kollektiven Geschichte der Technisierung und Modernisierung eines Industriebetriebes verwoben ist. Franzel, die Fabrikarbeiterin, befreit sich aus ihrer Unterdrückung, geht nach Böhmen und kehrt in die Spinnfabrik mit den böhmischen, billigeren Arbeitskräften zurück, die auf wenig Gegenliebe bei der Arbeiterschaft von »Victoria« stoßen. Schließlich wird sie zur Muse des Malers und zur glücklichen Frau. Angesiedelt ist die Fabrik in der niederösterreichischen Provinz in der Nähe von Wiener Neustadt in kapitalistisch-feudalistischer Umgebung.

Interessant ist, daß Minna Kautsky in ihrem Roman die Rationalisierung in der Fabrik, den Verkauf an eine ausländische Aktiengesellschaft, das heißt, die Folgen der Technisierung, zwar kritisch beschreibt, aber den Fortschrittsoptimismus und die technische Modernisierung begrüßt – was ideologisch durchaus der sozialdemokratischen Parteiauffassung dieser Zeit entsprach. Maschinen ersetzen zunehmend Menschen, erleichtern aber auch die Fabriksarbeit. Der Titel des Romans verweist über sein Sujet hinaus auf eine ideologische Botschaft, auf den Sieg einer sozialistischen Gesellschaft, in der die Menschen die Maschinen beherrschen.

Minna Kautsky wurde zunächst durch ihren Sohn und später durch ihr eigenes politisches Engagement mit vielen bedeutenden Führern der sozialistischen Bewegung bekannt. 1885 besuchte sie Friedrich Engels in London, sie war befreundet mit August Bebel, Wilhelm Liebknecht, Franz Mehring, Victor Adler, Adelheid Popp. Nach dem Tod ihres Mannes, 1896, lebte sie noch einige Jahre in Wien, 1904 übersiedelte sie in den Haushalt ihres Sohnes Karl nach Berlin, wo sie mit Rosa Luxemburg regen Gedankenaustausch pflegte.

Aber nicht nur die Ideen des Sozialismus, auch die Frauenfrage war Minna Kautsky ein zentrales Anliegen. Eine enge Freundschaft verband sie mit der berühmten Kollegin Marie von Ebner-Eschenbach, und 1885 zählte sie zu den Gründungsmitgliedern des »Vereins der Schriftstellerinnen und Künstlerinnen in Wien«, der vor allem zur sozialen Absicherung der Künstlerinnen beitragen wollte und einen Hilfs- und Pensionsfonds etablierte. Nach dem Tod der ersten Vereinspräsidentin, Baronin Augustin, übernahm Minna Kautsky für zwei Jahre den Vereinsvorsitz.

Ihren Erfolg verdankte Minna Kautsky nicht zuletzt der Bedeutung der Arbeiterpresse im 19. Jahrhundert. Die Parteizeitung mit ihrer Unterhaltungsbeilage war oft die einzige Fortbildungsmöglichkeit für jene Frauen, die als Heimarbeiterinnen beschäftigt waren oder die Arbeit in Fabrik und Haushalt sowie die Kindererziehung zu bewältigen hatten. Die Frauen mußten zwar zum Einkommen beitragen, die traditionelle Rollenteilung in der Familie blieb aber ideologisch unangetastet.

Nicht sehr positiv äußerte sich später Karl Kautsky über die Funktion der Literatur in der Presse: »Erzählungen wurden in die Parteiblätter nur aufgenommen, der Weiber der Genossen wegen, die in ihrer Beschränktheit nach solcher Lektüre verlangten und denen man etwas bieten mußte, um ihnen das Parteiorgan schmackhaft zu machen.«

»Die Neue Welt«, eine ab 1892 von Wilhelm Liebknecht herausgegebene Unterhaltungsbeilage der Parteiblätter, war ein beliebtes Publikationsorgan für Minna Kautsky und hatte 1903 immerhin eine Auflage von 278 000 Exemplaren. Die Sozialdemokratie versuchte ja, ein von der bürgerlichen Massen- und Trivialliteratur, wie sie die Zeitschrift »Gartenlaube« publizierte, (eine auch von den Arbeitern bevorzugte Lektüre) unabhängiges Kommunikations- und Literaturnetzwerk aufzubauen, und die Auflagenzahlen belegen, daß es sich dabei um Massenliteratur gehandelt hat.

Vielleicht lag es daran, daß Minna Kautsky zu viel geschrieben hat, sodaß nicht alles unter ihrem Namen veröffentlicht werden konnte. Jedenfalls erschienen Artikel und belletristische Texte auch unter dem männlichen Pseudonym Wilhelm Wiener in der Arbeiterpresse. Wie andere Schriftstellerinnen bediente sie sich der damals beliebten literarischen Genres und nahm damit auf die Lesegewohnheiten ihres Publikums Rücksicht.

In ihrem Nachruf auf Minna Kautsky ging Adelheid Popp auf diesen Aspekt ein: »Gewiß hat es größere Schriftstellerinnen gegeben als sie; ob aber eine andere einen besseren Weg zu den Herzen vor allem der Frauen gefunden hat, kann wohl bezweifelt werden. [...] Vor allem erschienen ihre Bücher zu einer Zeit, wo das Proletariat erst anfing, sich von der Lektüre der Kolportageromane und süsslicher Familienblätter freizumachen. Klassiker und gute moderne Bücher waren damals den Proletariern nicht so leicht zugänglich wie heute. [...] Da taten Minna Kautskys Bücher gute Pionierarbeit. Als ich Anfang der Neunzigerjahre anfing, im Arbeiterinnenverein Vorträge zu halten über die Bücher, die die Arbeiterinnen lesen sollen, da klangen alle meine Reden in eine Empfehlung von Minna Kautskys Büchern aus. [...] So hat Minna Kautsky vieles dazu beigetragen, die Aufmerksamkeit auf den Sozialismus zu lenken und auch mit der Frauenfrage vertraut zu machen.«

Ihr Roman *Helene* (1894) und die Erzählung *Ein Maifesttag* (1907) zählen zu den besten Werken der Schriftstellerin. In beiden thematisierte Minna Kautsky Probleme der Frauen-Emanzipation. Die Protagonistin Helene löst sich aus einer für sie unbefriedigenden Ehe und meldet sich freiwillig als Krankenpflegerin im Russisch-Türkischen Krieg von 1877. Dort arbeitet sie mit einigen russischen Emigrantinnen zusammen, denen sie nach dem Krieg nach Zürich an die Universität folgt. Helene wird während des Handlungsverlaufs zur Friedenskämpferin und Sozialistin, die schließlich in der Schweiz einen Sozialdemokraten heiratet. Die Protagonistin vertritt wie die Autorin, die sie geschaffen hat, die Ansicht, daß die Frauenfrage Teil der sozialen Frage ist.

Wie für Minna Kautsky und andere Vertreterinnen der proletarischen Frauenbewegung wurde der gemeinsame Kampf mit den Männern immer wieder betont, und häufig stellten sich die Frauen hinter die Männer und verschoben ihre Forderungen auf die Zeit nach dem Sieg des Sozialismus.

Das Frauenbild von Minna Kautsky ist von der sozialdemokratischen Bewegung bestimmt, orientiert sich aber an bürgerlichen Werten wie Bildung, Besitz, Wissenschaft, Arbeit, Sparsamkeit. Dazu gehört auch, daß die weibliche Berufstätigkeit zwar als positiv beschrieben wird, das Ideal der sparsamen und geschickten Haushaltsführung aber als zusätzliche weibliche Aufgabe nicht in Frage gestellt wird. Die Ehe zwischen gleichgesinnten Partnern wird als wünschenswert propagiert und soll nicht aus Versorgungsgründen, sondern allein als Liebesbeziehung geschlossen und deshalb auch wieder aufgelöst werden können – ein Ideal, das neben vielen anderen Frauenrechtlerinnen auch Irma von Troll-Borostyáni und Adelheid Popp vertraten.

Wie sehr private und politische Interessen immer wieder aufeinanderprallen, thematisiert Minna Kautsky in ihrer Erzählung *Ein Maifesttag* (1907), in der sie Ereignisse am Tag der großen Maidemonstration des Jahres 1896 in Wien schildert. Die weibliche Hauptfigur, Ida Klose, ist eine agitatorische Kämpferin, deren Gestaltung zumindest ebenso wie der revolutionäre Ton des Textes von Rosa Luxemburg inspiriert war. Mit dieser unterhielt sich Minna Kautsky sehr gerne, sie lebte zu dieser Zeit bei ihrem Sohn und dessen Familie in Berlin und wurde von den Enkelkindern liebevoll Granny genannt.

Im Verlauf der Handlung wird ein Zusammenstoß zwischen den »Roten« und den reaktionären Kräften sowie das Scheitern einer Beziehung geschildert. Idas Bräutigam Karl verliebt sich in die junge Suse. Als Ida dies erkennt, gibt sie ihn frei. Ihr bleibt die Selbstverwirklichung in der Parteiarbeit als zukunftsweisende und erfüllende Perspektive. Als diese Erzählung voll revolutionärem Elan erschien, war Minna Kautsky bereits 70 Jahre alt, ihr Glaube an die Veränderung der Gesellschaft war ungebrochen.

In seinen Erinnerungen schrieb Karl Kautsky: »Die Marlitt war damals die bekannteste Erzählerin für die bürgerlichen Leser Deutschlands, in der ›Gartenlaube‹. Unsere Genossen meinten, sie könnten meine Mutter nicht besser ehren, als wenn sie sie als die ›rote Marlitt‹ bezeichneten.«

Wenn auch ideologisch völlig unterschiedliche Positionen vertretend, ist der Vergleich in mancher Hinsicht nicht ganz unzutreffend, auch wenn sich Mutter und Sohn zeitlebens gegen ihn wehrten. Minna Kautsky verstand ihre sozialen Romane und Erzählungen als Tendenzliteratur. Ihre Anleihen bei der Trivial- und Unterhaltungsliteratur wurden durch die pädagogische Wirkungsabsicht bestimmt, und ihre Romane können auch als Gegenentwurf zu den Erfolgsromanen ihrer berühmten Kollegin gelesen werden.

Nach der Jahrhundertwende verlor die sozialistische Literatur rasch an Bedeutung, und bereits 1910 mußte eine geplante Gesamtausgabe von Minna Kautskys Texten wegen mangelnder Nachfrage eingestellt werden. 1912, im Alter von 75 Jahren, starb die Schriftstellerin in Berlin-Friedenau. Nach dem Ersten Weltkrieg gerieten die Romane und Erzählungen Minna Kautskys, die Ende des 19. Jahrhunderts zu den erfolgreichsten Schriftstellerinnen gezählt hatte, völlig in Vergessenheit. Anders als die Bücher von Eugenie Marlitt, die in den achtziger Jahren wieder aufgelegt wurden, sind die Werke ihrer roten Schwester aus Buchhandlungen und Bibliotheken verschwunden.

# Minna Kautsky

## *Die Spinnfabrik »Victoria«*

Die Glocke des alten Kirchturms begann das Mittagsgeläute. In der Baumwollfabrik Victoria von Konrad Riehl herrschte immer eine rege, mannigfaltige Tätigkeit.
Die Schwungräder der Dampfmaschine arbeiteten unverdrossen und setzten durch zahlreiche Transmissionen die verschiedenen Maschinen in Bewegung, welche der komplizierte Prozeß der Garngewinnung bedingt. Die Kratzmaschinen funktionierten kreischend in doppelter Bewegung. Hierbei waren ausschließlich Männer beschäftigt. Bei den Doubliermaschinen und Streckern, wo die, zu einem konsistenten Bande vereinigten Fasern, in Bänder geteilt und durch fortschreitende Dehnung die nötige Feinheit erhalten, standen nur Mädchen in Verwendung. In einem großen Saal waren die Spinnmaschinen aufgestellt. Hier wirbelten die Spindeln in dem rasenden Tempo von 8000 Touren in der Minute um ihre eigene Achse, und die Streckwerke gingen vor- und rückwärts, die Spulen abwickelnd, bis das feinste Garn gewonnen war.
Hier arbeiteten Männer und Knaben, die letzteren als Andreher. Welch eine Summe von Arbeit, welche Bewegung durch geheimnisvolle Kräfte vollführt! Und wie das pfeift und surrt und quiekt und poltert!
Aber all dieser ohrzerreißende Lärm wird noch übertönt durch den Opener[1], dem die Arbeiter selber den Spitznamen »der Wollteufel« gegeben haben. Es ist die Vorbereitungsmaschine, welche mit dem Rohmaterial zu manipulieren hat und die noch konsistente Masse durch eine große eiserne Walze, welche in 3000 Umdrehungen in der Minute dagegen stößt, buchstäblich in Fetzen reißt. Was nicht Faser ist, wird ausgeschieden; die schweren Körperchen fallen zu Boden, die Staubteile aber wirbeln heraus und erfüllen den Raum.
Der Wollteufel vollbringt seine Arbeit unter einem entsetzlichen Getöse. Es ist ununterbrochenes metallisches Ineinanderdröhnen von unheimlicher Kraft und Stärke, es ist eine ewige Melodie, die die Nerven ertötet.
Aber die Maschine hat keine Nerven, sie arbeitet weiter, arbeitet unaufhörlich, Tag und Nacht, in steter Gleichmäßigkeit und Akku-

[1] Öffner (Anmerkung von Minna Kautsky)

ratesse, und fordert nichts als die aufmerksamste Aufsicht und Bedienung.
Der einundzwanzigjährige Andreas hatte den Dienst bei dem »Opener«. Er entnahm dem mit Eisenreifen umgürteten Ballen die ungereinigte graue schmutzige Baumwolle und stopfte den Wollteufel damit voll, der diese zerreißt und vom Schmutz und allen fremdartigen Bestandteilen reinigt.
Der graugelbe Schmutz, der durch den enormen Luftdruck dem Opener entwirbelt, liegt auf seinen Kleidern, die nichts mehr von ihrer ursprünglichen Farbe zeigen, er überdeckt sein feuchtes Gesicht und rinnt zum Teil wieder mit dem Schweiß herunter. Eine noch dichtere Schicht dieser Unreinlichkeiten bedeckt seine Haare und den dünnen rötlichen Flaum, der seinem Kinn entsproß. Wie nahe er herzutrat und sich vorbeugte, so daß man vermeinte, er müsse mitgerissen und zermalmt werden! Aber er hantierte ruhig und sicher, und selbst das Getöse hatte seine Wirkung auf ihn verloren, er war taub geworden. Das unaufhörliche Dröhnen hatte seine Ohrennerven ertötet. Wie er sie haßt, diese Maschine, den Wollteufel, der ihm alle Lebensfreude geraubt hatte, der ihn in einen Zustand versetzte, der ihn wehrlos dem Gespött preisgibt und ihn als einen Unzurechnungsfähigen erscheinen läßt. Und er, in dessen Brust es jünglingshaft sich regte, nach Freude und Freiheit verlangend, er mußte sein Knecht sein, er mußte es füttern, das gefräßige Ungeheuer, den langen Tag hindurch, es schmieren und säubern und jede Sorgfalt ihm weihen.
Und wenn er auch den Höllenlärm nicht hörte, so empfand er ihn doch in jedem Nerv. Der Boden bebte und zitterte unaufhörlich unter der Erschütterung, und diese teilte sich seinem Körper mit und dem ganzen Raum und setzte sich weiter und weiter fort. Dem Saal, in dem der Opener stand, war ein Halbstock aufgesetzt, der nur einen dünnen Bretterboden hatte. Da oben befanden sich die Hasplerinnen.
Die Haspelmaschinen waren nicht schwer, und die Hasplerinnen, meist ganz junge Mädchen, waren noch leichter, der Boden trug sie. So konnte eine ganz vorschriftswidrige Anordnung seit Jahren bestehen, ohne daß dies zu einer Klage Veranlassung gegeben. Dieser dünne, sich schwingende Boden war in immerwährender Vibration, und den Mädchen, die darauf standen, zitterten tatsächlich die Beine. Die kleine Franzel hatte hier ihren Platz, und ihr zarter Körper litt bedenklich unter den Erschütterungen und dem Getöse, das so deutlich von unten heraufdrang. Während ihrer langen Arbeitszeit

ist sie auf einen Platz gebannt, es ist ihr verboten, ihn zu wechseln oder sich auch nur niederzusetzen. Und sie reguliert die Bewegungen des Rades und setzt die Spindeln auf, eine nach der anderen, mit den gewandten Fingern rasch die Fäden andrehend.
Es ist die Arbeit eines Automaten, immer dieselben Handgriffe, dieselbe Bewegung, welche dieselben Muskeln in Anspruch nimmt.
Sie vollzieht ihre Arbeit mit hocherhobenen Armen, die keinen Stützpunkt haben, in stark vorgebeugter Haltung. Ihre Augen haben ja dies wirbelnde Spiel zu verfolgen, sie darf es nicht eine Sekunde außer acht lassen, nicht nach oben, nicht nach unten hin, und sie hat außerdem genau die Fäden zu zählen, die in ein Gebinde kommen. Die Mädchen alle, die da in einer Reihe nebeneinander stehen, sind auf das leichteste bekleidet. Sie tragen einen dünnen Rock, der kaum bis an die Knöchel reicht und die nackten Füße darunter sehen läßt, darüber eine große Schürze, die nach unten hin fest zurückgebunden ist. Der Oberkörper ist nur mit einem Hemde bekleidet, das die eine oder die andere sogar ein wenig über die Schulter herabfallen läßt. Es ist so heiß und der Zutritt von frischer Luft so ziemlich ausgeschlossen, da kein einziges dieser großen Fenster zum Öffnen eingerichtet war.
Die Wolle ist eben gar empfindlich gegen die leiseste Zugluft, ihre feinen Härchen sträuben sich dann wie im Widerwillen empor und fangen zu flattern an, und die Fäden reißen, reißen unaufhörlich. Die Wolle liebt Dunst und Wärme, und die Arbeiter haben sich schließlich an diese Temperaturen gewöhnt, die die eines Treibhauses sind und sie in immerwährender Transpiration erhalten. Die duftige, beklemmende Schwüle, die fette Luft, die mit dem Geruch von Schweiß und ranzigem Öl erfüllt ist, wurde in dieser Sommermittagsstunde schier unerträglich.
Aber immer noch wirbeln die Spindeln, drehen sich die Räder der Maschinen, immer noch surrt und dröhnt es in den Ohren, und immer noch starren all diese blassen Gesichter stumpfsinnig auf die rasende Arbeit, jede dieser blitzartigen Bewegungen verfolgend. Aber in dem Maße, als der Prozeß vorwärts schreitet und die Produzenten ermatten und erschöpft sind und ihre Lungen schwerer atmen, in dem Maße, als diese Menschen immer häßlicher erscheinen unter dem Schmutz, der sich auf ihnen ablagert, geht das Produkt gereinigt hervor und präsentiert sich in blendender Weiße und Schönheit. Endlich läutete auch hier die Mittagsglocke, und im nächsten Augenblick standen wie durch einen Zauberschlag alle Maschinen still, und die Arbeiter waren hinweggestürzt.

Männer und Frauen bekleideten sich rasch und verließen die Fabrikslokalitäten, die sofort auf die Dauer einer Stunde gesperrt wurden. Diejenigen, welche in der Nähe der Fabrik in den daselbst errichteten Arbeitshäusern wohnten, gingen nach Hause, aber weitaus die Mehrzahl wohnte, der Billigkeit halber, in entlegenen Ortschaften, und diese waren gezwungen, ihr Mittagsmahl im Freien einzunehmen, gleichviel, ob die Sonne heiß herniederbrannte, oder ob Schnee und Regen vom Himmel fiel.
In dieser Jahreszeit bot die Kastanienallee, die dicht an der Fabrik vorbeiführte, den angenehmsten Ruheplatz.
In ihrem Schatten waren eine Anzahl Bänke für die Bequemlichkeit der Sommergäste aufgestellt, die nun von den herausstürzenden Fabrikmädchen rasch okkupiert wurden.
Und immer drängten neue Massen aus dem Tore, welche von dem daselbst aufgestellten Portier genau gemustert wurden. Es sind zumeist junge Leute. Das Menschenmaterial nützt sich rasch ab und wird rasch ersetzt.
Vier junge Mädchen kamen im Laufe daher; auch sie wollten noch eine Bank erreichen, aber da hieß es flink sein. Drei von ihnen kamen zugleich an und ließen sich gleichzeitig darauffallen, in ein wahres Siegesgeheul ausbrechend.
»Erwischt, erwischt!« riefen sie in Glückseligkeit.
Ein hübsch gewachsenes blasses Mädchen mit lebhaften, ja etwas stechenden schwarzen Augen und dunklem Haar, das ihr in einer dichten Franse weit in die Stirn herein fiel und ihr Gesicht noch kecklicher erscheinen ließ, hatte eine Ecke erobert. Sie hieß Marie, wurde aber allgemein ihrer unverwüstlichen Lustigkeit und Ausgelassenheit wegen die fesche Mirzel genannt.
»Da kommt keine mehr her!« rief sie. Und indem sie einer Vierten, die, langsamer als die übrigen, herankeuchte, eine Nase drehte, sang sie, in stark österreichischem Dialekt ein Vierzeiliges improvisierend:
»Der Dalk kommt immer z'letzt
Die Sperrsitz san schon besetzt
Und von uns Frauenzimmer
Da rührt sich keine nimmer!«
Das dumme Mädchen, das vor ihr stand, sah aus, als ob es weinen wollte:
»Ich kann nicht so laufen, aber deswegen könntet ihr mir doch Platz machen.«
»Na meinetwegen, rucken wir z'samm',« sagte die Mirzel gutmütig.

»Die Pepi, der Zwirnsfaden, braucht so nur zwei Zentimeter. Also druck Dich herein, Du Krischperl, und jetzt her mit dem Essen!«
All diesen Arbeitern war das Mittagbrot zugetragen worden und man konnte sie nun alle auf der Straße in Gruppen gelagert finden. Hier war es die Mutter, die das Essen in einem Korbe gebracht hatte, dort die Schwester oder die Gattin, und sie setzten sich neben ihre Angehörigen auf den mit dünnem Gras bewachsenen Rain und reichten ihnen den Topf mit Suppe, den Löffel, das Brot, und sahen still, aber aufmerksam zu, wie diese das Essen gierig verschlangen. Nur mitunter war ein zweites Gericht vorhanden. Es bestand aus Kartoffeln mit Fleischstücken oder einem Gemüse.
Wenn der Mann seine Zufriedenheit aussprach, dann glitt ein gutes glückliches Lächeln über die Züge des Weibes; sonst wechselten sie kaum einige Worte.
Die Fabrikmädchen hingegen, die während der Arbeit unter dem Getöse der Maschinen gezwungen waren, ihr Mundwerk stille zu halten, plauderten jetzt während des Essens.
Die Mädchengruppe auf der Bank war die lebhafteste. Während sie ihre Suppe löffelten, stießen sie sich gegenseitig an, anfänglich aus Mutwillen, dann ein bißchen Bosheit, bis sie schließlich in Streit gerieten und die Beschuldigungen immer lauter wurden.
Da fuhr die Mirzel in ihrer drastischen Weise dazwischen:
»Wird's ös bald ruhig sein?
Zieht's Eure Ellbogen ein,
Kreuztausenddonnerwetter,
Jetzt eßt's und rauft's Euch später!«
Das Vierzeilige wurde belacht und der Friede war wieder hergestellt.

# Ada Christen
**1839–1901**

In einem langen Brief an ihren Mann aus dem Jahr 1881 – in ihrem 42. Lebensjahr und dem achten Jahr ihrer Ehe, im 16. ihres Zusammenlebens mit Adalmar von Breden – zieht Ada Christen eine verheerende Bilanz ihres Lebens und probt den Aufstand:

»Seit 33 Jahren verdiene ich mir mein Brot selbst, seit meinem dreizehnten Jahre verdiene ich es auch für meine Mutter …
Wer aber hat mich erzogen?? – Sei es wohl oder übel –
*Ich.*
Wer hat mich etwas gelehrt?
*Ich.*
Wer hat mir je etwas gegeben?
*Ich.*
Wer hat mich beschützt, geliebt, wie der einfachste Liebhaber oder Mann die Frau nach ihrem Wunsche behandelt?
*Niemand.*
*Ich war immer allein.*
Mein Leben bestand aus einer Kette der schwersten Pflichten. Mußte das sein??
Jetzt will ich mein Recht.«

Sie wirft ihrem Mann darin besonders zwei Punkte vor: seine finanzielle Unfähigkeit – immerhin hat er nachweislich ein ziemlich beachtliches Vermögen erworben und wieder verloren – sowie seine sexuelle Untreue und seinen schlechten gesellschaftlichen Umgang. Der Zufall hat uns nicht nur diesen Anklage-Brief von Ada Christen erhalten, sondern auch die Antwort ihres Gatten. Er stellt dem Bild der selbst- und rastlos Tag und Nacht am Schreibtisch arbeitenden Schriftstellerin, die mit ihrer schriftstellerischen Arbeit den gemeinsamen Haushalt – und die Extravaganzen ihres Mannes – finanziert, das Bild der dauernd an nervösen Kopfschmerzen leidenden, arbeitsunfähigen, die Geduld ihrer Umgebung strapazierenden Frau gegenüber, die sich, wenn es ihr besser geht, mit jungen Verehrern umgibt, mit denen sie ohne Rücksicht auf den Ruf ihres Mannes Verhältnisse eingeht.
Beide Bilder, das der sich opfernden, ausgenützten Frau genauso wie das der ihren Mann ausnützenden Hypochonderin, sind subjektive Bilder, beide enthalten aber wohl Elemente der Wahrheit über Leben und Charakter Ada Christens.
Die stürmische Beziehung zu Adalmar von Breden dauert bis zu Christens Tod, bis 1901. Sie haben also 36 Jahre zusammengelebt, davon 28 offiziell verheiratet.

In ihrem Testament setzt sie ihn zum Generalerben und Testamentsvollstrecker ein und schließt zärtlich:
»Und nun sage ich meinem guten Mann herzlichen und innigen Dank, er hatte Geduld und Nachsicht mit meinen Schwächen und Fehlern wie sonst niemand.«
Derartige Einblicke in das Zusammenleben von Ehepaaren sind im 19. Jahrhundert nicht allzu häufig, nicht nur, weil wenig Korrespondenz überliefert ist, sondern wohl auch, weil die Auseinandersetzungen selten mit einer derartigen Heftigkeit und Aufrichtigkeit schriftlich fixiert worden sind.
Die emotionale Offenheit und die Schwankungsbreite der Gefühle (und der realen Situationen) sind allerdings typisch für die Schriftstellerin Ada Christen, die 1839 – sie selbst machte sich meist jünger und gab 1844 an – als Tochter des Kaufmannes Friderick in ein offensichtlich gutbürgerliches Haus in Wien-Alsergrund geboren wurde. Doch die Revolution 1848 findet den Vater auf der Seite der Aufständischen, Verurteilung, Gefängnis, Vermögensverlust und schließlich Tod aufgrund von Erkrankung im Gefängnis verändern die guten Aussichten des Kindes radikal.
Die Mutter muß mit den zwei (oder drei?) Kindern aus Geldmangel in ein nur einstöckiges Vorstadthaus (Ecke Liechtensteinstraße – Waisenhausgasse) übersiedeln und ist der neuen Situation offensichtlich absolut nicht gewachsen. Aus den fiktionalen Texten Ada Christens und aus der damaligen realen Erwerbssituation, die für Frauen aus bürgerlichem Milieu wenige Möglichkeiten bot, wird geschlossen, daß sie als Heimarbeiterin Handschuhe nähte und sich und die Kinder damit ernährte.
Die junge Christiane setzt gegen die schwache Mutter ihren Willen durch, nimmt Schauspielunterricht und schließt sich einer Wandertruppe an, die in allen Kronländern Österreich-Ungarns spielt. Was das Leben in einer wandernden Schauspielertruppe für den Ruf eines Mädchens aus bürgerlichem Haus bedeutete, braucht nicht erläutert zu werden.
Doch das Schicksal von Christiane Friderick nimmt wieder eine überraschende Wende: In St. Gotthart in Ungarn heiratet der dortige Stuhlrichter Neupaur die junge Schauspielerin – gegen den Willen seiner Familie. Sie aber scheint ihr Glück gemacht zu haben, ein Kind wird geboren, sie hat zum ersten Mal Zeit und Muße, ihre sehr lückenhafte Bildung zu vervollständigen. Doch dann stirbt das Kind, und auch der Ehemann stirbt wenig später in »geistiger Umnachtung«. Christiane Neupaurs Schicksal hat sich wieder gewen-

det, sie kehrt allein und mittellos Mitte der sechziger Jahre nach Wien zurück. Sie ist nun Mitte zwanzig und hat schon zweimal die Erfahrung des Verlustes der Lebensbasis hinter sich.
In Wien trifft sie zwei Männer, die für ihr zukünftiges Leben entscheidend werden. Der eine ist ihr späterer Ehemann, Adalmar von Breden, seines Zeichens Herausgeber der täglich erscheinenden »Österreichisch-ungarischen Wehrzeitung« und der Militärzeitschrift »Der Kamerad«. Er nimmt die kranke Christiane Neupaur, die mit ihren roten Haaren und der stattlichen Figur eine auffällige und dem damaligen Schönheitsideal durchaus entsprechende Person ist, in seine Wohnung auf und begründet damit ein Verhältnis, das 8 Jahre später durch eine protestantische Eheschließung legalisiert wird.
Die zweite Persönlichkeit ist Ferdinand von Saar, den sie noch aus ihrer Schauspielschulzeit flüchtig kennt. Ihn trifft sie – angeblich in einem Lokal, wo sie als Animierdame arbeitet – wieder; ihm zeigt sie ihre Gedichte, von denen er so begeistert ist, daß er sie orthographisch und metrisch überarbeitet, in eine autobiographisch interpretierbare Ordnung bringt und an den berühmten Hoffmann & Campe Verlag in Hamburg schickt, wo sie unter dem Titel *Lieder einer Verlorenen* 1869 erscheinen.
Diese Publikation der Gedichte bewirkt nicht nur psychologisch und vom Selbstwertverständnis her wieder einmal eine radikale Wende im Leben von Christiane Friderick/Neupaur, sondern sie bringt auch – überraschenderweise – die Lösung der materiellen Probleme, denn das Buch wird ein Sensationserfolg: Einer zweiten Auflage noch im Erscheinungsjahr folgen weitere Auflagen 1871 und 1873. Ada Christens schmaler Gedichtband (unter diesem Namen, der sich aus Bredens und ihrem eigenen Vornamen – Adalmar und Christiane – ergibt, publiziert sie die Gedichte) ist *der* Erfolg – und *der* Skandal – des Jahres, und seine Autorin wird eine gesuchte, berühmte und bald auch wohlhabende Schriftstellerin.
Um dieses Ziel zu erreichen, spielt die immerhin schon 30jährige und damit vor allem in der damaligen Zeit und aufgrund ihrer Lebenserfahrungen nicht mehr ganz naive Ada Christen das Spiel der Kritik perfekt mit, ein Spiel, das Ferdinand von Saar durch Auswahl, Anordnung und Titel des Bandes vorbereitet hat. Die Gedichte werden als autobiographische »Beichte« einer »Gefallenen« interpretiert, das »Verlorene« des Titels ziemlich eindeutig als »Prostituierte« dechiffriert. So heißt es in Roseggers »Heimgarten«: »Lieder einer Verlorenen – man braucht nur den Titel nehmen, wie er wört-

lich lautet und der Biograph der Dichterin weiß, wo er in den Tagen jener Lieder Ada Christen zu suchen hat.«
Die in der Sekundärliteratur immer wieder erwähnte Tätigkeit als »Animierdame« geht auf diese Rezeption zurück. Christen beginnt eine umfangreiche Korrespondenz, die Antworten des Briefwechsels mit Theodor Storm sind teilweise publiziert, und daraus wird ersichtlich, daß Ada Christen die Rolle als ratsuchende naive Sünderin und Dichterin durchaus perfekt inszeniert hat. Storm gibt ihr nicht nur künstlerische, sondern auch moralische Ratschläge, drängt sie, ihr Verhältnis mit Adalmar von Breden zu legalisieren, wirft ihr nicht ihre jugendlichen »Sünden«, hingegen aber sehr wohl vor, daß sie noch während ihrer Lebensgemeinschaft mit Breden Liebesverhältnisse mit anderen Männern eingeht.
Für heutige Leser entbehren Strophen wie die folgenden weitgehend des Skandals, vor allem, da sie im antikisierenden Gewand Distanz zum persönlichen Erleben herstellen:

Verloren

Evoe! Es klingen die Becher
Evoe! Es kreischen die Weiber,
Wilder, brünstiger klammern sich fest
Zum lüsternen Tanz die lüsternen Leiber,
Evoe! Die trunkene Lust
Kann uns den Himmel nimmer geben:
Aber die Hölle vergessen läßt –
Evoe! Dieses wüste Leben.

Doch für die Zeitgenossen war allein das Faktum, daß in diesen Gedichten eine Frau über Liebe = Sexualität spricht und Wünsche nach körperlicher Liebe äußert, extrem skandalös.
Den Namen als Schriftstellerin, den das aufsehenerregende Erstlingswerk Ada Christen eingetragen hat, setzt sie als Beiträgerin zu zahlreichen Zeitschriften, Kalendern, Zeitungen monetär um. Ab 1874 erscheinen ihre Skizzen und Erzählungen auch in Buchform, erzielen allerdings nicht mehr denselben Publikumserfolg wie die Gedichtbände, was bei der gegebenen Erwartungshaltung der Leserschaft wenig verwundert, da diese Prosatexte weder Erotik noch Sexualität behandeln. Christen erschließt in ihnen – und von daher sind sie für heutige Leser und Leserinnen interessant – das Milieu des vorstädtischen Heimarbeiter- und Handwerkermilieus sowie das des deklassierten Bürgertums für die Literatur. Sie hat

dabei offensichtlich auf Erinnerungen aus ihrer Jugend zurückgegriffen, das große Vorstadthaus *Zur blauen Gans,* in dem die Protagonisten eines großen Teils dieser Erzählungen leben, ist geographisch ident mit dem Haus, in dem die Schriftstellerin ihre Jugend verbracht hat. Für diese autobiographische Situierung spricht auch, daß Christen häufig aus der Perspektive der Kinder erzählt. Besonders bei den deklassierten Bürgerinnen, die nach dem plötzlichen Tod des für den Lebensunterhalt sorgenden Gatten in diesem Vorstadthaus gelandet sind, erweisen sich die Kinder sehr viel lebenstüchtiger als die Mütter bzw. Großmütter, die in ihrer Vergangenheit verhaftet sind und sich krampfhaft eine illusionäre Bürgerwelt aufbauen, die sie daran hindert, mit den dort ansässigen Kleinbürgern und Proletariern in Kontakt zu treten und deren Hilfe anzunehmen. Für die Kinder gibt es derartige Schranken nicht, sie integrieren sich, prügeln sich mit den anderen um Holz für die Öfen im Winter, teilen Erfolge und Mißerfolge.
Es wäre allerdings falsch, Ada Christen zu einer »linken«, sozial engagierten Schriftstellerin zu stilisieren, dazu liegt doch zu viel – dem poetischen Realismus angemessene – Verklärung über ihrem Bild der kleinen Leute, erscheinen ihre Helden allzuoft in ihrem bescheidenen Dasein glücklich und zufrieden. Ein aufmüpfiger Ton schleicht sich zwar des öfteren ein, so im realen Leben, wenn sie in ihrem Testament bestimmt: »Anstatt eines schönen Begräbnisses soll mein Mann tausend Gulden an zwei intelligente Arbeiterfamilien übergeben, welche sich damit aufhelfen und eine bessere Existenz gründen können. Es ist klüger als das Geld den Pfaffen hinzuwerfen. Ich betone alles das, weil mein Haß vielleicht größer ist als meine Liebe«, und in den fiktionalen Texten, wenn z. B. die alte Bürgersfrau mit dem Pfarrer des Altersheims und mit dem lieben Gott hadert und darauf besteht, daß sie aufgrund ihrer früheren Arbeit und Steuerleistung ein Recht auf diese Unterkunft hat und daß es sich dabei um kein Almosen handelt, für das sie dankbar zu sein hat. Eine ähnliche Haltung vertritt sie, wenn sie bei ihrem zweiten großen Thema, dem Schicksal von Künstlern, die Aufmerksamkeit der Besucher weg vom erfolgreichen Maler und seinem Bild hin zu dem Mädchen lenkt, das für das Bild Modell gestanden hat und das bei der Ausstellung vor Hunger ohnmächtig zusammenbricht.
Die Ambivalenzen, die ihr eigenes Leben geprägt haben, finden sich auch in den Texten Ada Christens wieder: Neben scharfer Anklage steht immer wieder die versöhnliche Idylle, neben sich emanzipierenden Frauengestalten – wie Lene in dem Roman *Jungfer Mut-*

*ter* aus dem Jahr 1892 – steht Hanne, die in der traditionellen Frauenrolle der sich aufopfernden Haushälterin und Kindererzieherin glücklich wird. Bemerkenswert ist dabei, daß Christen es peinlich vermeidet, das eine Modell zugunsten oder zuungunsten des anderen zu bewerten, sie betont die Möglichkeit der positiven individuellen Verwirklichung jedes der beiden Modelle.
Doch kehren wir zum persönlichen Lebensschicksal Ada Christens zurück. Trotz ihrer Vergangenheit als Schauspielerin bei einer wandernden Truppe, trotz ihrer Gedichte und trotz des gemeinsamen Haushalts ohne Trauschein bringt die Anerkennung als Schriftstellerin Wohlstand und zunehmende Integration in die bürgerliche Gesellschaft, zu der Bredens kaufmännischer Erfolg ebenfalls beigetragen haben dürfte.
1873 legalisiert Christen ihre Verbindung zu Adalmar von Breden durch eine protestantische Eheschließung, wie es Storm empfohlen hatte. Breden kann seine militärischen Beziehungen bei der Okkupation von Bosnien und Herzegowina 1878 ausnützen und bei der Verproviantierung der Truppen ein kleines Vermögen verdienen, gemeinsam mit Eisler gründet er die Inzersdorfer Konservenfabrik, die zu einem der größten Nahrungsmittelunternehmen der Monarchie wird – »… und nun kam das Glück« – so kommentiert Christen im eingangs zitierten Abrechnungsbrief diesen kaufmännischen Erfolg ihres Gatten, der ihr endlich Ruhe und Sicherheit zu bringen scheint, die sie seit dem Tod des Vaters in ihrem zehnten Lebensjahr vermißt. Ada Christen stellt ihre Wohnung auf der Wieden, in der Rainergasse 22, dem Verein der Wiener Schriftstellerinnen und Künstlerinnen für Soireen zur Verfügung, sie ist selber geachtetes Mitglied dieser Vereinigung von Künstlerinnen, neben Ferdinand von Saar wird Ludwig Anzengruber ein enger und treuer Freund des Ehepaars, der zu Bredens Geburtstag für seine Loge, der Ada Christen als einzige Frau angehört, ein sehr persönliches Huldigungsgedicht schreibt. Christen scheint ihr Ziel erreicht zu haben, doch ihr Mann verliert innerhalb kurzer Zeit durch seinen aufwendigen Lebensstil wieder sein Vermögen und scheidet aus der Inzersdorfer Fabrik aus. Die Zeit der Gläubiger und Exekutoren beginnt von neuem; in dieser Situation verfaßt sie ihre Anklage, verlangt finanzielle Sicherheit und Mitbestimmung in den monetären Angelegenheiten, die ihr Breden – durchaus im Einklang mit seiner Zeit und ihren Gesetzen – zu Christens Empörung schlicht verweigert.
Allerdings gelingt es ihm ein zweites Mal, durch eine »Obst- und

Gemüsecultur« in der Laxenburger Straße zu Wohlstand zu kommen, der Ada Christen dann doch noch den ruhigen Lebensabend beschert, den sie so intensiv angestrebt hat.
Während sich also die materielle Lage konsolidiert, nehmen ihre gesundheitlichen Beschwerden zu; die nervösen Kopfschmerzen, das »Nervenfieber« plagen sie immer öfter, sie sucht durch Reisen und Aufenthalte im Süden – in Venedig und Fiume – diesem Übel Einhalt zu gebieten, das sie auch dazu bringt, sich zunehmend aus der Gesellschaft zurückzuziehen. Die Übersiedlung aus der Stadt, von der Wieden in den bezeichnenderweise von ihr so genannten »Einsamhof« in der Laxenburger Straße 370, markiert diese Tendenz, die auch mit dem Verblassen ihres literarischen Ruhmes zu tun hat.
An den Erfolg ihrer Gedichte konnte sie mit ihren Erzählungen, die ein ganz anderes Publikum ansprachen, nicht mehr anschließen. Auch ihr Roman *Jungfer Mutter,* im selben Milieu wie die Erzählungen angesiedelt, erreichte bei der Kritik nur wohlwollende Akzeptanz. Ebenso scheiterte der Versuch, über die Bühne und ein Volksstück neue Anerkennung zu finden. Für den Naturalismus war ihre soziale Anklage zu wenig radikal, für die Autoren von Jung-Wien war sie zu sehr in den Strömungen des 19. Jahrhunderts verhaftet, zu sehr an ihren Vorbildern Heine und Börne, Dickens und Storm orientiert. Der Nachruf von Marie Herzfeld konstatiert am 25. Mai 1901 denn auch bitter: »Sie ist so berühmt gewesen, daß niemand mehr etwas von ihr las; denn nichts sargt so sicher ein, wie die Literaturgeschichte.« Die Vorsorge gegen posthume Rufschädigung durch Veröffentlichung von Briefen, die sie in ihrem Testament getroffen hat, erwiesen sich als überflüssig – Ada Christen war 1901 kein Thema mehr, für das sich die Presse interessierte. Ihr Mann erfüllte ihr aber den »hochmütigen« Wunsch nach der Inschrift ihres Grabsteins am Matzleinsdorfer Friedhof:
»In den Stein gemeißelt und mit schwarzem Marmor eingelegt oder haltbarer schwarzer Farbe eingestrichen soll mein Name Ada Christen sein. Mein Mann möge mir diesen letzten Zug von Hochmut verzeihen – aber ich habe mir diesen Namen selbst gemacht, kein Vater, kein Gatte hat ihn mir gegeben, er ist das eigenste Eigenthum das ich besitze.«
Die Präzision der Angaben in ihrem Testament, die zwischen Bescheidenheit, die auch auf Billigkeit in materiellem Sinn abzielt, und Insistenz auf der Wichtigkeit der eigenen Person und Arbeit, oszillieren, zeigen nochmals die Ambivalenzen im Charakter dieser

Frau. Materielle Sicherheit, ein geregeltes bürgerliches Leben waren für sie die absolut notwendige Basis für ihre künstlerische Tätigkeit, doch mußte diese künstlerische Arbeit über weite Strecken ihres Lebens diese Basis erst schaffen. Von daher wohl auch – neben der Dankbarkeit – ihr Verständnis für den aufgrund seiner Wettleidenschaft immer von Gönner(inne)n und Almosen abhängigen Ferdinand von Saar, dem sie neben ihrer Bibliothek und einer Uhr aus ihrer Sammlung nach ihrem Tode auch die Auswahl aus ihren Möbeln überläßt, »damit er seine hohle Junggesellenstube zu einem traulichen Dichterheim« gestalten könne, und den sie der finanziellen Unterstützung ihres Mannes empfiehlt, denn »er allein [kennt] meine armselige Jugendzeit wie keiner und dennoch [war] er der Erste welcher sich um mein Talent gekümmert hat und mich auf die Bahn geführt, die ich so ernst und willenskräftig ging als ich vermochte«.

# Ada Christen

## *Liese*

»Ja, das ist mir im Kopf geblieben, es ist wahr, Du hast Recht, ich weiß nicht, warum es so ist, aber die Leut', denen etwas passiert ist, die habe ich nie vergessen können. Es gibt noch eine ganze Menge Bekannter aus unserer Kinderzeit, sie haben geheiratet, oder sind ledig geblieben so wie ich, sie haben Kinder bekommen, haben Glück damit gehabt oder sie sind ihnen an Kinderkrankheiten schon weggestorben, wie das so geht, es ist ihnen nichts besonderes passiert. Einer oder der andere hat sich sogar viel erwirtschaftet und könnt sich die ›blaue Gans‹, wenn sie noch dort stehen würde, kaufen. Dasselbe Haus, wo er früher in der kleinsten Kammer gewohnt hat ... Mein Gott, er hat halt tüchtig gearbeitet und die rechte Zeit benützt. Das kommt nicht oft vor, und denjenigen, denen es passiert, denen ist es zu vergönnen.«

»Also reich geworden sind auch einige von unsern alten Nachbarn?« fragte ich die Liese, und sie erzählte dann in ihrer behäbigen nachdenklichen Weise fort. Zuweilen sprach sie wie ein Kind, so schlicht und unklar darüber, wie die Dinge entstanden sind und warum sich eines oder das andere so begeben hat, wie sie es schilderte, immer aber voll von feinem Empfinden und manchmal mit dem überraschend scharfen Blick, der einsamen Menschen und besonders einsamen Frauen eigen ist, die bei regem hellem Verstand wenig Gedankenaustausch haben. Die Liese sah und sah immer wieder nach dem hin, was einmal durch seine äußere Form überraschend auf sie gewirkt hatte; sie dachte ab und zu über diese Erscheinung und fragte sich endlich: Warum ist dies oder jenes hier nicht so wie bei allen andern? ... War sie bei dieser Frage angelangt, dann schaute sie noch genauer hin, und es war dies recht ungewöhnlich bei dem unbelehrten, abgeschlossenen Mädchen; das flüchtigste Lächeln, der verschleierte Wehlaut, eine von der gewöhnlichen Umgebung unbeachtete, unbedeutende Bewegung oder Handlung wurde für sie zum richtigen Schlüssel für das Wesen derjenigen, welche ihre Aufmerksamkeit erregt hatten. Sie lernte durch ihre Gedankeneinsamkeit tiefer empfinden, schärfer beobachten und schmuckloser reden wie die meisten Menschen, denen ich in jenen Lebenskreisen begegnet bin. Anfangs wunderte ich mich über ihre langsame, grübelnde Art, über ihr bohrendes Denken, ihr geistiges Festhalten an dem, was ihr als ungewöhnlich auffiel, bald aber fand ich den ihr selbst unbekannten Zug des Außergewöhnlichen in ihr selbst.

Liese ist heute vierunddreißig Jahre alt, also ein altes Mädchen, und wahrhaftig eine alte Jungfrau. Sie ist eigentlich sehr hübsch, trüge sie anstatt des grau- und schwarzgestreiften Kleides ein farbiges, und anstatt der langen glatten Blendenscheitel das aschblonde Haar aus der Stirn gestrichen. Lernte der volle Körper ein Mieder kennen, so wäre die Liese vielleicht sogar eine begehrenswerte, weil beachtete Frauenerscheinung. So aber ging und geht das Mädchen unauffällig durch die Welt, und das Ungewöhnliche dabei ist, daß sie sich das Leben nie anders gewünscht hat. Keine Jugendschwärmerei, keine Altersversorgungs-Sehnsucht hat sie aus dem Geleise gebracht; sie sitzt am Stickrahmen ganz in derselben Weise wie ihre selige Ziehmutter, die Frau Huber, sie hinsitzen hieß, als sie ein Kind von zwölf Jahren war.

So fand ich sie fast unverändert nach Jahren wieder. Warum sie nicht geheiratet habe, erklärte sie mir dahin, daß nie ein Mann bei ihr angefragt hätte, daß ihr selbst keiner besonders gefiel, daß sie viele üble Ehen, viel Kindersorgen und Freudlosigkeit gesehen hätte, selbst bei reichen Leuten unter ihren Kunden, wie sei das nun erst unter ihresgleichen, bei Leuten, die mit blutwenig oder gar nichts zu wirtschaften anfingen. Bei ihrer Arbeit, die gepflegte Hände erfordere, ginge es mit Waschen und Fegen, Flicken, Kochen und Kinderwarten nicht an, daß sie aber ihr Handwerk, welches sie nähre, aufgeben solle, um sich von einem Manne füttern zu lassen, das könne sie nicht begreifen; gut ist gut, sie lebe behaglich ohne Herrn und Ernährer. Die Selbständigkeit sei viel wert. »Wer nicht anders kann, dem muß man sein Recht lassen, wem es aber so besser zu Gesicht steht wie mir, der tut wohl«, schloß sie mit ruhigem Lächeln ihre Erklärung.

Gegen solche Worte läßt sich nichts einwenden, und so leicht und einfach es klingt, so ist die Ausführung dieser simplen Grundsätze doch eine weit schwierigere, und das alte Mädchen mit dem schwarz- und graugestreiften Kleide hat weit mehr Verstand und Kraft dazu gebraucht, rüstig weiter zu leben und sich ein starkes ehrliches Herz zu erhalten, als es heute in seiner Einsamkeit und Gedankenabgeschlossenheit zu erkennen vermag.

Seit ich sie damals aufgesucht habe, begegnen wir uns im Jahre nur zweimal, und da im Theater, auf demselben Platze, wo wir als Kinder saßen … Zweimal im Jahre erlaubt sich die Liese, für ihr Geld zu weinen und zu lachen.

Am Allerseelentage wird auf allen Bühnen der Residenz ein gruseliges Rührstück gegeben, und diese erschütternde Geschichte sahen und sehen wir uns an der kleinsten Vorstadtbühne von der letzten Galerie herab alljährlich an. Wir sitzen da ganz am äußersten Ende der ersten Bank, nur durch die Mauer von dem Schnürboden getrennt. Wir hören dort alles sehr gut, aber die Mimen müssen weit an die Rampen vor und sehr inbrünstig zu den Soffiten emporjammern, wenn wir sie von Angesicht sehen sollen, doch die Liese kann die ganze Komödie auswendig und ist gewöhnt daran, sich auf diesem Platze ungestört auszuweinen. Ich glaube, sie hat dieses rührende Stück eigentlich noch nie vollständig gesehen, und da sie an dem Herkömmlichen festhält, wird sie es wohl kaum jemals sehen.
Der zweite Theaterabend, an welchem wir uns, so wie an dem ersten, um fünf Uhr nachmittags bei dem Hintertürchen in der Seitengasse treffen, ist Fastnacht-Montag. Der alte Mann, welcher ein halbes Dutzend einflußreicher Stellungen an jenem Theater einnimmt, läßt uns durch die kleine Türe in einen finsteren Gang ein, dort drücken wir ihm ehrlich unser Eintrittsgeld und noch eine Kleinigkeit darüber in die Hand und klettern im Finstern den uns wohlbekannten Weg hinan. Wir und die Mäuse, die hin und herhuschen, sind die einzigen lebenden Wesen im Zuschauerraum … Nur neben uns, auf dem Schnürboden, da rollt und knarrt und raspelt es, und auf der Bühne, die von ein paar Lampen matt beleuchtet ist, da schlürfen und traben die Theaterarbeiter herum, schleppen Versatzstücke herbei und reden nicht zu viel und nicht zu laut, es klingt so verdrießlich in dem widerhallenden Saal. Der ganze Zuschauerraum ist grau eingehüllt, lange Tücher hängen nämlich von der Brüstung der letzten Galerie bis hinab zu den vornehmsten Plätzen.
Und in diesem großen leeren Raum, in dieser anheimelnden Dunkelheit saßen wir als Kinder erregt von ahnungsvollem freudigem Schauern, da sitzen wir jetzt und flüstern und haben das Gefühl, als könnten wir das, was wir reden, eigentlich doch nur hier reden.
Dieser Abend bringt aber auch Abwechslung, fast jedes Jahr wird eine andere Posse aufgeführt; und die Liese lacht, daß ihre vollen roten Backen noch röter werden und ihre graublauen Augen sich mit Tränen füllen, sie lacht, daß die ganze Umgebung mitlacht. Denn nach und nach sind lauter alte Bekannte droben angekommen … Die einst neben uns als Kinder saßen, sind jetzt ehrsame Kleinbürgerfrauen, Blumenmacherinnen, Handschuhnäherinnen, Stickerinnen, Waschfrauen, Kutscherfrauen, zumeist das, was ihre Mütter

waren oder noch sind. Es ist eine lustige Schar Menschen, welche noch herzlich lachen können. In den Zwischenakten aber, und wenn ich die Liese dann ein Stück heimwärts begleite, plaudern wir weiter von vergangenen Tagen, von unseren alten Bekannten und Nachbarn. Da werden gleichsam die Toten lebendig und die Lebendigen schreiten an mir vorbei in ihrer jetzigen Kleidung und ihrem neuen Gehaben, denn die Liese hat die Begabung, mir die Menschen, von welchen wir reden, sichtbar zu machen …

Ahnte sie, welchen Diebstahl ich begehe, wenn ich oft mit ihren Worten die Geschichten unserer Nachbarn, Freunde und Feinde erzähle, sie würde große Augen machen und verdutzt schweigen. Sie weiß es aber nicht, für sie bin ich, was ich einst gewesen, als das will ich ihr wenigstens gelten, denn nur so bleibt sie, was sie mir ist, und in solchem Verkehr vermag ich sie festzuhalten bei der Schilderung irgend einer Person, welche sich ihrem Gedächtnis besonders eingeprägt hat, »weil ihr was passiert ist«.

»Stehen Dir die langen Nägel nicht im Weg bei einer feinen Stickerei?« fragte sie, als ich sie das letzte Mal im Theater sah, ganz verwundert. Ich hatte im Eifer des Gespräches mich vergessen und meine grauen Zwirnhandschuhe abgestreift, die, wie ich mich noch erinnere, nebst einem braunen Merinokleid unsern höchsten Sonntagsputz ehemals ausmachten.

»Freilich, freilich!« erwiderte ich verlegen, denn ich hatte plötzlich den Gedanken, die Liese sieht doch, daß die Handschuhe und das Kleid und die Art … heute doch nur etwas wie eine Maskerade sind, wenn auch die Menschen, denen mein Äußeres gleicht, mir lieb geblieben sind und bleiben werden mein Leben lang.

»Ja, warum hast sie aber?« meinte Liese und lächelte gelassen, ich merkte nun erst, daß sie nur meine Eitelkeit beachtet hatte … Sie drückte mit ihrer vollen weißen Hand den glatten Scheitel noch flacher an die Schläfe und sprach wieder; mit einmal aber sagte sie, ihre erste allgemeine Rede wieder aufnehmend:

»Ja, ja! …reich sind auch einige geworden von unsern alten Freunden und Bekannten … wie ich Dir schon früher erzählt hab' … aber weißt, die, die durch ihre Arbeit reich sind, die sind noch ganz so gegen unsereinen, wie sie früher waren … wenn sie auch Zeit gehabt haben, dieweil was Rechtes zu lernen, und sich ihre Haare, weiß Gott, wie hergerichtet haben …« sie schaute dabei fest auf den Kronleuchter, »manchmal Reden führen, die sich gescheiter anhören, als es unsereins gewöhnt ist, lange Nägel … tragen … so wissen sie doch, was sich gehört und an was der Mensch alleweil denken soll.«

»Oho, Liese!« dachte ich, stellte mich aber an, als verstände ich ihre Worte nur im allgemeinen.
»Aber die andern! … ich sag' Dir, der Tischlerbub, weißt, dem sein sparsamer Vater viel Geld hinterlassen hat, und der Kleinholzhändler von der schmalen Brücke, weißt noch? Na Du! Der hat den Haupttreffer gemacht. Heute hat er ihn gemacht, morgen hat er seinen Holzladen zugesperrt und übermorgen ist er zuerst mit einem Pferd, den nächsten Tag mit zwei und alle Tage mit einem mehr gefahren, bis er soviel Pferde vorgespannt gehabt hat, wie Tag' in der Woche, weißt, und alle durcheinander wie in einer Kunstreiterei, so ist er durch alle Gassen gefahren. Ein paar andere sitzen alleweil auf dem Altan vor dem Haus, das sie geerbt haben, alle zwei haben sie schon Gliederreißen, aber anschauen lassen sie sich doch draußen, wenn der Wind noch so stark geht. Ich muß immer lachen, wenn ich aus meiner warmen Kammer gerade hinüberschau auf die halberfrorenen neuen Hausherren. Solche Leut' werden noch viel auszustehen haben von dem zufälligen Geld, ich mein' der Hochmutsteufel und die Angst, daß sie es wieder verlieren, läßt sie gar nicht ruhig schlafen. Vielleicht ist es anders. Ich denk' mir ja allerhand, wenn der Tag lang ist; meine Arbeit braucht keine besonderen Gedanken mehr, meine Hand geht wie eine Maschine auf und ab, auf und ab, auf und ab! Da kann ich an alles denken, was ich gehört und gesehen hab' und noch hör … und seh!«
Liese holte tief Atem, lauschte ein wenig mit geneigtem Kopfe nach dem Schnürboden zu, denn es war schon der letzte Zwischenakt, da hasteten die Arbeiter neben uns und es knarrte und ächzte in dem Gebälke noch lauter. Ohne mich anzublicken wandte sich Liese zu mir und seufzte leise, das war etwas seltenes bei ihr, und ich bemerkte nun auch, daß auf ihrem Gesichte eine Verzagtheit und Bekümmernis lag, die ich von früher nicht kannte, und wenn sie bis jetzt auch breit und langsam wie immer gesprochen hatte, so klang doch etwas Fremdartiges, Besorgtes aus ihrer Rede. Sie schwieg noch eine Weile, aber ganz plötzlich, als hätte sich die alte Liese im Innersten zusammengenommen, wandte sie sich zu mir, nahm meine Hand aus meinem Schoße, drückte sie recht warm, streichelte leicht darüber hin, und dann sagte sie noch langsamer als sonst:
»An Dich denke ich auch öfter … fürcht' mich, daß ein Allerseelentag kommen wird, wo Dir die Geschichte, die sie da unten spielen, zu dumm ist … und Du magst sie nimmer sehen …«
Auf der Bühne wurde es hinter dem Vorhange schon lebendiger, ein leises Glockenzeichen rief die Schauspieler für den letzten Akt zu-

sammen, die Liese stockte ein wenig und schaute hinab auf das langgezogene Apollogesicht, welches den Vorhang schmückt, dann drückte sie meine Hand kräftig und wisperte beinahe Wort an Wort: »Seit ein paar Jahren fürcht' ich das jedes Mal ... Ich hab' Dich nicht gefragt ... aber wenn Du doch kommst, dann freu ich mich ... über ... Dich ... Ich bitt' Dich, werd' Du nicht anders ... ich mein', für Dich ist es gerade so Recht ...«

Der letzte Akt hatte eben angefangen, die Liese schaute schnell auf die Bühne hinab und sprach kein Wort weiter. Sie nahm auch das Gespräch nicht wieder auf als ich sie heimbegleitete, als wir durch die alten Straßen gingen, Hand in Hand, wie in vergangenen Tagen. Diesmal lief ich bis an ihr Haustor mit, und »Übers Jahr!« sagte sie lustig, als wir Abschied nahmen ...

Übers Jahr! ... Der Allerseelentag kommt nun bald, und ich werde die Liese wiedersehen. Was sie aber sagen würde, wenn es einmal zu Weihnachten an ihre Türe pochen täte, wenn sie aufmachte und der Briefträger würde ihr ein Büchlein hineinreichen, in welchem zuerst ihre eigene Geschichte gedruckt zu lesen wäre, und dann alle jene, welche sie mir so frisch und lebendig wiedererzählt hat, daß ich sie beinahe ganz so niedergeschrieben habe, die Geschichten jener unserer Nachbarn, »denen etwas passiert ist«.

**Bertha von Suttner**
**1843–1914**

In einem Brief an Bertha von Suttner schrieb Leo Tolstoi: »Ich schätze Ihr Werk sehr und denke, daß die Publikation Ihres Romans ein glückliches Vorzeichen ist. Der Abschaffung der Sklaverei ist das berühmte Buch einer Frau, Frau Beecher-Stowe, vorausgegangen; Gott gebe es, daß die Abschaffung des Krieges Ihrem Buch folge.«

Ebenso wie das Buch »Onkel Toms Hütte«, von dem Tolstoi hier spricht, hat zwar auch Bertha von Suttners Antikriegsroman *Die Waffen nieder!* (1889) eine enorme Wirkung – er wird in über zwanzig Sprachen übersetzt, erreicht im deutschsprachigen Raum zahlreiche Auflagen und ist einer der Bestseller des 19. Jahrhunderts –, aber wie Geschichte und Gegenwart zeigen, von der Wirkung von Literatur ist dennoch nicht allzuviel zu erwarten.

Ihre Karriere als Schriftstellerin, Friedenskämpferin und Frauenrechtlerin war der 1843 in Prag geborenen Bertha Sophia Felicita Gräfin Kinsky von Chinic und Tettau nicht in die Wiege gelegt. Doch der Name eines der ältesten Adelsgeschlechter Böhmens täuscht. Kurz vor ihrer Geburt war der fünfundsiebzigjährige Vater, Franz Joseph Kinsky, gestorben und hinterließ eine beinahe fünfzig Jahre jüngere Witwe Sophie, die zwar eine geborene von Körner war, aber nur aus unbedeutendem Adel, das heißt, daß sie keine 16 Ururgroßeltern nachweisen konnte. Diesen Makel, einerseits aristokratisch, andererseits bürgerlich zu sein, konnte Gräfin Kinsky, wie ihre Biographin Brigitte Hamann urteilt, »bis an ihr Lebensende nicht bewältigen«.

Die Mutter hatte ihre Karriere als Sängerin aufgegeben und mit 18 Jahren eine sogenannte »gute Partie« gemacht, also einen wohlhabenden Mann geheiratet, der ihr Vater hätte sein können. Während der sechs Jahre ältere Bruder in eine Kadettenschule kam, ging die Mutter, finanziell einigermaßen abgesichert, kurz nach der Geburt von Bertha nach Brünn, wo Berthas Vormund, Landgraf Friedrich Fürstenberg, residierte. In der behüteten Umgebung des fünfzigjährigen Fürsten, der wahrscheinlich mit ihrer Mutter liiert war, wuchs die Komtesse Kinsky mit den üblichen Gouvernanten auf.

Als Berta zwölf Jahre alt war, zog ihre Mutter mit ihrer ebenfalls verwitweten Schwester zusammen, deren Tochter Elvira zur wichtigen Gefährtin des Mädchens wurde. Die beiden lebenslustigen Frauen versuchten zweimal ihr Glück im Wiesbadener Spielkasino, verloren jedoch hoch, und so mußten die Kinskys von Wien nach Klosterneuburg in ein billigeres Landhäuschen übersiedeln. Mit 18 Jahren war die Gräfin Kinsky alt genug, um in die Wiener Gesellschaft eingeführt zu werden, mußte aber herbe Enttäuschungen erleben. Beinahe hätte sie sich an einen alten Mann, einen Millionär, »verkauft«.

Wie die meisten ihrer Geschlechtsgenossinnen hatte auch Bertha von Suttner keine ausreichende Bildung erhalten und war auf autodidaktische Lektüre angewiesen. In ihren *Memoiren*, die 1909 erschienen, führte sie eine beeindruckende Liste der gelesenen Werke an, die neben der deutschsprachigen Literatur wichtige Werke der Weltliteratur ebenso wie wissenschaftliche Bücher umfaßt, darunter »den ganzen Shakespeare, den ganzen Goethe, den ganzen Schiller und Lessing, den ganzen Victor Hugo«. Ebenso wie die fünf Jahre jüngere Irma von Troll-Borostyáni, mit der sie einen Briefwechsel zu führen versuchte, kritisierte Bertha von Suttner später die mangelnde weibliche Erziehung heftig.

Mit 21 Jahren hatte sie noch immer keinen Mann gefunden und beschloß, Gesangsunterricht zu nehmen, um eine Karriere als Sängerin – die ihrer Mutter versagt geblieben war – anzusteuern, mußte aber nach einigen Jahren erkennen, daß ihre Begabung nur durchschnittlich war. Mit ihrer Mutter verbrachte Bertha, durch ein Erbe des inzwischen verstorbenen Vormunds abgesichert, einige Zeit in Berlin, Wiesbaden, Paris und Italien, wo sie Gesangstunden nahm und wohl weiterhin nach einem geeigneten Bräutigam Ausschau hielt.

Doch sie war inzwischen bereits 30 Jahre alt geworden, eine »alte Jungfer« also, das Erbe war aufgebraucht, und sie mußte daran denken, sich ihren Lebensunterhalt zu sichern. In ihrer Lage war dies ausschließlich als Gouvernante vorstellbar, immerhin hatte sie sich Wissen angeeignet und beherrschte drei Fremdsprachen perfekt. 1873 trat sie ihre Stellung als Gesellschafterin von vier Töchtern im Haus des Barons Carl von Suttner an, der neben den Töchtern noch drei Söhne hatte. Den Sommer verbrachten die wohlhabenden Suttners im Waldviertler Landschloß Harmannsdorf.

Gräfin Kinsky fühlte sich in ihrer Stellung wohl und verliebte sich schon bald in den um sieben Jahre jüngeren Sohn Arthur Gundaccar, der ihre Liebe erwiderte. Drei Jahre dauerte die heimliche Liaison, bis sie von der Baronin Suttner entdeckt wurde. Die Gräfin mußte daraufhin das Haus verlassen und nahm in Paris eine Stelle als Sekretärin bei Alfred Nobel an, dessen Annonce ihr die Baronin vorgelegt hatte. Sich über Konventionen hinwegsetzend, beantwortete Gräfin Kinsky die Annonce und trat nach einem Briefwechsel ihre Reise nach Paris an, wo sie auf den dreiundvierzigjährigen Erfinder des Dynamits traf. Doch der Aufenthalt in Paris war nur von kurzer Dauer, die Freundschaft mit Alfred Nobel, der sich Hoffnungen auf Bertha machte, währte allerdings ein Leben lang. Doch schon nach kurzer Zeit hatte sie in Paris eine Depesche von Arthur Suttner aus Wien erhalten: »Kann ohne dich nicht leben!«

Sie kehrte zurück, wissend, daß das Leben mit einem Mann, der keinen Beruf hatte und dessen Eltern nie einer Heirat mit ihr zustimmen würden, schwierig sein würde. Bertha Kinsky hatte wohlhabende Freunde im Kaukasus, und dahin wollte das Paar nach der heimlichen Hochzeit, die nach einem halben Jahr im Juni 1876 stattfand, fliehen. Exotisch, malerisch, orientalisch war das Leben, welches das abenteuerlustige Paar erwartete. Bertha konnte in Kutais bei adeligen Familien Musik- und Französischunterricht geben, Arthur lehrte Deutsch.

In den folgenden neun Jahren in Georgien gingen beide durch die »Schule des Lebens«. Die etwas naive Bertha von Suttner begann sich für Politik zu interessieren, als der Kaukasus im Russisch-Türkischen Krieg zum Kriegsschauplatz wurde. Das glückliche Liebespaar mußte Geld verdienen, und beide entdeckten ihre schriftstellerischen Fähigkeiten. Als sie ihre Artikel und Geschichten in verschiedenen Blättern in Deutschland unterbringen konnten, schien das Überleben gesichert. Beide schrieben zunächst nicht unter ihren eigenen Namen. Bertha von Suttner wagte sich nach einigen Feuilletons an Fortsetzungsgeschichten, und schließlich wurde ihr erster Roman, *Hanna,* in der »Gartenlaube« in Fortsetzungen publiziert und brachte ihr 800 Mark Honorar ein.

Bertha von Suttner setzte sich intensiv mit der modernen Literatur auseinander, las Zola und andere Realisten und suchte Anschluß an die Münchner Zeitschrift »Die Gesellschaft«, die dem Naturalismus nahestand. Doch von Georgien aus war es schwierig, Kontakte zu Zeitungen und Verlagen im deutschsprachigen Raum aufrechtzuerhalten. Als der Ausbruch des österreichisch-russischen Krieges drohte, kehrten Bertha und Arthur Suttner, die sich immerhin in der Literaturszene etabliert hatten, 1885 auf das elterliche Gut Harmannsdorf zurück. Die mittlerweile von großen finanziellen Schwierigkeiten bedrängten Eltern akzeptierten das Paar nun endlich. Das Leben in der ländlichen Abgeschiedenheit und inmitten eines konservativen Umkreises gestaltete sich für das antiklerikale und politisch liberale Ehepaar jedoch keineswegs problemlos.

Bertha von Suttners belletristisches Schaffen war weniger dem

künstlerischen als dem wirtschaftlichen Erfolg verpflichtet. Sie wußte um ihre Ansprüche und Fähigkeiten, lehnte sich aber oft bewußt an die Genres der Unterhaltungsliteratur an, um ihre aufklärerischen Ideen zu verpacken. Großen Genuß bereitete ihr nach einigen Romanen die Arbeit an einem Essayband.
1889 publizierte sie mit dem Titel *Das Maschinenalter* ihre »Zukunftsvorstellungen über unsere Zeit« unter dem Pseudonym Jemand. Das Pseudonym wählte sie, weil sie dachte, daß ihre in Form einer Vorlesung aus der fiktiven Perspektive einer späteren Zeit gehaltenen Gedanken zu gesellschaftlich relevanten Themen des 19. Jahrhunderts wie dem Begriff der Nation, der Jugenderziehung, der Frauenfrage und am Ende auch der Friedensfrage, wenn sie unter dem Namen einer Frau erschienen, nicht ernst genommen würden. Befriedigt stellte sie in ihren *Memoiren* fest, »daß unter den sehr zahlreichen Kritikern, die ihm spaltenweise Besprechungen widmeten, nicht ein einziger nur auf die Idee kam, daß ›Jemand‹ dem ›schwachsinnigen Geschlechte‹ angehören könnte«. An den zahlreichen ablehnenden Kritiken ihres im selben Jahr erschienenen Romans *Die Waffen nieder!* mußte Bertha von Suttner erkennen, daß ihre Ängste bezüglich der Vorurteile gegenüber dem schwachen Geschlecht nicht ganz unbegründet waren.
Mit dem Honorar, das Bertha von Suttner für das Manuskript ihres Romans *Die Waffen nieder!* erhielt, finanzierten die Suttners einen Winteraufenthalt in Paris, bei dem sie wichtige Bekanntschaften machten und internationale Kontakte knüpften. Das Reisen bot ihnen als zeitweilige Flucht aus dem Waldviertel notwendige Abwechslung.
Bertha von Suttner war sich bewußt, wie gering das Interesse für eine theoretische Abhandlung war, sosehr sie sich um eine Darlegung von rationalen und ökonomischen Argumenten gegen den Krieg bemühte. Allerdings fand sie die emotionale Auseinandersetzung ebenso wichtig: »Desto besser, wenn sich der Verstand auch gegen den Krieg auflehnt, aber unterdrücken wir darum nicht die Empörung unserer Herzen.«
Ihre eigene Empörung des Herzens war in ihren berühmten Antikriegsroman geflossen, mit dem sie am wirkungsvollsten der Friedensbewegung dienen wollte. Doch zunächst mußte die Schriftstellerin feststellen, daß der Roman tatsächlich entschieden gegen den Geist der Zeit geschrieben war, denn große Zeitungen und Wochenschriften lehnten eine Veröffentlichung mit Begründungen ab, wie »große Kreise unserer Leser würden sich durch den Inhalt verletzt

fühlen« oder »trotz aller dieser Vorzüge aber ist es ganz ausgeschlossen, daß der Roman in einem Militärstaat veröffentlicht werde«. Erst nach langem Zögern und Bitten um Umarbeitungen, die Bertha von Suttner empört ablehnte, nahm ihr Verleger Pierson das Manuskript an. Seine Entscheidung sollte sich auch für ihn bezahlt machen.

Bertha von Suttners Roman ist bewußt als Tendenzroman verfaßt, und um möglichst wirklichkeitsgetreu die Greuel des Krieges schildern zu können, hat sie historische Studien gemacht, Material und Dokumente gesammelt, sich von Soldaten Kampferlebnisse erzählen lassen, Berichte von Militärärzten und Kriegskorrespondenten in Zeitungen gelesen und Archive durchstöbert.

Der Roman ist in seiner Form an eine Tradition von Frauenromanen angelehnt, die aus der Ich-Perspektive, gestützt auf Tagebucheintragungen, die eigene Lebensgeschichte reflektieren. Das private Leben der Baronin Martha von Tilling ist durch die Kriegsereignisse von 1859, 1864, 1866 und 1870/71 beherrscht und macht so deutlich, daß die politischen Verhältnisse das Schicksal des einzelnen bestimmen.

Das Buch führt uns zunächst die kriegsbegeisterte siebzehnjährige Generalstochter vor, die in ihren Tagebuchblättern davon schwärmt, für das Vaterland zu sterben, und es deshalb bedauert, nicht als Knabe auf die Welt gekommen zu sein. Ihre Emanzipationswünsche begreift sie als Recht der Frau, bewaffnet in den Krieg zu ziehen. Doch nicht sie, sondern ihr Ehemann zieht freiwillig und begeistert in den Krieg. Er hinterläßt eine Witwe und einen halbwaisen Sohn. Vier Jahre nach seinem Tod lernt Martha Baron Friedrich von Tilling kennen, der seinem Stand äußerst kritisch gegenübersteht. Mit ihm geht sie eine zweite Ehe ein, das Glück wird allerdings durch Kriegsereignisse immer wieder getrübt, und schließlich wird Tilling als vermeintlicher Spion Preußens im Deutsch-Französischen Krieg in Paris standrechtlich erschossen.

Die Überschreitung der zugeschriebenen Weiblichkeitsrolle, die Bertha von Suttner in ihrem Leben vollzog, gestand sie ihrer Protagonistin nicht zu. Der Roman trägt zwar durchaus autobiographische Züge, aber die Autorin vertraut eher traditionellen Frauenbildern. Ein Antikriegsroman aus der Perspektive einer pazifistischen Frau schien wohl auch ihr das äußerste an Provokation. Sie lehnte sich, wie andere Schriftstellerinnen ihrer Zeit, die ihre politischen Überzeugungen in ihre belletristischen Werke »einschmuggelten« (wie Bertha von Suttner ihrer Kollegin Irma von Troll-Borostyáni

riet) bewußt an Erzählmuster der unterhaltenden Familien- und Liebesromane an, um ein möglichst großes Lesepublikum zu erreichen.
Zur großen Verbreitung des Romans im deutschsprachigen Raum trug sicherlich nicht zuletzt Karl Liebknecht bei, der Bertha von Suttner bat, das Werk im »Vorwärts«, dem Zentralorgan der Sozialdemokratischen Partei, abdrucken zu dürfen, wo es von August bis Dezember 1892 in Fortsetzungen erschien. 1896 publizierte der Verlag Pierson eine Volksausgabe des Buches zum halben Preis, die bis 1914 bereits eine Auflage von 210 000 Stück erreichte.
Der Roman machte seine Verfasserin weltberühmt: »Ich hatte das Buch geschrieben, um der Friedensbewegung, von deren beginnender Organisation ich erfahren hatte, einen Dienst zu leisten in meiner Art – und die Beziehungen und Erfahrungen, die mir aus dem Buche erwachsen sind, haben mich in die Bewegung immer mehr hineingerissen, so sehr, daß ich schließlich nicht nur, wie anfangs gewollt, mit meiner Feder, sondern mit meiner ganzen Person dafür eintreten mußte.«
Ihr späterer wichtigster Mitarbeiter, Alfred Hermann Fried, schrieb über die Wende in Bertha von Suttners Leben: »Sechsundvierzig Jahre mußte sie werden, bis sie ihre Lebensaufgabe gefunden, bis die in ihr schlummernden Kräfte ihre Auslösung fanden und aus der Tändelnden einen Zeitmenschen machten.« Sie überschritt nun auch noch ihre Rolle als Schriftstellerin und wurde zur politisch aktiven Protagonistin der Friedensbewegung. 1891 gründete sie die Österreichische Friedensgesellschaft, deren Präsidentin sie bis zu ihrem Tod 1914 war, und unterstützte 1892 Alfred Fried bei der Gründung der deutschen Friedensgesellschaft. Sie nahm in der Folge an fast allen Weltfriedenskonferenzen teil. In Rom hielt sie 1891 ihre erste öffentliche Rede, 1899 war sie Rednerin auf der wichtigen Haager Friedenskonferenz.
Seit 1891 gab Bertha von Suttner die Zeitschrift »Die Waffen nieder!« heraus und schrieb von 1892 bis 1914 ihre *Randglossen zur Zeitgeschichte,* in denen sie die politischen Ereignisse aus der Sicht der Friedensbewegung in aufrüttelnder Schärfe kommentierte.
Schon in Georgien waren die Suttners über den steigenden Antisemitismus in Westeuropa, der sich gegen Ende des 19. Jahrhunderts verstärkte, beunruhigt. Neben der Arbeit in der Friedensbewegung wurde – vor allem von Arthur von Suttner – der Kampf gegen den Antisemitismus vorangetrieben und der »Verein zur Abwehr des Antisemitismus« gegründet.

Obwohl Bertha von Suttner mittlerweile eine berühmte Persönlichkeit war, verschlechterte sich die finanzielle Lage der Suttners wieder. Die Eltern Arthurs verarmten zusehends, das Schloß Harmannsdorf konnte kaum noch gehalten werden und wurde Jahre später auch wirklich versteigert. Bertha mußte deshalb neben ihrer Arbeit in der Friedensbewegung literarische Arbeiten für Zeitungen verfassen, Fortsetzungsromane, Novellen, Feuilletons. Sie wußte, daß ihre hastig verfaßten Texte immer schlechter wurden, bezeichnete sie selber als »Schmarrn«. Ein andermal schrieb sie an ihren Freund Carneri: »Ich finde das Buch vielleicht nicht langweilig, aber nicht gut. Steht hinter ›Die Waffen nieder‹ um 99 % zurück, weil kein zwingender großer Gedanke es durchzieht [...].« Sie ließ alte Werke nachdrucken und zwang sich jedes Jahr ein neues Buch ab, um zu Geld zu kommen. Ihre Gebrauchskunst konnte sich im Umkreis einer Literatur der Moderne, die in Wien große Beachtung fand, nicht mehr behaupten, und das wußte auch Bertha von Suttner.
Neben der schwierigen finanziellen Situation litt die alternde Frau unter einer Beziehung, die der sieben Jahre jüngere Ehemann mit der jungen Nichte Marie Louise Suttner hatte. Als sie feststellen mußte, daß sie gegen die Liebe der beiden nichts ausrichtete, versuchte sie ihre Eifersucht zu beherrschen und die Beziehung zu tolerieren, die bis zum Tod Arthurs im Jahre 1902 andauerte. Die Leiche des 52jährigen Barons wurde über die Grenze nach Gotha gebracht, da die Einäscherung in der Habsburgermonarchie nicht erlaubt war.
Unermüdlich setzte Bertha von Suttner ihren Kampf für den Frieden fort, der 1905 immerhin in der Verleihung des Friedensnobelpreises öffentliche Anerkennung fand. Aber sie beobachtete auch, daß der Nationalismus an politischer Macht gewann, die Rüstungspolitik vorangetrieben wurde. 1912 machte sie eine Vortragsreise durch die Vereinigten Staaten, wo sie vor dem drohenden Weltkrieg in Europa warnte und Geld sammelte: »Wir brauchen Fonds, um in den Vordergrund zu gelangen, uns Gehör zu erlangen, um die wahren Tatsachen zu veröffentlichen, die das zensurierte Europa verschweigt. Wir müssen imstande sein, die Wahrheit durch die Presse zu verkünden, die ja gegenwärtig zum größten Teil für den Militarismus, ja sogar für den Krieg eintritt.«
Bertha von Suttner war nicht nur eine engagierte Friedenskämpferin, sondern auch eine Mitstreiterin der Frauenbewegung. Kurz vor ihrem Tod und kurz vor dem Ausbruch des Ersten Weltkriegs, der von einer Kriegsbegeisterung ungeahnten Ausmaßes begleitet war,

schrieb Bertha von Suttner in einem Brief an den »Frauenbund der deutschen Friedensgesellschaft«: »Es ist durchaus nicht richtig, wie manche behaupten, die in der Friedensbewegung nur eine unmännliche Sentimentalität sehen, daß alle Frauen von Natur aus dem Krieg abhold sind. – Nein, nur die fortschrittlich gesinnten Frauen, nur solche, die sich zu sozialem Denken erzogen haben, sind es, die die Kraft haben, sich von dem Banne tausendjähriger Institutionen zu befreien, und zugleich die Kraft aufbringen, dieselben zu bekämpfen.«

Im Gegensatz zu jenen Frauenrechtlerinnen, die einen feministischen Pazifismus vertraten, gab Bertha von Suttner zu bedenken, daß es »Frauengruppen sind, die Sammlungen für Torpedoboote einleiten« und »Mütter die besten Kunden der Bleisoldatenfabriken« sind. Ebenso wie in ihrem Essayband *Das Maschinenalter* äußerte sie in zahlreichen Schriften, daß sie nichts von einer biologischen/natürlichen Friedfertigkeit der Frauen halte und beide Geschlechter für den Frieden kämpfen müßten.

Und dennoch mußte sie erleben, daß sie selbst als »Friedensbertha« und die Friedensbewegung immer wieder als »weibisch« diffamiert wurden. Die ablehnende Haltung kam aus ideologisch durchaus entgegengesetzten Lagern und reichte von Felix Dahn über Rainer Maria Rilke bis zu Karl Kraus und Carl von Ossietzky.

Die österreichische Öffentlichkeit verhielt sich der Friedenskämpferin gegenüber reserviert. Selbst zu ihrem 70. Geburtstag wurde ihr keine offizielle Ehrung zuteil. Sie nahm den Tag zum Anlaß für die Neufassung ihres Testaments, in dem sie verfügte, daß sie, wie ihr Mann, in Gotha eingeäschert werden wollte. Sie starb an Magenkrebs am 21. Juni 1914, sieben Tage, bevor in Sarajevo die Schüsse fielen, die den Ersten Weltkrieg einleiteten.

# Bertha von Suttner

## *Eine Baronin auf dem Schlachtfeld*

Der Zug hielt. Mühsam und zitternd stieg ich aus und nahm mir mein Handgepäck herab. Ich führte mein Handköfferchen bei mir, mit etwas Wäsche für mich und Scharpie und Verbandzeug für den Verwundeten; außerdem eine Reise-Toilettentasche. Die hatte ich so gewohnheitsmäßig mitgenommen, in dem anerzogenen Glauben, daß man gar nicht sein könne, ohne die silbernen Büchsen und Kapseln, die Seifen und Wasser, die Bürsten und Kämme. Reinlichkeit – diese Tugend des Körpers, dasselbe, was Ehrlichkeit für die Seele – diese zweite Natur des Kulturmenschen: wie mußte ich jetzt erst erfahren, daß darauf in solchen Zeiten ganz verzichtet werden muß. Nun ja – es ist ja nur folgerichtig: der Krieg ist die Verneinung der Kultur, also müssen durch ihn alle Errungenschaften der Kultur wegfallen; ein Rückschlag in die Wildheit ist er, also muß er alles Wilde im Gefolge haben – darunter auch jenes, den Edelmenschen so furchtbar verhaßte Ding: *den Schmutz.*

Die Kiste mit Material für die Spitäler, die ich in Wien für Doktor Bresser besorgt hatte, war mit den anderen Kisten des Hilfskomitees aufgegeben worden – wer weiß, wann und wo dieselbe abgeliefert wurde? Ich hatte nichts bei mir als meine zwei Stück Handgepäck und ein umgehängtes Geldtäschchen, welches mit einigen Hundertguldennoten gefüllt war. Schwankenden Schrittes ging ich über die Schienen nach dem Perron. Dort herrschte, trotz der späten Stunde, dasselbe Gewühl wie auf den anderen Stationen, und immer dasselbe Bild: Verwundete – Verwundete. Nein, nicht dasselbe Bild: ärger noch. Königinhof war ein Ort, der mit diesen Unglücklichen überfüllt war; es gab im ganzen Ort keinen unbelegten Raum, und nun hatte man die Kranken scharenweise zur Eisenbahn gebracht, wo sie, ganz notdürftig verbunden, überall umherlagen, auf der Erde, auf den Steinen …

Es war eine finstere, mondlose Nacht; der Schauplatz war nur durch drei oder vier an Pfählen befindliche Laternen beleuchtet. Erschöpft und schlaf-, beinahe todesschlafbedürftig, sank ich auf die freie Ecke einer Bank und legte mein Gepäck vor mir auf den Boden. Ich hatte vorerst nicht den Mut, mich umzusehen, ob unter den vielen Menschen, die hier geschäftig hin und her schossen, auch Doktor Bresser sei. Fast war ich überzeugt, daß ich ihn nicht finden würde.

Es gab ja zehn Chancen gegen eine, daß er verhindert worden zu kommen, oder daß er zu einer anderen als zur bezeichneten Stunde hier einträfe; einen regelmäßigen Verkehr gab es ja überhaupt nicht mehr: mein Zug war gewiß viel später eingetroffen als in der Fahrordnung verzeichnet stand. Ordnung: auch ein Kulturbegriff – mit dem war ja ringsum gleichfalls gebrochen ... Mein Unternehmen erschien mir jetzt als ein wahnwitziges. Dieses vermeintliche Rufen Friedrichs – glaubte ich denn sonst an derlei mystische Dinge? – es entbehrte sicher aller Begründung. Wer weiß – vielleicht war Friedrich auf dem Weg nach Hause – vielleicht auch tot – warum suchte ich ihn hier? Eine andere Stimme begann jetzt nach mir zu rufen, andere Arme breiteten sich mir entgegen: Rudolf, mein Sohn – wie würde er nach der »Mama« gefragt haben und nicht haben einschlafen können, ohne den mütterlichen Gutenachtkuß ... Wohin würde ich mich hier wenden, wenn ich Bresser nicht fände? Und die Hoffnung, ihn zu finden, war mir plötzlich so gering geworden, wie unter Hunderttausenden von Losen die Hoffnung auf einen Haupttreffer. Zum Glück hatte ich mein Täschchen mit dem Gelde – der Besitz von Banknoten bietet immer Auskunftsmittel. Unwillkürlich griff ich an die Stelle, wo das Täschchen hängen sollte ... Großer Gott! Der Riemen, an welchem es befestigt gewesen, abgerissen – das Täschchen fort – verloren! ... Welcher Schlag! Und doch – ich brachte es zu keiner Anklage gegen das Schicksal; ich vermochte nicht, zu jammern: »Zufall, wie hart triffst du mich«, denn in einer Zeit, wo rings das Unglück hagelte, über das eigene Unglückchen klagen, da hätte man vor sich selber sich seiner Selbstsucht schämen müssen. Und zudem: für mich gab es nur eine schreckliche Möglichkeit: Friedrichs Tod – alles andere war nichts.
Ich musterte alle Anwesenden: kein Doktor Bresser.
Was nun? An wen mich wenden? Ich hielt einen Vorübergehenden an: »Wo kann ich den Stationschef finden?«
»Sie meinen den Dirigenten der hiesigen Krankenstation, Stabsarzt S.? Dort steht er.«
Den hatte ich zwar nicht gemeint, aber vielleicht konnte er mir Auskunft über Doktor Bresser geben. Ich näherte mich der bezeichneten Stelle. Der Stabsarzt sprach eben mit einem vor ihm stehenden Herrn:
»Es ist ein Elend«, hörte ich ihn sagen. »Man hat hier und in Turnau Depots für alle Hospitäler des Kriegsschauplatzes errichtet; die Gaben strömen massenhaft zu – Wäsche, Lebensmittel, Verbandzeug so viel man will – aber was damit beginnen? Wie abladen – wie sor-

tieren – wie weitersenden? Es fehlt uns an Händen – wir würden hundert rührige Beamte brauchen –«
Schon wollte ich den Stabsarzt ansprechen, als ich einen Mann auf ihn zueilen sah, in dem ich – o Freude – Doktor Bresser erkannte. In meiner Erregung fiel ich dem alten Hausfreund um den Hals.
»Sie? Sie, Baronin Tilling? Was machen Sie denn hier?«
»Ich bin gekommen zu helfen, zu helfen ... Ist Friedrich nicht in einem Ihrer Spitäler?«
»Ich habe ihn nicht gesehen.«
War mir diese Nachricht Enttäuschung oder Erleichterung? – Ich weiß es nicht. Er war nicht da ... also entweder tot oder unversehrt ... übrigens, Bresser konnte unmöglich alle Verwundeten der Umgebung erkannt haben – ich mußte selber alle Lazarette absuchen.
»Und Frau Simon?« fragte ich weiter.
»Die ist schon seit mehreren Stunden hier ... eine herrliche Frau. Rasch entschlossen, umsichtig ... Jetzt ist sie eben beschäftigt, die hier liegenden Verwundeten in leerstehenden Eisenbahnwaggons unterzubringen. Sie hat erfahren, daß in einem nahen Orte – in Horonewos – die Not am größten sei. Dort will sie hinfahren, und ich begleite sie.«
»Ich auch, Doktor Bresser! Lassen Sie mich mitkommen ...«
»Wo denken Sie hin, Baronin Martha? Sie, so zart und verwöhnt – derlei harte, bitterharte Arbeit –«
»Was soll ich sonst hier tun?« unterbrach ich. »Wenn Sie mein Freund sind, Doktor, helfen Sie mir, mein Vorhaben ausführen ... ich will ja alles tun, jeden Dienst verrichten ... Stellen Sie mich der Frau Simon als freiwillige Krankenpflegerin vor und nehmen Sie mich mit – aus Barmherzigkeit nehmen Sie mich mit!«
»Wohlan, Ihr Wille geschehe. Da ist die tapfere Frau – kommen Sie ...«

Als mich Doktor Bresser zu Frau Simon geführt und mich derselben als Krankenpflegerin vorstellte, nickte sie mit dem Kopfe, wandte sich aber sogleich wieder ab, um einen Befehl zu erteilen. Ihre Züge konnte ich in dem zweifelhaften Lichte nicht erkennen.
Fünf Minuten später waren wir auf der Fahrt nach Horonewos. Ein Leiterwagen, der eben von dort Verwundete gebracht, diente uns als Fahrgelegenheit. Wir saßen auf dem Stroh, das vielleicht noch blutig war von der vorigen Fracht. Der Soldat, welcher neben dem Kutscher saß, hielt eine Laterne, welche unsteten Schein auf unsere Straße warf. »Böser Traum – böser Traum«; immer mehr und mehr

hatte ich den Eindruck, einen solchen durchzumachen. Das einzige, was mich an die Wirklichkeit meiner Lage mahnte und was mir zugleich eine Beruhigung war, war Doktor Bressers Nähe. Ich hatte meine Hand in die seine gelegt, und sein anderer Arm unterstützte mich. […]

Wieder bog der Wagen um eine Straßenecke.
»Hier sind wir, das ist Horonewos«, hörte ich den Doktor sagen, und er befahl dem Kutscher, zu halten. […]
Endlich dämmerte der Morgen. Jetzt konnte gehandelt werden. Frau Simon und Doktor Bresser machten sich neuerdings auf den Weg, um vielleicht doch noch einige der versteckten Dorfbewohner aufzustöbern. Es gelang. Aus den Trümmern krochen hier und da ein paar Bauern hervor – zuerst störrisch und mißtrauisch; als jedoch Doktor Bresser sie in ihrer Muttersprache anredete, und Frau Simon mit ihrer sanften Stimme ihnen zusetzte, ließen sie sich herbei, ihre Dienste zu leihen. Es hieß vor allem, noch sämtliche anderen versteckten Einwohner auftreiben, damit sie bei der Arbeit behilflich seien: die umherliegenden Toten begraben, die Brunnen instand setzen und für die Lebenden Wasser zu schöpfen; die auf den Wegen zerstreuten Feldkessel zusammensuchen, um Geschirre zu schaffen; die Tornister der Gestorbenen und Gefallenen ausleeren und die darin befindliche Wäsche für die Verwundeten verwenden. Jetzt kam auch ein preußischer Stabsarzt mit Leuten und Hilfsmitteln an – und so konnte endlich mit einigem Erfolg darangegangen werden, den Unglücklichen Hilfe zu bringen. Nun war auch für mich der Augenblick gekommen, da ich vielleicht denjenigen finden würde, auf dessen vermeintlichen Ruf ich die unselige Fahrt unternommen; dieser Gedanke peitschte meine gebrochenen Kräfte wieder einigermaßen auf.
Frau Simon begab sich in Begleitung des preußischen Stabsarztes vorerst in das Schloß, wo die meisten Verwundeten lagen. Doktor Bresser wollte die übrigen Räume des Dorfes durchsuchen. Ich zog es vor, mich dem Freunde anzuschließen und ging mit diesem. Daß Friedrich in dem Schlosse nicht lag, hatte der Doktor bereits auf einem früheren Rundgang konstatiert.
Wir hatten kaum hundert Schritte gemacht, als laute Klagerufe an unser Ohr schlugen. Dieselben drangen aus dem offenen Tor der kleinen Dorfkirche. Wir traten ein. Über hundert Menschen lagen auf dem harten Steinboden – schwerverwundet, verstümmelt. Fiebernden und irrenden Blickes schrieen und jammerten sie nach

Wasser. Schon an der Schwelle war mir zum Umsinken – ich schritt aber dennoch die Reihen durch: Ich suchte ja Friedrich … Er war nicht da.
Bresser mit seinen Leuten machte sich bei den Armen zu schaffen: ich stützte mich an einen Seitenaltar und blickte mit unnennbarem Schaudern auf das Jammerbild.
Und das war der Tempel des Gottes der ewigen Liebe – das waren die wundertätigen Heiligen, welche da in den Nischen und an den Wänden fromm die Hände falteten und ihre Köpfe unter dem goldstrahlenden Glorienschein emporhoben? …
»O Mutter Gottes, heilige Mutter Gottes … einen Tropfen Wasser … erbarme dich!« hörte ich einen armen Soldaten flehen. Das hatte er zu dem buntbemalten, tauben Bilde wohl schon tagelang vergebens gebetet. – O ihr armen Menschen, ehe ihr nicht dem Gebot der Liebe gehorcht, das ein Gott in eure Herzen gelegt hat, werdet ihr immer vergebens die Liebe Gottes anrufen – solange unter euch die Grausamkeit nicht überwunden ist, habt ihr von himmlischem Mitleid nichts zu hoffen …

Was ich an diesem selben Tage noch alles sehen und erfahren mußte! Nicht wiedererzählen, das wäre freilich das einfachste und verlockendste. Man schließt die Augen und wendet den Kopf ab, wenn gar zu Grauenhaftes sich ereignet – auch das Gedächtnis hat die Fähigkeit zu solchem Augenschließen. Wenn doch nichts mehr zu helfen ist – was läßt sich an der starren Vergangenheit ändern? – wozu sich und die anderen mit dem Wühlen im Entsetzlichen quälen? […]
Wie in Horonewos, so hatte die Hölle noch in vielen anderen der umliegenden Ortschaften ihre Filialen. So war es in Speti, in Hradek, in Problus. So in Pardubitz, wo, als es die ersten Preußen besetzten … über tausend Schwerverwundete, Operierte und Amputierte herumlagen, teils sterbend, teils schon gestorben, Leichen zwischen Verscheidenden und solchen, welche ihr Ende ersehnten. Viele nur in blutigen Hemden, daß man nicht einmal wissen konnte, welchen Landes Kinder sie waren. Alle die, welche noch Spuren des Lebens in sich trugen, schreiend nach Wasser und Brot, sich krümmend unter den Schmerzen ihrer Wunden, und um den Tod gleichwie um eine Wohltat flehend. […]
»… In Masloved«, – so erzählte Frau Simon – »ein Ort von ungefähr fünfzig Nummern, lagen – acht Tage nach der Schlacht – 700 Verwundete – Nicht sowohl ihr Jammergeschrei als ihre trostlose

Verlassenheit drangen zum Himmel empor. In einer einzigen Scheune waren allein 60 dieser Unglücklichen aufgeschichtet. Eine jede ihrer Wunden war an sich schon schwer, durch den hilflosen Zustand, den Mangel an Pflege und Nahrung waren dieselben hoffnungslos geworden; fast alle waren brandig. Zerschossene Glieder bildeten nur noch faulende Fleischstücke, Gesichter nur noch eine mit Schmutz bedeckte, zerronnene Blutmasse, in welcher eine unförmliche schwarze Öffnung den Mund vorstellte, welchem gräßliche Töne entquollen. Die fortschreitende Verwesung trennte ganz abgestorbene Teile von diesen elenden Körpern. Lebendige liegen neben Toten gebettet, die in Fäulnis überzugehen beginnen und für welche die Würmer sich rüsten.
Diese sechzig Menschen, sowie der größte Teil der übrigen, lagen seit einer Woche auf derselben Stelle. Ihre Wunden waren entweder gar nicht, oder nur in unzureichender Weise verbunden worden; seit dem Tage der Schlacht lagen sie, unfähig, sich von der Stelle zu bewegen, nur mangelhaft genährt, ohne hinreichendes Wasser. Unter sich ein durch Blut und Unrat faulendes Lager, so verbrachten sie acht Tage! Lebendige Leichname, durch deren zuckende Glieder eine vergiftete Blutwelle nur noch träge ihren Umlauf vollendet. Sie hatten noch nicht sterben können, und doch – wie durften sie je erwarten, je wieder lebendig zu werden? Was ist dabei des Staunens werter« – beschloß Frau Simon diesen Bericht – »die unendliche Lebenskraft der menschlichen Natur, welche da erduldet, und noch zu atmen vermag, oder der Mangel an zureichender Hilfe?«
Das staunenswerteste ist – will mich bedünken –, daß Menschen einander in solche Lage bringen, daß Menschen, die so etwas gesehen, nicht kniend hinsinken und den leidenschaftlichen Eid schwören, gegen den Krieg zu kriegen: daß sie nicht – wenn sie Fürsten sind – das Schwert von sich schleudern oder – wenn sie keine Macht besitzen – nicht fortan ihr ganzes Wirken, in Wort und Schrift, in Denken, Lehren und Handeln dem einen Ziele widmen: Die Waffen nieder!

Frau Simon – sie nannten sie die »Lazarett-Mutter« – war eine Heldin. Wochenlang hatte sie in jenen Gegenden geweilt und alle Drangsale und Gefahren ertragen. Hunderte sind durch sie gerettet worden. Tag und Nacht arbeitete, schaffte, befehligte sie. Bald verrichtete sie die demütigsten Dienste an den Krankenlagern, bald kommandierte sie Transporte oder requirierte Lebensmittel. Wenn sie an einem Orte Hilfe geschafft, so eilte sie ohne Rast an einen

anderen; sie ließ aus Dresden eine reiche Sendung kommen und führte dieselbe, trotz allen entgegenstehenden Schwierigkeiten, nach den Punkten, welche der Hilfe bedurften; sie übernahm die Vertretung der patriotischen Vereine auf böhmischem Boden und errang sich da eine Stellung gleich derjenigen, welche Florence Nightingale in der Krim eingenommen.
Und ich? Gebrochen, trostlos, von Schmerz und Ekel überwältigt – nichts habe ich zu helfen vermocht. Schon in der Kirche – unsere erste Etappe – fiel ich auf den Stufen jenes Marienaltars erschöpft zusammen, und Doktor Bresser hatte alle Mühe, mich wieder aufzurichten. Von dort schleppte ich mich an seiner Seite eine Strecke weiter, und wir kamen in eine solche Scheune, welche ein Bild bot, wie es Frau Simon beschrieben. In der Kirche wenigstens war ein weiter Raum, wo die Unglücklichen nebeneinander lagen, hier aber waren sie auf- und ineinander geschichtet – haufen- und knäuelweise; in die Kirche waren doch Pflegende – vielleicht ein durchmarschierendes Sanitätskorps – gekommen, welche zwar mangelhafte, aber doch einige Hilfe geboten hatten; hier aber waren lauter ganz ungefunden Gebliebene – eine krabbelnde, wimmernde Masse halbverfaulter Menschenreste ... Erstickender Ekel packte mich an der Kehle, bitterster Jammer am Herzen – mir war, als fühlte ich letzteres entzweibrechen – und ich stieß einen gellenden Schrei aus. Dieser Schrei ist das letzte, was mir von jener Szene in Erinnerung geblieben.

Als ich wieder zur Besinnung kam, befand ich mich in einem fahrenden Eisenbahnwagen. Mir gegenüber saß Doktor Bresser. Als er gewahrte, daß ich die Augen geöffnet und erstaunt und forschend um mich schaute, ergriff er meine Hand.
»Ja, ja, Frau Martha« , sagte er, »dies ist ein Coupé zweiter Klasse – Sie träumen nicht. Sie sind hier in Gesellschaft einiger leichtverwundeter Offiziere und Ihres Freundes Bresser, und wir fahren nach Wien.«
So war es. Der Doktor hatte einen Transport Verwundeter von Horonewos nach Königinhof gebracht, und von dort war ihm ein anderer Transport zur Beförderung nach Wien anvertraut worden. Mich Ohnmächtige – in der doppelten Bedeutung des Wortes ohnmächtig – hatte er mitgenommen und brachte mich nach Hause. Ich hatte mich auf jenen Stätten des Elends als völlig unnütz und unfähig erwiesen, als ein Hindernis und eine Bürde; Frau Simon war sehr froh, als Doktor Bresser mich fortschaffte. Und ich mußte zugeben, daß es so am besten war.

**Wanda von Sacher-Masoch**
**1845–1906**

Mit dem Namen Wanda von Dunajew unterzeichnete Angelika Aurora Rümelin ihre Briefe an den »Herrn Doktor«, den bereits berühmten Dichter Leopold von Sacher-Masoch, der zu dieser Zeit noch mit der jungen Schauspielerin Jenny Frauenthal verlobt war. Sie schrieb ihm diese nach der begeisterten Lektüre seines Buches »Das Vermächtnis Kains« und des Romans »Die geschiedene Frau« und bot sich als ideale Verkörperung der Heldin Wanda von Dunajew aus seiner Novelle »Venus im Pelz« an.

»Doktor, ein Dämon rast in mir! Ich weiß nicht, ist es Liebe oder Haß, was mich zwingt, Sie zu meinen Füßen zu sehen, vergehend in Lust und Weh! – Sterben möchte ich Sie sehen vor Verlangen, o, während ich dies schreibe, bebt mein Herz in der Erwartung –« heißt es in einem Brief vom 18. April 1872.

Aurora Rümelin bemühte sich – mit wechselndem Erfolg –, von ihren ersten Briefen bis zum Ende ihrer Ehe mit Leopold von Sacher-Masoch, seinem Idealbild der grausamen Frau zu entsprechen – in ihrem Leben wie in ihrem Schreiben. Auch als Ehefrau nahm sie den Namen Wanda an, als Schriftstellerin wählte sie zunächst das Pseudonym Wanda von Dunajew, bis sie schließlich als Wanda von Sacher-Masoch an die Öffentlichkeit trat.

Auf untrennbare Weise vermischten sich in der Beziehung zwischen Wanda und Leopold von Sacher-Masoch Phantasie und Wirklichkeit, Literatur und Leben. Ihre Liebesversuche erscheinen als Inszenierungen der eigenen Texte, und es ist gleichgültig, ob es sich um belletristische Werke oder Briefe handelt. Doch die erfundenen Geschichten lassen sich nur mit Mühe in gelebtes Leben verwandeln.

Leopold von Sacher-Masoch war fasziniert von den phantasievollen Briefen, in denen sich Aurora Rümelin als aristokratische Ehefrau ausgab, deren höchstes Glück es wäre, den Geliebten zum Sklaven zu machen. Er glaubte in der geheimnisvollen Briefschreiberin endlich jene grausame Frau gefunden zu haben, die er in seinen Büchern immer wieder entworfen hatte.

Doch Aurora Rümelin war keine aristokratische Ehefrau, sondern eine bürgerliche, verarmte, ledige Frau von 26 Jahren, die sich wahrscheinlich nach einer Heirat sehnte. Sie wurde 1845 als Tochter einer Beamtenfamilie in Graz geboren. Nach einer eher unbeschwerten Kindheit trennten sich die Eltern, und Mutter und Tochter hatten Mühe, den Lebensunterhalt mit Näharbeiten zu verdienen. In ihrer *Lebensbeichte* (1906) entwarf die Schriftstellerin ein Bild äußerster Armut und Trostlosigkeit, ein Leben, das nur durch das Lesen erträglich wurde: »Das Lesen ersetzte mir, was mir früher meine

Träume waren: es lenkte meine Gedanken vom eigenen Leben ab.« Dagegen heißt es in Carl Felix Schlichtegrolls Antwort auf Wandas *Beichte*: »Ihre korpulente Mutter war Inhaberin einer Tabaktrafik und Sodawasserbude geworden. Die gute Tochter half ihr fleißig und geschickt beim Bedienen der Kunden und erwarb sich hierdurch, wie glaubhaft versichert wird, den Namen einer ›Sodaliske‹.« Es ist schwierig, aus einer »Beichte«, die vom Ende eines Lebens zurückblickt, aus gedruckten Tagebüchern und Briefen, deren Manuskripte noch dazu verloren sind, die »wahre« Beziehungsgeschichte zwischen Wanda und Leopold von Sacher-Masoch zu rekonstruieren. Es muß eine Konstruktion bleiben, die Dokumente sind spärlich.

Carl Felix von Schlichtegroll, der Biograph Leopolds, versuchte »Wanda ohne Maske und Pelz« zu zeigen und ihren »verlogenen« Schilderungen seine »Wahrheit« gegenüberzustellen. Er hielt ihr Buch für eine einzige Ansammlung von Lügen und versuchte Leopold von Sacher-Masochs Sichtweise darzulegen, indem er aus Tagebüchern und Briefen zitierte, die er allerdings auch erfunden haben könnte. So setzt sich der unauflösliche Kreis zwischen Fiktion und Wirklichkeit, der schon die Beziehung bestimmt hatte, bis heute fort.

Leopold von Sacher-Masoch hielt die aristokratische Briefschreiberin, die anfänglich nur den Briefwechsel mit dem Dichter in der Nachfolge einer Bekannten, Emilie Frischauer, fortsetzte, für eine literarische Begabung. Er bat darum, ihr Talent weiter ausbilden zu dürfen, eine Geste, die er im Briefwechsel mit Emilie Mataja wiederholte, während er schon mit Wanda verheiratet war. Doch im Gegensatz zu ihr, die sich nur teilweise anpaßte, wurde Aurora Rümelin zur gelehrigen Schülerin.

Bereits während ihres Briefwechsels verfaßte sie kleine Feuilletons und Novellen, die ihr – von ihm erfolgreich an Zeitschriften vermittelt – einige Gulden brachten, und noch vor ihrer Heirat erschien ihr erster Roman: »Ich hörte auf, Handschuhe zu nähen, und begann einen kleinen Roman. In drei Monaten war er beendet und ich erhielt dafür dreihundert Gulden.« Angesichts ihrer materiellen Lage war es nicht verwunderlich, daß Wanda ihr eigenes Schreiben von Beginn an auch unter dem Aspekt des Gelderwerbs sah.

Mittlerweile hatte Leopold von Sacher-Masoch die Verlobung mit Jenny Frauenthal gelöst, die in den Briefen immer wieder ersehnte Begegnung von Wanda von Dunajew und Leopold von Sacher-Masoch rückte näher und entfaltete sich in theatralischem Stil. Die

Illusion der aristokratischen Ehefrau blieb aufrecht, mehrere Pseudonyme – Hero, Alice – verrätselten die Identität noch mehr. Die ersten Treffen fanden mit Masken auf der Straße statt, dann begegneten sie einander bei einer Redoute – Wanda im Kostüm eines Dominos. Schließlich kam sie endlich, verschleiert, mit zu ihm in die Wohnung. Am 3. April 1872, schreibt Schlichtegroll, ist das »Vorspiel zu Ende«, und es beginnt die erste Szene einer »langen Tragödie«: Ohne Maske und ohne Schleier erschien Wanda in Leopolds Wohnung und schlug ihn »mit ihrer wunderbaren Hand« zum ersten Mal, wenn seinen Tagebuchaufzeichnungen Glauben geschenkt werden kann.
Am 13. Juni 1872 »setzte der Unselige folgende Worte unter das (erste) ihm aufoktroyierte Dokument«, wie es bei Schlichtegroll heißt: »Ich verpflichte mich mit meinem Ehrenworte, der Sklave der Frau Wanda von Dunajew zu sein, ganz so, wie sie es verlangt, und mich Allem, was sie über mich verhängt, ohne Widerstand zu unterwerfen. Dr. Leopold Ritter von Sacher-Masoch.«
Von nun an richtete sie ihre Briefe an den »geliebten Sklaven« und unterzeichnete sie mit »Deine Herrin«. Die Rollen im gemeinsamen Liebesspiel waren nun vertraglich festgelegt: Wanda von Sacher-Masoch hatte den zweiseitigen Vertrag selbst entworfen. Doch im Jänner 1873 eröffnete sie ihm, daß sie schwanger war. Sie zogen von Graz nach Wien, bereits eine Woche nach der Geburt starb der gemeinsame Sohn. Dieser Tod bot ihr den letzten Anlaß, Leopold von Sacher-Masoch ihre wahre Herkunft als »kohlensaure Jungfrau« und »Sodaliske« zu gestehen. Er war ganz beglückt und beteuerte, daß er immer eine arme Frau hatte heiraten wollen, der er das Glück bringen konnte.
Die Sacher-Masochs übersiedelten nach Bruck an der Mur in der Steiermark, und im Oktober des Jahres ließ Leopold von Sacher-Masoch in der »Tagespost« seine Vermählung mit der »Baronesse von Rümelin« anzeigen. Er hatte Spaß daran, die aristokratische Fiktion seiner Gattin aufrechtzuerhalten.
Leopold von Sacher-Masoch vervielfältigte in seinen Werken beinahe zwanghaft das Bild der grausamen Frau, das er in der Novelle »Venus im Pelz« entworfen hatte. Die fast immer aristokratische Frau trägt einen Pelz beziehungsweise eine pelzgefütterte Kazabaika – eine Hausjacke –, die Peitsche ist ihr Accessoire. Pelz und Peitsche sind Fetische, die den Masochisten auch als Fetischisten kennzeichnen. Der Frau gegenüber steht ein sinnlicher, liebender Sklave, der sich danach sehnt, von seiner Herrin gepeitscht und

bestraft zu werden. In der Theatralik der scheinbaren Versklavung und rituellen Bestrafung wird sichtbar, daß der Mann seine Sexualität auf das Bild der Frau verschiebt. Als weiteres fixes Handlungselement der Geschichten wiederholt sich die Suche nach dem »Griechen«, mit dem die Frau den Sklaven betrügen soll. Doch mit dem vermeintlich höchsten Genuß des Masochisten endet dann das Schauspiel: die Romane sind zu Ende.

Was passiert, wenn man Literatur unbedingt leben möchte, zeigte sich im weiteren Verlauf der Beziehung zwischen Wanda und Leopold von Sacher-Masoch. Der masochistische Vertrag ließ sich nicht leicht in einen Ehevertrag überführen. Denn als die Herrin den »Griechen« endlich gefunden hatte, mit dem sie schließlich ihren Sklaven betrog, war die Ehe zu Ende, und Wanda wurde schuldig geschieden. Zunächst allerdings gab sich die Ehefrau – wie erwähnt – alle Mühe.

Doch Wanda von Sacher-Masoch »beichtet« von den bald eintretenden Ermüdungserscheinungen beim immer wiederkehrenden Spiel als grausame Frau. Die Inszenierungen schienen ihr oft ebenso schwerzufallen wie den Heldinnen seiner Romane. Ihre Schilderungen der ritualisierten Peitschszenen in der ehelichen Wohnung und der diversen Geschenke sind weniger geprägt von Erotik oder sexueller Lust, sondern eher von einer gewissen Tragikomik. Auch in Sachen Mode mußte sich Wanda den Wünschen ihres Ehemannes beugen, die sie meist geradezu lächerlich aussehen ließen: »Es gehörte zu den Manien meines Mannes, von Zeit zu Zeit Toiletten für mich zu ›dichten‹, die mich zur Verzweiflung brachten, eine Verzweiflung, die ich mich aber wohl hütete ihn merken zu lassen. So trug ich in jenem Winter ein spinatgrünes Kleid, dazu eine rote Tuchjacke mit schwarzen Samtaufschlägen, wie sie die Postillone tragen, und eine Dragonermütze, gleichfalls von schwarzem Samt und mit Hermelin besetzt.« Die sexuellen Phantasien des Ehemannes standen jedoch in Gegensatz zu dem kleinbürgerlichen Leben, das Wanda und Leopold von Sacher-Masoch in Bruck an der Mur führten.

Wanda erhoffte sich von der Verkörperung des Ideals seine Heilung – er versprach ihr, daß keine grausamen Frauen mehr in seinen Texten auftreten würden – , es blieb vergebliche Liebesmühe. Aber nicht nur das Peitschen, auch das eigene Schreiben interpretierte sie im Rückblick als Liebesdienst: »Meine Arbeit sollte meinem Manne zur Freude und zum Vergnügen werden, deshalb mußten es ›grausame‹ Geschichten sein, die ich schrieb. Um mich in die richtige Stimmung zu bringen, war es nötig, daß ich eine Pelzjacke anzog

und eine große Hundepeitsche vor mir auf dem Tisch lag.« Nicht weniger wichtig dürfte allerdings gewesen sein, daß sie mit ihren Geschichten, die in verschiedenen Zeitungen publiziert worden waren, nicht unwesentlich zum Familieneinkommen beigetragen hat, denn allzuoft war die finanzielle Situation katastrophal.
Alle ihre in Buchform erschienenen Prosatexte signalisieren bereits im Titel den Bezug zu den Werken ihres Mannes: *Der Roman einer tugendhaften Frau. Ein Gegenstück zur ›geschiedenen Frau‹ von Sacher-Masoch* (1873), *Echter Hermelin. Geschichten aus der vornehmen Welt* (1879) und *Die Damen im Pelz* (1881, 1882). Doch ihre Bücher sind keine Verdoppelungen seiner Texte, wenn auch die Autorschaft in manchen Fällen bei der Serienproduktion von Geschichten beider Partner nicht immer gesichert erscheint. Manchmal tauchen in seinen Sammlungen Titel auf, die auch in ihren Bänden zu finden sind. Während Leopold den Roman einer »geschiedenen Frau« verfaßte, suchte sie das Gegenstück vorzulegen, seinen Geschichten aus der Bühnenwelt unter dem Titel »Falscher Hermelin« setzte sie den *Echten Hermelin* entgegen, und die »Venus im Pelz« vervielfachte sich in ihrem Zyklus zu irdischen *Damen im Pelz*. Schon die Buchtitel verweisen darauf, daß es oft Gegenentwürfe waren, in denen sie seine Texte aus weiblicher Sicht interpretierte.
Wanda von Sacher-Masoch übernimmt mit dem Bild der grausamen Frau die Sichtweise ihres Mannes, der die natürliche Feindschaft der Geschlechter als Folge gesellschaftlicher Ungleichheit interpretiert. Im Vorwort zu den *Damen im Pelz* heißt es: »Das gesetzlich von allen Rechten des Mannes ausgeschlossene, durch Sitte und Vorurteil unterjochte Weib ist dessen geheime Feindin, und sucht sich, durch List und Verstellungskünste unterstützt, an demselben zu rächen. Nur das dem Manne in jeder Beziehung gleichberechtigte und an Bildung ebenbürtige Weib wird dessen treue, ehrliche und mutige Gefährtin im Kampfe um das Dasein sein.«
Diese partnerschaftliche Beziehung bleibt jedoch Utopie. Der Pelz wird in Wandas Erzählungen ebenfalls zum Symbol weiblicher Macht und Herrschaft, aber ihre Damen mit Pelz und Peitsche wollen sich nicht mehr unterordnen, auch keinen masochistischen Verträgen. Im Vorwort zu ihrem Buch *Echter Hermelin* mit dem Titel *Das Mysterium der Liebe* entwickelte sie das Bild der grausamen Frau aus ihrer Perspektive. Der »krankhaft nervöse Mann der modernen Frau« verlange nach Herrschaft und Qual. Und kommt zum Schluß, daß die Frau nicht lieben darf, denn sobald sie liebt, verfällt sie dem weiblichen Schicksal: Sie wird verlassen.

Der Liebesverrat ist es, den die Frauen in Wanda von Sacher-Masochs Novellen rächen, allerdings können auch sie selbst an ihm zugrunde gehen, sollten sie ihn begangen haben. Doch zumeist sind es die Männer, die auf der Suche nach sexueller Erfüllung ihrer masochistischen Phantasien nach immer neuen Objekten suchen. Die Autorin bringt in ihren Texten die Bestrafung dieser Männer tatsächlich an ihr Ende, und das Ende ist der Tod.

Während Wanda von Sacher-Masoch in ihrem Leben den masochistischen Vertrag zu erfüllen suchte, in dem der Mann der Frau die Rolle der Herrin zuwies, stellte sie in vielen ihrer Geschichten die grausame Frau als Emanzipierte dar, die selbst über ihr Schicksal bestimmen will. Wenn Geschlechterverhältnisse immer Machtverhältnisse sind und es nur die Entscheidung zwischen Herr und Knecht gibt, dann wählt sie die Rolle der Herrin.

Die Herrinnen, die Damen mit Pelz und Peitsche, müssen sich allerdings vor der Liebesfalle hüten, sie sind grausam kalt, weil sie von der Liebe enttäuscht wurden, weil sie sich schützen wollen. Ihre tugendhafte Grausamkeit wird durch ihre gesellschaftliche Unterordnung begründet.

In der Novelle *Warwara Pagadin* entwirft die Autorin »ein russisches Sittenbild«, in der die Utopie einer gleichberechtigten Beziehung zwischen Mann und Frau mit der Notwendigkeit von politischen und gesellschaftlichen Veränderungen verknüpft wird. Warwara und Semen lieben einander, sie sind Revolutionäre, als äußeres Zeichen schneidet sie sich die Haare kurz, trägt einen Männerhut und Stiefel, sieht aus wie eine »moderne Amazone«. Als Warwara erfährt, daß Semen verhaftet wurde, fährt sie nach Kiew und ermordet schließlich den Polizeimeister. Sie entkommt straflos, weil sie im Sinne des gesellschaftlichen Fortschritts eine moralisch »gute« Handlung setzt.

In ihrem Leben konnte sich Wanda von Sacher-Masoch nur langsam vom Bild der grausamen Frau distanzieren. 1874 und 1875 wurden die zwei Söhne geboren, die Wohnsitze wechselten in den nächsten Jahren mehrmals, sie war Mitarbeiterin ihres Mannes, der mit immer weniger Erfolg seine literarischen Projekte verfolgte, sie arbeitete als Schriftstellerin und spielte Wanda von Dunajew.

Immer wieder betrieb Leopold von Sacher-Masoch die Suche nach dem »Griechen«, gab Inserate auf, antwortete auf Einschaltungen, forderte ihre Prostitution als Opfer, das sie seinem Genie schuldig sei. Doch als diese Suche endlich Erfolg hatte, ist das Ritual an seinem Ende. Die Sacher-Masochs lebten 1882 in Leipzig, er suchte mit

seiner Zeitschriftenrevue »Auf der Höhe« nach Erfolg, als sich der Franzose Armand zu einem Besuch ansagte. Während »der Sklave« Wanda ermunterte, dessen Geliebte zu werden, verliebte sie sich tatsächlich in ihn, das Spiel geriet außer Kontrolle.
Auch für Leopold von Sacher-Masoch kündigte sich eine neue Beziehung an. Während einer einwöchigen Abwesenheit von Wanda trat Hulda Meister, seine Übersetzerin und »rechte Hand«, an ihre Stelle. Mit ihr ging Leopold dann eine zweite Ehe ein, in der noch zwei Töchter geboren wurden, und glaubt man Huldas Erinnerungen, war Sacher-Masoch fortan von seinen masochistischen Phantasien geheilt.
In ihrer Lebensbeichte beschrieb Wanda ihre Rückkehr in die eheliche Wohnung als Augenblick der Befreiung: »Frei! Befreit von der zehnjährigen Qual ... wieder mir selbst angehören, ich selbst sein dürfen ... nie wieder eine Pelzjacke anziehen, nie mehr eine Peitsche zur Hand nehmen ... und kein Wort mehr von der ›Venus im Pelz‹ sprechen hören! Wie eine schwere Rüstung, die ich so viele Jahre getragen, die mich eingeengt, mich an jeder natürlichen Bewegung gehemmt, mich zu verkrüppeln gedroht, fiel die Last von mir und ich mußte mich einen Augenblick hinsetzen, um die Freude dieses Augenblicks, die Genugtuung, daß ich es getan hatte, ganz und in Ruhe genießen zu können.«
Aber die Befreiung stellte sich in der Folge als nicht so einfach dar, wie Wanda es sich vorgestellt hatte. Ein mehrjähriger Kampf um Geld und Kinder begann, und selbst am Tod des Sohnes Alexander, der bei Leopold lebte, wollte der Ehemann Wanda die Schuld zuweisen. Er fühlte sich als der Betrogene, schließlich war sie schuldig geschieden worden.
Wanda von Sacher-Masoch verließ mit dem ihr verbliebenen Sohn Demetrius Leipzig und fuhr über die Schweiz nach Paris. Sie führte dort mit Armand, der als Journalist beim »Figaro« arbeitete, ein aufwendiges Leben, bis sich dieser Armand, der sich später St.-Cère nannte, als »großer Lügner« entpuppte. Auch Leopold von Sacher-Masoch tauchte mit seiner zweiten Frau 1886 noch einmal in ihrem Pariser Leben auf, doch dann zog er sich endgültig nach Lindheim in Hessen zurück, wo er 1895 starb.
Die Jahre mit Armand in Paris und die folgenden ohne ihn in der Schweiz, wo sich Wanda von Sacher-Masoch zurückgezogen ihrer Arbeit und der Erziehung ihres Sohnes widmete, nehmen nur wenig Raum in ihrer Lebensbeichte ein. Tatsächlich verlieren sich ihre Spuren, nicht einmal ihr Todesjahr ist bekannt. 1908 erschien noch

ihre Antwort auf Schlichtegrolls Vernichtung unter dem Titel *Masochismus und Masochisten, ein Nachtrag zur Lebensbeichte,* die als ihr literarisches Vermächtnis gelten kann.
Sie plädierte darin vehement für die freie Liebe und gegen die »faule Institution der Ehe«: »Kein Gesetz soll Frau und Mann mehr binden, nichts als ihr Wille, ihre Liebe und Freundschaft zueinander, kein Gesetz soll mehr die Liebe der Frau zur Pflicht herabwürdigen, sie zum Eigentum des Mannes machen.«

## Wanda von Sacher-Masoch

### *Warwara Pagadin. Ein russisches Sittenbild*

Wie ein großer Gedanke besser in der Stille, in der Einsamkeit reift, so entsteht eine Leidenschaft leichter in kleinen Verhältnissen als mitten im rauschenden Strom des Lebens. Es war ein von der Heerstraße abseits liegendes Dorf in der Ukraine, in welchem Warwara Pagadin den Studenten Semen Pultowski kennenlernte, und ihre Herzen sich für immer fanden. Warwara war die Tochter eines kleinen Gutspächters. Durch eine Freundin, welche in Kiew Medizin studierte und von Zeit zu Zeit zu ihren Eltern zu Besuch kam, wurde ihr die Liebe zur Freiheit eingeimpft und mit dieser der Haß gegen die Tyrannei, gegen das Zarentum, der Drang, sich dem Manne durch Bildung und Arbeit an die Seite zu stellen. Warwara studierte und las unermüdlich und sofort begann sie auch die Früchte ihrer Studien nützlich zu verwerten. Sie nannte sich eine Nihilistin, sie gehörte jener großen, kühnen Partei an, welche in Rußland alles Bestehende zu zerstören sucht, und bis dies gelungen ist, sich damit begnügt, die natürliche Intelligenz des Volkes zu heben, Kenntnisse unter demselben zu verbreiten und die Vorurteile und den Aberglauben, welche es zu einer dem Despotismus des Staates und der Kirche dienstbaren Herde von Sklaven machen, auszurotten.
Dabei war sie allerdings noch soweit ein Weib, daß sie die Umgestaltung der Welt bei sich, bei ihrem Äußeren begann, aber es war gewiß nicht Eitelkeit, welche die Hand des schönen Mädchens führte, als es sich das reiche, blonde Haar, das sie, wenn sie es öffnete, gleich einem goldenen Mantel umgab, abschnitt, und zwar so grausam, so kurz, daß sie fortan vielmehr einem jungen Theologen als einer herzbezwingenden Liebesgöttin gleichsah. Sie ging nur noch in hohen Stiefeln, einem kurzen, schmucklosen Rock, einer schlichten Jacke und einem runden Männerhut umher, das lebendige Bild einer weibliche Gefallsucht verachtenden modernen Amazone. Sie hatte sich genügend mit medizinischen Werken befaßt, um im Dorfe selbst und im Umkreis von mehreren Meilen, so sich kein Doktor befand, mit Erfolg den Arzt und die barmherzige Schwester spielen zu können, aber dies genügte ihr nicht. Sie errichtete im Hause ihres Vaters eine Volksschule, in der sie nicht nur die Kinder, sondern auch Erwachsene unterrichtete; sie lehrte sie lesen, schreiben,

rechnen und brachte ihnen die notwendigsten Begriffe von dem Weltgebäude, den Naturgesetzen, der Erde und ihren Bewohnern sowie von den Schicksalen des Menschengeschlechts bei. Außerdem schrieb sie für Journale und gab den Bauern Winke in bezug auf Landbau und Viehzucht. Zu Pferde, wie ein Mann im Sattel sitzend, durchstreifte sie die Gegend und machte bald in allen Kreisen von sich reden.
Mitten in dieser fieberhaften Tätigkeit traf sie Semen Pultowski, der in Kiew Chemie studierte, im Hause seines Vaters, eines Mauteinnehmers, bei dem er die Osterfeiertage zubrachte. Sie begannen damit, zusammen mit Pistolen nach der Scheibe zu schießen und mit Rapieren zu fechten, und endeten damit, daß sie sich liebten. Bei aller Nüchternheit ihres Strebens und ihrer Ziele wohnte doch in beiden eine glühende Begeisterung für alles Gute und Hohe, und überdies waren sie Naturmenschen und hatten etwas von der Wildheit des kleinrussischen Stammes an sich. Ihre Liebe war daher keine Wahl aus Geschmack, kein verständiges Sichgefallen und auch keine im Mondlicht schwärmende Gefühlsseligkeit, am wenigsten aber ein frivoles Spiel, es war etwas Elementarisches in ihrer Art zu empfinden. Semen kehrte nach Kiew zurück, um seine Studien fortzusetzen, brachte aber dafür die Ferienmonate bei seinen Eltern zu, und der Bund mit dem kühnen, energischen Mädchen schloß sich von Tag zu Tag fester und inniger. Auch Semen Pultowski gehörte der russischen Umsturzpartei an, war in verschiedene Pläne derselben eingeweiht und hatte wiederholt an mehr oder minder gewagten Unternehmungen derselben teilgenommen.
Als ihn im Herbst der Beginn der Studien nach Kiew zurückrief, beteiligte er sich an einer Massendemonstration und wurde mit mehreren anderen Studenten verhaftet.
Warwara Pagadin erfuhr es durch die Zeitung, sie las die betreffende Notiz zweimal, ohne die mindeste Aufregung zu verraten; während sie aber das Blatt faltete und zusammenlegte, war auch schon ihr Entschluß gefaßt. Sie packte einen kleinen Koffer, bestieg die mit zwei kleinen, mageren Pferden bespannte Britschka ihres Vaters, fuhr bis zur nächsten Eisenbahnstation und war am nächsten Morgen in Kiew.
Was sie hier suchte und wollte, darüber konnte sie sich selbst keine Rechenschaft geben, aber sie fühlte, daß sie da notwendig war. Es war ein geheimnisvoller, fatalistischer Zug, der sie vorwärts trieb.
Sie mietete ein Zimmer bei einer Offizierswitwe, packte aus und das erste, was sie dann suchte, war Arbeit. Sie fand gleich in den ersten

Tagen eine Stelle in einem kleinen, aber eleganten Geschäft, in dem man Handschuhe und Krawatten verkaufte. Wäre Warwara einigermaßen erfahren gewesen, so wäre ihr nicht nur manches, sondern geradezu alles in diesem Geschäft verdächtig erschienen, das mit raffiniertem Luxus möblierte Hinterzimmer, die in starrer Seide rauschende, mit Moschus parfümierte Herrin des Ladens, Marfa Iwanowna, die hübschen, dekolletierten, geschmückten Mädchen, die eleganten Herren, welche mit denselben tändelten und rätselhafte Blicke wechselten, aber sie war ein einfaches Landmädchen, sie verstand von dem allen nichts, gab den Herren kurze, höfliche Antworten und verkaufte ruhig ihre Handschuhe und Halstücher.

Nachts umschlich sie das Polizeigebäude und suchte hinter einem der vergitterten Fenster ihren Geliebten zu entdecken.

Eines Abends, als niemand mehr im Geschäft anwesend war als Warwara und Marfa Iwanowna, welche die erstere unter irgend einem Vorwand zurückgehalten hatte, trat plötzlich ein hoher, schöner Mann, in einen kostbaren Pelz gehüllt, ein und richtete sofort den faszinierenden Blick seiner grauen Augen auf Warwara.

»Was befehlen Sie zu so später Stunde noch, Seraph Pawlowitsch?« begann Marfa Iwanowna unter tiefen Bücklingen.

»Ein Paar Handschuhe«, erwiderte der Eintretende langsam. Warwara stellte den Karton vor ihn hin und Marfa Iwanowna wechselte mit ihm leise einige Worte.

»Sie sind vom Lande, mein Fräulein?« begann der Fremde.

»So ist es.«

»Und wie gefällt es Ihnen in der Stadt?«

»Ich habe Arbeit gefunden, ich bin zufrieden.«

»O, Sie sollen noch mehr finden als dies«, fuhr der Fremde fort, »aber wer hat sich einer solchen Barbarei schuldig gemacht und Ihnen das schöne Haar abgeschnitten?«

»Ich selbst.«

»Man könnte Sie beinahe für eine Nihilistin halten«, fuhr er lächelnd fort, »aber die Weiber dieser Sorte sind alle so häßlich.«

Warwara errötete. Der Fremde hatte indes ein Paar Handschuhe gewählt. »Es freut mich, Sie kennengelernt zu haben«, sprach er, »Fräulein wie doch?«

»Warwara Pagadin.«

»Fräulein Warwara. Auf Wiedersehen.« Er empfahl sich und rückte sogar ein wenig den Hut. Marfa Iwanowna begleitete ihn bis zur Tür, wo er ihr leise etwas sagte.

»Welches Glück!« rief Marfa Iwanowna, als sie die Tür hinter sich geschlossen hatte, »Sie haben ihm gefallen, Sie haben ihn erobert, ihn, vor dem wir alle zittern.«
»Von wem sprechen Sie?«
»Von wem sonst als von Seraph Pawlowitsch Halikoff, dem Polizeimeister von Kiew, der eben hier war.«
»Warum haben Sie mir das nicht früher gesagt?« rief Warwara, und mit einem Male war ihr Plan fertig.
»Nun, nun, wir haben ja keine Eile.«
»Und ich gefalle ihm, sagen Sie?«
»Verliebt hat er sich in Dich, mein Täubchen, wie ein Narr, ich, ich kenne das. Aber Du mußt Dich anders anziehen und anders frisieren, vor allem einen Zopf kaufen. Du siehst ja aus, als kämst Du eben aus dem Zuchthaus. Brauchst Du Geld?«
»Ich danke, nein, aber –«
»Vertraue mir nur, mein goldenes Herzchen.«
»Sagen Sie ihm, dem Polizeimeister, daß auch er mir gefällt, verstehen Sie? Ausnehmend gefällt.«
»Werde nicht ermangeln.«
Am nächsten Abend begleitete Halikoff bereits Warwara nach Hause. Sie trug noch ihre schlichten Kleider, aber sie hatte bereits einen falschen Zopf aufgesteckt und sah infolgedessen noch um vieles reizender aus. Der Polizeimeister warf nur einen Blick auf ihr kleines dürftiges Stübchen und auf ihren armseligen Koffer und war auch schon orientiert.
»Ein Mädchen vom Lande«, begann er, »ist in der Stadt mannigfachen Verführungen ausgesetzt, gestatten Sie mir ein wenig die Rolle der Vorsehung zu spielen. Vor allem gehen Sie nicht mehr zu Marfa Iwanowna, diese Person hat einen schlechten Ruf.«
»Inwiefern?«
»Sie treibt einen schändlichen Handel mit Unschuld und Schönheit.« Warwara Pagadin sah ihn starr an, sie verstand ihn nicht.
»Auch können Sie nicht in diesem Zimmer bleiben«, fuhr Halikoff fort, »wenn meine Teilnahme Sie nicht beleidigt –«
»Ich bin entschlossen, alles zu tun, was Sie mir vorschlagen.«
»*Tant mieux!* Verlieren wir also kein Wort weiter über diese Nichtigkeiten des Lebens, lassen Sie einfach mich für Sie handeln.«
»Ich nehme an und sogar mit der größten Dankbarkeit.«
»An mir ist es, Ihnen zu danken, Warwara.«
Im Laufe des nächsten Nachmittags kam Halikoff mit einem Wagen und führte Warwara in die neue Wohnung, die er für sie genommen

und allerliebst, im echten Pariser Geschmack, eingerichtet hatte. Sie fand in derselben eine alte Kammerfrau, einen Koch und einen livrierten Lakaien zu ihrer Bedienung bereit, während sie in dem kleinen Salon von Madame Puthon, der Besitzerin des vornehmsten Mode-Etablissements, und Alex Timolnitsch, dem ersten Juwelier von Kiew, erwartet wurde. Beide entfalteten ihre Schätze und da Warwara sich ein wenig blöde zeigte, wählte Halikoff mit Hilfe der Madame Puthon ein reizendes Negligé sowie mehrere Straßentoiletten für sie und machte auf der Stelle weitere Bestellungen, während der Juwelier ein Paar kostbare Ohrgehänge, zwei Armbänder und ein kostbares Brillantkreuz abnahm.
Noch denselben Abend erhielt Warwara Pagadin ein rätselhaftes Schreiben. Es lautete: »Sie sind ebenso klug wie mutig. Man vertraut Ihnen. Sie haben den rechten Weg eingeschlagen, nicht nur um Semen Pultowski zu befreien, sondern auch um unserem Werk den größten Vorschub zu leisten. Erwarten Sie Weisungen von uns, ehe Sie handeln. Man wird Ihnen jeden Beistand leisten, der in unserer Macht liegt.«
Warwara warf den Brief in die Flammen des Kamins. Wenige Augenblicke später trat der Polizeimeister ein. Eine Woche verging, eine zweite, dann kam wieder ein Schreiben. »Rechnen Sie nicht darauf, Semen Pultowski zu retten, Sie können ihn rächen, aber ihm nicht die Freiheit geben.«
Und zwei Tage später erhielt Warwara Pagadin das Todesurteil gegen Seraph Pawlowitsch Halikoff, den Polizeimeister von Kiew, zugestellt und den Befehl, dasselbe binnen drei Tagen zu vollziehen. Sie verbarg das schreckliche Dokument auf ihrer Brust, trat vor den Spiegel, ordnete ihr Haar und befahl dann ihrer Kammerfrau, sie anzuziehen.
Als Halikoff kam, um mit ihr zu speisen, fand er sie halb liegend, halb sitzend in einem mit weißem Fuchs besetzten Schlafrock von weißer Seide, à la Sarah Bernhardt, auf ihrer Ottomane. »Sie sehen wunderbar aus«, begann er, nachdem er ihre Hand geküßt hatte, »aber was haben Sie für kalte Hände?«
»Ich fürchte mich.«
»Wovor?«
»Ich weiß es nicht, aber ich möchte einen Dolch haben.«
»Einen Dolch? Ist Ihnen damit nicht gedient?« Halikoff zog einen kleinen Revolver hervor und reichte ihr denselben.
»Vorläufig genügt mir dies, aber Sie werden mir einen Dolch bringen.«
»Sobald Sie befehlen.«

Nach dem Diner schlief Halikoff wie gewöhnlich auf einem Ruhebett im Speisesaal ein. Warwara saß in einem kleinen Fauteuil beim Kamin, sie sah ihn unausgesetzt an, plötzlich erhob sie sich, schritt leise über den flaumigen weichen Teppich zu ihm hin, ergriff den Revolver, hielt ihn an seine Schläfe und setzte wieder ab. »Ich kann ihn doch nicht im Schlafe töten«, dachte sie, »das wäre feig.«
Abends brachte er ihr den Dolch, den sie in ihren Gürtel steckte. Beim Tee zog sie ihn unbemerkt hervor, entschlossen, den mörderischen Stoß zu führen, aber sie führte ihn nicht.
»Ich muß mir Mut machen«, sagte sie am nächsten Morgen, als sie in ihren üppigen Kissen erwachte, »heute muß die große Tat vollbracht werden.« Sie erwartete indes den Polizeimeister vergebens zum Diner, er kam erst abends, dafür aber in bester Laune. »Sie sind so aufgeräumt«, begann sie, »was haben Sie, Seraph Pawlowitsch?«
»Ich habe heute einen herrlichen Fang gemacht«, erwiderte er mit einem kalten Lächeln, »wir haben eine Druckerei der Nihilisten ausgehoben.«
Der Zufall kam Warwara zu Hilfe. »Sie haben gewiß schon viele Gefangene«, sagte sie vorsichtig, »fehlt es Ihnen nicht an Platz?«
»Wir stecken sie einfach gleich Heringen zusammen«, erwiderte Halikoff, »von Schonung ist da nicht die Rede.«
»Was ist mit Semen Pultowski geschehen?«
»Sie kennen ihn?«
»Er ist aus demselben Ort wie ich.«
»Er lebt noch, obwohl ich ihn schon wiederholt sehr scharf verhört habe. Derlei halsstarrige Burschen, die nicht gestehen wollen, sind mir die liebsten.«
»Wieso? Ich verstehe nicht.«
»Weil ich sie nach Belieben peitschen lassen kann.«
Warwara erbleichte und es durchschauerte sie leise. »Und Sie fühlen kein Mitleid mit diesen Unglücklichen?«
»Mitleid? Nein«, gab Halikoff langsam zur Antwort, als lege er jedes Wort auf die Waagschale, »ich empfinde vielmehr Vergnügen, ein ähnliches Vergnügen, als wenn Sie an meiner Brust ruhen, Warwara.«
»Sie hassen also diese Nihilisten?«
»Nicht das, ich sehe andere ebenso gerne in meiner Gewalt.« Seine grauen Augen bekamen einen kalten Glanz wie die eines Tigers. »Es ist das ein Genuß, wenn sie vor mir zittern und die Angst ihnen das Blut in die bleichen Wangen treibt, verstehen Sie das, Warwara?«

»Ja, o ja«, rief sie mit leuchtenden Augen, »das verstehe ich, auch ich könnte Vergnügen daran finden. Nehmen Sie mich mit, Seraph Pawlowitsch, lassen Sie mich Zeuge einer solchen Szene sein.«
»Warum nicht?« sprach er, »ich werde es so arrangieren, daß Sie alles sehen, ohne selbst gesehen zu werden.«
»Ihr Wort.«
»Mein Wort.«
»Und heute noch darf ich Sie begleiten?«
»Nein, morgen, Warwara, und um Ihnen mehr Interesse und Geschmack an der Sache beizubringen, werde ich morgen diesen Menschen, den Sie kennen, diesen Pultowski ins Verhör nehmen.«
Es kam der dritte Tag, bis Mitternacht mußte das Todesurteil vollzogen sein, oder Warwara war verloren, sie wußte es. Halikoff kam mit Anbruch der Dunkelheit in seinem Wagen und holte sie ab. Sie hüllte sich in einen prachtvollen Zobelpelz, nahm einen goldgestickten Baschlick über den Kopf und steckte den Dolch zu sich. Unterwegs überlegte sich Halikoff, was ihm mehr Vergnügen machen würde, selbst sein unglückliches Opfer zu peinigen oder Zeuge des Eindrucks zu sein, den dessen Qualen auf das schöne Weib machen würden, das trotz des üppigen Pelzes, in den es warm geschmiegt war, an seiner Seite wie vom Frost geschüttelt wurde.
Er entschied sich für das erstere. Nachdem er Warwara in ein dunkles Gemach geführt hatte, aus dem sie unbemerkt in einen großen Wandkasten treten und durch zwei kleine Öffnungen das daranstoßende Verhörzimmer vollständig überblicken konnte, begab er sich in dieses, in dem eine sibirische Kälte herrschte, ließ sich in seinen Pelz gehüllt behaglich an dem Tisch nieder, auf dem zwischen zwei Kerzen das Kruzifix stand, und befahl dann, den armen Semen Pultowski hereinzuführen.
Warwara erbleichte und Tränen füllten ihre Augen, als ihr Geliebter, bleich, abgehärmt und gebrochen, in seinen dünnen Kleidern vor Kälte zitternd mit Ketten beladen hereintrat.
»Wie geht es, Semen Pultowski?«
Der unglückliche Verschwörer zuckte die Achseln.
»Haben Sie nachgedacht, haben Sie sich eines Besseren besonnen, werden Sie gestehen?«
»Ich habe nichts zu gestehen.«
»Reizen Sie mich nicht.«
»Es liegt mir ferne«, erwiderte Pultowski seufzend, »aber ich weiß von nichts und somit –«
»Hund, wirst Du auf der Stelle reden?«

Halikoff sprang auf, riß Pultowski beim Haar nieder und trat ihn mit Füßen.
»Gestehe, gestehe auf der Stelle.«
»Ich kann nicht – ich bin unschuldig«, stöhnte der Arme.
»Unschuldig!« Halikoff begann zu lachen. »Gebt ihm die Knute.«
Die Polizeiknechte banden ihn an den eisernen Ring, der an der Wand befestigt war, und einer von ihnen begann, ihn zu peitschen. Eine grausame Freude lag dämonisch auf Halikoffs schönem Gesicht, während er der Exekution zusah.
Als der Polizeimeister spät abends mit Warwara in ihre Wohnung zurückkehrte, stand ein Wagen vor dem Hause und zwei Herren gingen auf dem Trottoir auf und ab. Oben angelangt, hieß Warwara Halikoff warten, ging in ihr Schlafzimmer, warf den schweren Pelz ab und schlüpfte rasch in eine rote, mit Marder besetzte bequeme Jacke, die ihre Bewegungen in keiner Weise hemmte, dann rief sie den Polizeimeister.
Als er eintrat, stand sie mitten im Zimmer, die Arme auf der Brust verschränkt. »Wissen Sie, wer der Mensch ist, den Sie jetzt eben peitschen ließen?« begann sie kalt.
»Semen Pultowski.«
»Er war mein Geliebter.«
»Ach, hätte ich das gewußt!«
»Was dann?«
»Dann hätte ich noch mehr Vergnügen empfunden.«
»Freveln Sie nicht, Seraph Pawlowitsch, Sie werden keinen Menschen mehr mißhandeln.«
»Warum nicht?«
»Lesen Sie.« Sie reichte ihm das Todesurteil, und kaum hatte er es überflogen, stieß sie ihm den Dolch in die Brust. Er stürzte lautlos zu ihren Füßen nieder, richtete sich aber im nächsten Augenblick auf und wollte um Hilfe rufen. Es kam indes kein Laut über seine Lippen, nur Blut entströmte denselben.
Warwara erhob den Dolch aufs neue. »Erbarmen!« murmelte Halikoff.
»Haben Sie mit mir, haben Sie mit Semen Pultowski Erbarmen gehabt?« gab sie mit einem eisigen Lächeln zur Antwort. Ein zweiter Stoß machte seinem Leben ein Ende.
Während Warwara den Dolch ruhig an den Kleidern ihres Opfers abwischte, trat ein eleganter Herr, den Hut auf dem Kopf, den Revolver in der Hand, herein. »Ist das Werk vollbracht?« fragte er.
»Ja.«

»Er ist tot?«
»Hier sehen Sie selbst.«
»Kommen Sie also, rasch! Rasch!«
Er gab Warwara den Arm, und während andere, mit Dolchen und Revolvern bewaffnet, die Türen und die Treppe besetzt hielten, eilte er mit ihr hinab, hob sie in den Wagen und schloß kräftig den Schlag. Der Kutscher hieb in die Pferde.
Wenige Augenblicke später entstand oben Lärm, die Polizei drang in das Haus und fand Halikoff ermordet.
Pultowski starb im Kerker. Warwara Pagadin wird heute noch von der russischen Polizei gesucht, sie ist einfach verschwunden.

**Irma von Troll-Borostyáni**
**1847–1912**

Ihr Frauen, um deren Rechte, um deren Freiheit, um deren Glück es sich handelt, Ihr selbst müßt die Initiative ergreifen, um Euer Leben zu einem menschenwürdigen Dasein zu gestalten.«

Bei dieser kämpferischen Aufforderung handelt es sich um einen Appell von Irma von Troll-Borostyáni aus dem Jahre 1878. Wäre die Sprache etwas weniger pathetisch, könnte er fast für einen Aufruf zur Unterstützung eines Frauenvolksbegehrens von heute gehalten werden. Denn auch über ein Jahrhundert später müssen die Frauen noch für ihre Forderungen nach Gleichberechtigung kämpfen.

Irma war 31 Jahre alt, als 1878 ihre erste Buchveröffentlichung, *Die Mission unseres Jahrhunderts. Eine Studie über die Frauenfrage*, erschien und Aufsehen erregte, allerdings weniger durch positive Zustimmung als heftige Ablehnung. Selten zuvor hatte eine Schriftstellerin so vehement gegen eine weibliche Erziehung polemisiert, die Mädchen als unmündige Kinder in den einzig möglichen Beruf der Ehefrau entläßt: »Indem man die Natur verstümmelt und unterdrückt, gibt man sich noch den Anschein, in dieser Erziehungs- oder richtiger Verziehungsmethode den Absichten der Natur zu entsprechen.«

Irma von Troll-Borostyáni war mißtrauisch gegenüber Argumenten, die als natürlich ausgeben, was doch nur gesellschaftliche Norm ist. Und mit ihrer spitzen Feder durchkreuzte sie ironisch und witzig die gesellschaftlichen Widersprüche, rhetorisch präzise und logisch bewies sie die Unlogik männlichen Denkens, so etwa wenn Männer gegen das Frauenstudium und insbesondere gegen das weibliche Medizinstudium zu Felde zogen. Denn als Irma aufwuchs, waren die Tore zu Gymnasien und Universitäten für das weibliche Geschlecht noch verschlossen. Die Behauptung, »daß in medizinischer Hinsicht das für die Frauen geeignete Gebiet nicht das der ärztlichen Behandlung der Kranken, sondern jenes ihrer Pflege sei«, hielt sie schlicht für vorgeschoben: »Wäre es möglich, den Beruf der Krankenpflege zu einem besser bezahlten und angeseheneren zu machen als der ärztliche ist, so würden die Gegner der weiblichen Ärzte keinen Augenblick zögern, ihre Anschauungen in ihr Gegenteil umschlagen zu lassen. […] Denn es lassen sich eben alle gegen die ärztliche Tätigkeit der Frauen herangezogenen Argumente je nach Belieben in gleicher Weise gegen den ärztlichen Beruf wie gegen den der Krankenpflege vorführen und werden eben bezüglich desjenigen Berufes vorgebracht, den man für sich behalten will, und hinsichtlich desjenigen mit Stillschweigen übergangen, den man den Frauen gerne überläßt.«

Wir kennen diese unlogischen Begründungen bis heute, wenn es gilt, männliche Privilegien zu verteidigen. Als Utopie schwebte der Frauenrechtlerin eine Gesellschaft vor, in der durch die Gleichberechtigung von Mann und Frau erst die volle Entfaltung des einzelnen Menschen gewährleistet ist.
Wie kommt ein Mädchen aus einer Provinzstadt dazu, von früher Jugend an gegen ihre »Verziehung« zu rebellieren, wie wird sie zur Querdenkerin? Es gibt über ihr Leben nur spärliche Dokumente, einen Nachlaß der Schwester im Salzburger Museum Carolino Augusteum, der Aufzeichnungen, Briefe, Dokumente, ein paar biographische Artikel und ein handgeschriebenes – nie aufgeführtes – Theaterstück mit dem Titel *Der Sohn* enthält.
Als Marie von Troll wurde sie – die sich als Schriftstellerin später Irma nennt – am 31. März 1847 als jüngstes von vier Kindern einer Beamtenfamilie in Salzburg geboren. Die gebildete Mutter versuchte zunächst selbst ihre beiden Mädchen in verschiedenen Sprachen und in Musik zu unterrichten, bis sie durch Krankheit daran gehindert wurde. Marie besuchte anschließend das einzige Erziehungsinstitut für Mädchen in Salzburg, das Kloster Nonnberg. Doch nach zwei Jahren klösterlichem Gewahrsam bekam Marie von Troll ein so starkes nervöses Fieber, daß die Mutter sie nach Hause nehmen mußte.
Schon als junges Mädchen fühlte sie sich in der kleinbürgerlichen Stadt Salzburg, in der sie dann aber doch den Großteil ihres Lebens verbrachte, nicht wohl. Sie machte ihre Ablehnung der traditionellen weiblichen Rolle äußerlich sichtbar, indem sie nicht den üblichen Gretchenzopf trug, sondern sich die Haare kurz schneiden ließ. Auch später blieb sie eine auffallende Erscheinung: ganz kurze Haare – immerhin über ein halbes Jahrhundert vor der Bubikopfmode –, Hemden mit Stehkragen und Masche, Männersakkos. Sie rauchte öffentlich Zigarren, spielte gerne Tarock und Whist, war begeisterte Schwimmerin, Eisläuferin und Bergsteigerin – alles Sportarten, die damals für Frauen und Mädchen nicht selbstverständlich waren. Ihre sportliche Begeisterung hat sicherlich dazu beigetragen, daß sie sich später in ihrem satirischen Pamphlet *Das Weib und seine Kleidung* (1897) für die Befreiung vom Korsett einsetzte und die Pumphose als Bekleidung nicht nur für Radfahrerinnen, sondern für alle Frauen forderte – was weit über die damals fortschrittliche Reformkleiderbewegung hinausging! Noch immer liest sich dieser Text über den Unsinn weiblicher Modetorheiten äußerst amüsant.

Den Rock fand Irma von Troll nicht gerade sehr kleidsam, der Minirock war freilich noch nicht erfunden: »Der Frauenrock läßt den Körper der Frau vom Gürtel abwärts als eine ballonartige oder walzenförmige, ungegliederte Masse erscheinen. Er erweckt den Schein, als ob die Beine der Frau in ihrer ganzen Länge bis auf die hin und wieder sichtbar werdenden Fußspitzen aneinander gewachsen wären [...] Schön wird man dieses die Hälfte des Frauenleibes wie ein formloses, schlottriges Futteral einhüllende Gewandstück, den Frauenrock, doch gewiß nicht nennen. Es müßte denn sein, daß man einen Ballon, ein Bierfaß oder eine Walze für schöner hielte als die menschlichen Körperformen.«

Manchmal könnte man auch denken, daß die Hose als fixer Modebestandteil für Frauen vielleicht eine der wenigen wirklichen Veränderungen im 20. Jahrhundert darstellt. Irma von Troll-Borostyáni hielt die Mode für eine entscheidende Frage der Emanzipation: »Die Frauen des 20. Jahrhunderts werden sich eine den höheren Aufgaben und Lebenszielen, die sie sich stellen, entsprechende Kleidung schaffen müssen. Eine Regeneration ihrer Kleidung kann aber niemals von der Mode ausgehen, die den Frauenkörper in seine Kleider steckt wie eine Ware in die Emballage.« Diese Emanzipation des weiblichen Körpers bleibt auch heute noch Zukunftsvision.

Nach dem Verlassen des Stiftes Nonnberg nahm Marie von Troll ihre Bildung selbst in die Hand, lernte täglich drei Stunden Englisch, Französisch, Italienisch, bekam Kompositionsunterricht, las die abendländischen Klassiker von Sophokles und Homer bis Goethe.

»Ich fühle mich unfähig, weiblich tätig zu sein ... Ich werde auf einmal durchbrennen, nach Wien, und dort Lektionen geben, um mir tüchtigen Unterricht zu verschaffen. Wenn ich vor Hunger und Anstrengung zugrunde gehe, so liegt blutwenig daran. Mir ist es lieber, so zu sterben, als öde und ziellos zu leben – in mattherzigem Entsagen oder blöder Resignation.« Diese Zeilen schrieb sie an die ihr zeitlebens nahestehende Schwester Wilhelmine, die als Erzieherin in Rußland arbeitete. Die noch nicht zwanzigjährige Marie hatte jedenfalls den festen Entschluß gefaßt, ihr Wissen zu erweitern und die Kleinstadt zu verlassen.

Nach dem Tod des Vaters, der kein Vermögen hinterließ und sich auch zu Lebzeiten nicht um seine Familie gekümmert hatte, verwirklichte Marie von Troll ihren Plan und ging nach Wien, um sich als Pianistin ausbilden zu lassen. Ihr Traum von einem Künstlerinnendasein schien im Rahmen bürgerlicher Rollenzuschreibungen zu

bleiben, denn das Klavierspielen zählte durchaus zum Erziehungsprogramm für Mädchen, wie sie selbst ironisch spottet. Liest man ihre späteren sozialpolitischen Schriften, so bleibt es unverständlich, warum das Medizinstudium (immerhin in der Schweiz möglich) oder andere Berufe, für die sie sich später unermüdlich eingesetzt hat, für sie selbst noch keine Lebensperspektive geboten haben.
In Wien fand sie Anschluß an künstlerische Kreise, neben dem Klavierunterricht veröffentlichte sie unter dem männlichen Pseudonym Leo Bergen – wie so viele ihrer Kolleginnen – Skizzen in verschiedenen Zeitungen und nahm Schauspielunterricht. Noch einmal beugte sie sich ihrer Familie; die Mutter, die beiden älteren Brüder, ja selbst die emanzipierte Schwester Wilhelmine stimmten einem Engagement als Schauspielerin nicht zu. Sie mußte Geld verdienen und wurde Musiklehrerin bei einer ungarischen Aristokratenfamilie. Doch schon nach drei Jahren floh sie, die sich jetzt Irma nannte, aus dem ländlichen Gefängnis nach Budapest, wo sie kurz darauf den Journalisten Nandor von Borostyáni kennenlernte und 1875 heiratete. Er unterstützte ihr frauenrechtlerisches Engagement und ihre schriftstellerischen Pläne. Die gemeinsame Tochter starb – wie so viele Kinder damals – mit drei Jahren an Diphtherie.
1882 kehrte Irma von Troll-Borostyáni nach Salzburg zurück, um ihre schwerkranke Mutter zu pflegen. Sie zog in das Haus der drei künstlerisch begabten Schwestern Baumgartner in der Vorstadt Riedenburg. Den Kontakt mit ihrem Mann hielt sie zwar in Briefen aufrecht, doch auch nach dem Tod der Mutter blieb sie in Salzburg und hat Nandor Borostyáni offensichtlich nie mehr getroffen. Er ging als Korrespondent verschiedener Zeitungen nach Paris, wo er 1902 starb und ihr eine kleine Pension hinterließ, die für sie etwas Erleichterung ihrer finanziellen Misere bedeutete.
Es ist anzunehmen, daß die Erziehung im Benediktinerinnenkloster Nonntal den freien Geist der jungen Marie vergeblich in religiöse Bahnen zu lenken versucht hat. Ob ihre Erlebnisse dazu beigetragen haben, daß sie später zur radikalen Freidenkerin wurde, bleibe dahingestellt. Jedenfalls trat sie im Alter sogar dem 1902 in Salzburg gegründeten Freidenkerverein bei und hielt dort 1903 eine vielbeachtete und veröffentlichte Rede über den *Moralbegriff des Freidenkers*, eine rhetorische Meisterleistung, nach der von den 120 Zuhörern und Zuhörerinnen immerhin 20 Personen spontan dem Verein beitraten. Und im selben Jahr erschien ein schmales Bändchen, in dem sie thesenartig die Programmatik der Frauenbewegung darstellte, unter dem Titel *Katechismus der Frauenbewegung,*

was in einem katholischen Land geradezu blasphemisch erscheinen mußte.
Bereits in ihrem ersten Buch, *Die Mission unseres Jahrhunderts,* entwickelte sie aufgrund ihres umfassenden Allgemeinwissens eine Analyse der Gesellschaft und formulierte kämpferisch ein Programm für die Frauen. Selbst ihre Kritiker waren erstaunt über ihr Wissen, das sie sich autodidaktisch angeeignet hatte. Ihr zweites Buch, das sie selbst als Hauptwerk bezeichnete und das als Klassiker der Frauenbewegung galt, *Im freien Reich. Ein Memorandum an alle Denkenden und Gesetzgeber zur Beseitigung sozialer Irrtümer und Leiden* (1884), erlebte drei Auflagen, bevor es in Vergessenheit geriet. Es fand in der österreichisch-ungarischen Monarchie keinen Verlag und erschien 1884 im Züricher Schabelitz Verlag, in dem 1879 auch August Bebels Buch »Die Frau und der Sozialismus« veröffentlicht worden war.
Das Inhaltsverzeichnis verweist auf ihr Programm für eine Veränderung der Verhältnisse, die auf dem Hintergrund der damaligen historischen Verhältnisse gesehen werden muß: 1. die politische und soziale Gleichstellung der Geschlechter, 2. die vollkommene und unbedingte Lösbarkeit der Ehe, 3. Abschaffung der Prostitution als gesetzliche oder geduldete Institution, 4. Reform der Jugenderziehung beider Geschlechter, 5. Erziehung der Kinder in Staats-Instituten auf Kosten und unter der Leitung des Staates.
Irma von Troll-Borostyáni war eine fleißige Schriftstellerin, und sie mußte es auch sein, denn damals war es ebenso schwierig wie heute, sich mit Schreiben den Lebensunterhalt zu verdienen. Zu ihren Lebzeiten erschienen 19 Bücher und unzählige Artikel in Zeitschriften und Zeitungen, in denen sie sich für die Frauenfrage einsetzte. Neben ihren sozialpolitischen Texten schrieb sie Novellen und Romane, in die sie ihre feministischen Gedanken zu schmuggeln versuchte. Freilich sind es in ihren belletristischen Arbeiten zumeist die Handlungsmuster und Inhalte, die faszinieren, allzu konventionell erscheinen dagegen manchmal die Sprache und der Stil, auch wenn einige ihrer Novellen – vor allem im Band *Hunger und Liebe* (1900) – wirklich gelungen sind.
Aber Irma von Troll-Borostyáni war nicht nur eine radikale Denkerin und Schriftstellerin, sondern sie engagierte sich auch in der Frauenbewegung, kämpfte für das Wahlrecht und gegen die Prostitution. Ihre polemischen Vorschläge zur Prostitutionsfrage ebenso wie zur staatlichen Kindererziehung, die allerdings unter den Bedingungen ihrer Zeit gesehen werden müssen und außerdem mit der ihr eige-

nen Ironie formuliert sind, sorgten für heftige Diskussionen. Auch innerhalb der bürgerlichen Frauenbewegung – Irma von Troll-Borostyáni war Mitglied des »Allgemeinen Österreichischen Frauenvereins« – stießen ihre Ansichten über die Prostitution nicht nur auf Zustimmung. Ihre aufsehenerregende Schrift *Die Prostitution vor dem Gesetz* (1903) veröffentlichte sie unter dem Pseudonym Veritas. Für sie ist die Prostitution sichtbares Zeichen männlicher Herrschaft und bürgerlicher Doppelmoral, für die sie keine Notwendigkeit sieht: »Wenn Ihr aber die Behauptung aufrechterhalten wollt, daß die durch moralischen Zwang vollführte Schändung der Frauen eine Bedingung für die Existenz des männlichen Geschlechts ausmacht, daß die Prostitution ein notwendiges Übel ist wie der Krieg und man käufliche Dirnen braucht wie Soldaten, dann existiert diese Notwendigkeit für alle, dann fordert es die Gerechtigkeit, daß Ihr Männer Euch bereit erklärt, Eure Mutter, Schwester, Tochter, Eure eigene Frau dieser Notwendigkeit zum Opfer zu bringen; dann müßt Ihr eine allgemeine Prostitutionspflicht einführen für das weibliche Geschlecht, wie wir eine allgemeine Wehrpflicht haben für das männliche. Ah, das wollt Ihr aber nicht!«

Wie Rosa Mayreder und Auguste Fickert – zwei der wichtigsten Vertreterinnen des radikalen Flügels der österreichischen Frauenbewegung – geht es Irma von Troll-Borostyáni nicht um die moralische Verurteilung der Frauen, sondern um die soziale Dimension der Frage. Andere Vertreterinnen sehen bei dieser Argumentation die Sittlichkeit in Gefahr, weil dabei die freie Liebe nicht in Frage gestellt wird.

Irma von Troll-Borostyáni hatte keine Berührungsängste, sie mischte sich in Diskussionen und Debatten ein, korrespondierte mit in- und ausländischen Frauenrechtlerinnen. So stand sie in intensivem Briefkontakt mit Auguste Fickert, Bertha von Suttner und Rosa Mayreder. Seit 1896 war sie Mitglied des »Vereins der Schriftstellerinnen und Künstlerinnen« in Wien, darüber hinaus des »Allgemeinen Schriftsteller-Vereins« in Berlin und im »Deutschen Bund für Mutterschutz und Sexualreform«.

Daß eine Frau wie Irma von Troll-Borostyáni in der Salzburger Provinz wenig Halt fand, ist nicht verwunderlich. Wenig schmeichelhaft liest sich ihre Einschätzung: »Die Salzburger Frauenwelt [...] ist teils entschieden gegen die Frauenemanzipation, teils furchtbar lethargisch.«

Zu ihrem kleinen Freundinnenkreis zählten die beiden Schwestern Esinger, die auf dem Mönchsberg ihr künstlerisches Leben zu ver-

wirklichen suchten, die eine als Musikerin, die andere als Malerin. Mit den drei Schwestern Baumgartner und ihrer Schwester Wilhelmine lebte Irma von Troll-Borostyáni am Stadtrand von Salzburg in der Riedenburg in einem gemeinsamen Haushalt – ein doch recht ungewöhnliches Lebensmodell für die damalige Zeit.
Die unverheiratet gebliebene Wilhelmine war nach ihrer Tätigkeit als Erzieherin nach Salzburg zurückgekehrt. Die begeisterte Bergsteigerin, die mit einer Freundin sogar den Gipfel des Großglockners bezwang, war ebenfalls eine engagierte Frauenrechtlerin und unterstützte die Anliegen der Schwester tatkräftig. Johanna Baumgartner ist Irma von Trolls Freundin und Lebensgefährtin. Als diese 1904 starb, war das für sie ein schwerer Verlust. Krankheiten verhinderten immer häufiger jegliche Arbeit, die finanziellen Probleme wurden drückender.
Irma von Troll-Borostyáni ist 65 Jahre alt, als sie am 10. Februar 1912 an einem Gehirnschlag stirbt. Kompromißlos ist sie bis ins Alter geblieben. In ihrem Nachruf bezeichnet die »Neue Freie Presse« diese ungehaltene Frau als »erste Vorkämpferin der Frauenemanzipation in Österreich«.
»Es ist eine Ehre für Österreich, daß Irma von Troll-Borostyáni zu den ersten Frauen gehörte, die durch ihre schriftstellerischen Leistungen weitere Kreise zur ernsten Beachtung der weiblichen Probleme nötigten. Leider mußte auch sie die Erfahrung machen, wie wahr das alte Wort ist: ein österreichischer Schriftsteller, ein österreichischer Märtyrer«, schrieb Rosa Mayreder in ihrem Nachruf in der Frauenzeitschrift »Neues Frauenleben«. Sie war noch voll Zuversicht, daß für Irma von Troll-Borostyáni dasselbe Schicksal wie für viele männlichen Kollegen gilt: daß nämlich der Ruhm in Österreich zwar nicht den lebenden, aber zumindest den toten Künstlern gewiß ist.
Aber nur in Salzburg sind bescheidene Aktivitäten zu ihrem Gedenken gesetzt worden. So verleihen seit einigen Jahren Stadt und Land Salzburg immerhin einen Irma von Troll-Borostyáni-Preis an Frauen oder Frauenprojekte, die im vergangenen Jahr durch engagierte Arbeit besonders aufgefallen sind. An der Peripherie der Stadt gibt es seit 1996 eine nur wenige Hausnummern umfassende »Irma von Trollstraße«.
Sieht man, wie gründlich Leben und Werk dieser Frauenrechtlerin vergessen wurde, drängt sich doch der Verdacht auf, daß der kleine Unterschied erheblich größer ist, zumal für ungehaltene Querdenkerinnen.

# Irma von Troll-Borostyáni

## *Die weibliche »Verziehung«*

»Nichts ist so vernachlässigt als die Erziehung der Mädchen« – dies sind die Worte, womit Fénélon sein Buch über Mädchenerziehung begann. Ich füge hinzu: einerseits vernachlässigt, andererseits verschroben und verkehrt. In der Tat, wer sich hierüber ein Urteil gebildet hat und aufrichtig und kühn genug ist, dieses Urteil unumwunden auszusprechen, der muß gestehen, daß die bisherige weibliche Erziehung nicht nur die geistige Ausbildung arg vernachlässigt und den fruchtbarsten Boden intellektueller Begabung brachliegen läßt, sondern sogar viele Fähigkeiten gewaltsam unterdrückt und der sich entwickelnden Individualität eine einseitige, schiefe Richtung gibt, in welcher man, je einseitiger und schiefer sie ist, eine um so echtere, wahrere Weiblichkeit erkennen will.
Man behauptet, in der Erziehung der Frauen das Ziel vor Augen zu haben, diese für ihren künftigen Beruf, die Ehe, vorzubereiten. Dies ist aber nicht wahr. Ich spreche gar nicht von jener Erziehung, die den Mädchen in der Mehrzahl der Institute oder gar in Klöstern zuteil wird, wo sie eher zu allem anderen als zu vernünftigen, nutzbringenden Wesen heranwachsen; sei nun ihre sogenannte geistige Bildung eine sorgfältigere oder nicht, erhalten sie nicht den geringsten Begriff von jenen Pflichten, welche sie, so sie Gattinnen und Mütter werden, zu erfüllen haben.
Das Fundament, worauf das System unserer weiblichen Erziehung ruht, ist zusammengesetzt aus zwei ungeheuren Irrtümern.
Diese beiden Irrtümer sind:
1. daß man in der Erziehung der Mädchen nur das eine Ziel zu erreichen strebt: sie zu verheiraten, die Eventualität der Ehelosigkeit viel zu wenig berücksichtigt und somit die Mädchen nicht befähigt, auch alleinstehend sich ihren Weg durchs Leben zu bahnen;
2. daß die Frau durch ihre Erziehung selbst für denjenigen Beruf, den man als den ihrigen erklärt, für die Ehe, keineswegs vorbereitet wird. [...]
In den niederen Ständen werden die Mädchen von ihrer frühen Kindheit an zu den schwersten Dienstleistungen verwendet. Ihr Los, falls es den Eltern nicht gelingt, sie einem meist rohen, fühllosen Gatten anzuhängen, ist das: lebenslängliche kümmerliche Dienstbarkeit; und im Alter, wenn Arbeit, Mühe und Entbehrung

ihre Kräfte aufgerieben, ihre Gesundheit erschöpft haben: bittere Not und Siechtum.
Im Mittelstand ist es, mit seltenen Ausnahmen, nicht viel besser. Auch hier erhalten die Töchter durchschnittlich gar keine Bildung, nur den allernotdürftigsten Elementarunterricht. Sie helfen der Mutter in Verrichtung häuslicher Geschäfte und im Ausbessern der Kleider und Wäsche.
Wenn aber der Vater, der die Familie ernährt hat, stirbt, wenn kein Vermögen da ist, das die Lebensbedürfnisse ihrer Existenz decken könnte, und sich zufällig kein Freier findet, was wird dann aus diesen armen Mädchen?
Daran denkt niemand. Darum kümmert sich niemand. Sie sollen eben heiraten; die Ehe ist einmal ihre Lebensbestimmung. Um sie so bald als möglich unter die Haube zu bringen, werden jene Eigenschaften in ihnen entwickelt, welche die Männer fesseln, welche dem Nutzen oder dem Vergnügen ihrer künftigen Herren und Gebieter dienen sollen, während man diejenigen Anlagen, welche ihrem eigenen Glück förderlich wären, mit allen der Erziehung zu Gebote stehenden Mitteln niederhält und ausrottet. [...]
Indem man die Natur verstümmelt und unterdrückt, gibt man sich noch den Anschein, in dieser Erziehungs- oder richtiger Verziehungsmethode den Absichten der Natur zu entsprechen. Wahrhaftig, mit demselben Recht könnte ein Vogelhändler, dessen wohlgeschulte Vögel, wenn auch das Drahtgitter des Käfigs sie nicht mehr gefangen hält, demselben doch nicht entfliehen, weil sie in der von ihrem Besitzer an ihnen vollzogenen Dressur die Freiheit im schattigen Waldesgrün schon längst vergessen haben, von diesen armen Vögeln behaupten, ihre Natur sei eine anders angelegte als die ihrer glücklicheren freien Brüder; die natürliche Bestimmung jener sei es, ihrer Freiheit sich zu freuen, sich ihre Nahrung im Moos zu suchen, ihr Nest auf den Zweigen der Bäume zu bauen; diese hingegen seien durch ihre Naturanlage dazu bestimmt, in einem Vogelbauer zu wohnen, die Würmchen und Insekten aus der Hand ihres Eigentümers zu picken und auf seinen Pfiff mit Holzstäbchen zu exerzieren.
Tout comme chez nous! Als des Mannes Bestimmung erklärt man, sich seinen Lebensunterhalt selbständig zu erwerben, und er besitzt die Freiheit, sich einen Beruf zu wählen; die Frau hält man ausschließlich für dazu bestimmt, innerhalb der Umfriedung des Familienkreises zu wirken, und auch da nur in untergeordneter Tätigkeit, als Wirtschafterin und Kinderwärterin. [...]
Und worin besteht die weibliche Erziehung in den besseren Ständen?

Die Fräuleins lernen ein bißchen Geographie und Geschichte, eine oder zwei fremde Sprachen, worunter selbstverständlich Französisch, wenn es hoch kommt, auch Literatur- und Kunstgeschichte; vor allem aber müssen sie auswendig Beethovens Sonate pathétique und das Scherzo a capriccio von Mendelssohn vortragen, und wenn die Natur sie mit einer halbwegs anhörbaren Stimme begnadet hat, auch einige Lieder von Schubert oder Kücken singen. Manchmal verstehen sie auch Blumen und Aquarell zu malen und zierliche Perlen- und Chenillenstickereien kunstvoll zu fertigen.
Das ist summa summarum die höchste weibliche Bildung, wie sie gegenwärtig den jungen Damen der distinguierten Stände zuteil wird.
Die Mehrzahl der Familien hascht jedoch in der Ausbildung ihrer Töchter nur nach dem Schein, nicht nach dem Wesen. Das Unterrichten – was sag' ich Unterrichten, das Abrichten – im Französischen beweist es am besten. Nicht die Sprache lernen sie, sondern parlieren, wie ein Papagei die ihm vorgesagten Worte nachplappert. Das leichteste französische Buch vermögen sie oft nicht zu übersetzen, da ihr ganzes Wissen sich auf die alltäglichste Konversationssprache beschränkt. Wie wäre es auch anders möglich, indem diejenigen, welche ihnen diese Sprache eindrillen, selbst nichts gelernt haben. Wer sind sie, von welchen die jungen Mädchen unterrichtet werden? Französische oder schweizerische Gouvernanten, die keine Bildung besitzen, oft nicht einmal imstande sind, ihre Muttersprache korrekt zu schreiben, und nur eben französisch schwätzen, weil sie als Französinnen geboren sind. [...]
Und die Musik! – Ach, ist es denn auch Musik zu nennen, was man da so oft zu hören bekommt, wenn diese jungen Fräuleins an dem armen, geduldigen Klavier sitzen und Chopinsche Walzer herabklimpern, »als ob sie jeder Taste einzeln den Star stächen«? – Mittelmäßigkeit, Stümperei, Unwissenheit, das sind die Resultate, welche unsere weibliche Durchschnittsbildung zutage fördert. Und damit glaubt man, die Frauen für den ernsten Beruf, die Ehe, heranzubilden.
Dank dieser vortrefflichen Erziehungsschablone beharren dann unsere Mädchen in einer Unmündigkeit des Geistes, in einer Unreife des Charakters, welche sie unfähig macht, wenn sie mit achtzehn oder zwanzig Jahren ihr Geschick mit dem eines Gatten verbinden, die große Aufgabe, die diese neue Existenz ihnen auferlegt, nur zu begrüßen, geschweige denn, ihr gerecht zu werden.
Die hier an dem Altar steht, ist nicht eine Frau, die ihrer schönen, aber schweren Pflichten sich bewußt und zu deren Erfüllung vorbe-

reitet ist, sondern ein großgewachsenes Kind, für welches das erste eigene Kind nichts sein wird als eine niedliche Puppe; keine Gefährtin des Mannes ist sie, ihm ebenbürtig in der Festigkeit des Wollens, in der Reife des Urteils, in der Kenntnis des Lebens, sondern ein Schulmädchen, welches sich freut, von nun an statt »Fräulein« »Gnädige Frau« betitelt zu werden und diverse Romane lesen zu können, welche es bisher nur dem Namen nach gekannt, da Mama deren Lektüre streng verboten hatte. Hüllen wir dieses Kind in ein weißes Brautkleid, drücken wir den Kranz von Orangenblüten auf seine Locken und den goldenen Reif auf seinen Finger, so haben wir die Frau, wie unsere Erziehung sie heranbildet. [...]

Vor ungefähr einem Jahrhundert war es, wie jedermann weiß, vorzugsweise in Frankreich üblich, die Töchter adeliger, aber nicht reich begüterter Familien zu materiell vorteilhaften Heiraten zu zwingen. Das heißt, man ließ den armen jungen Mädchen die Wahl zwischen dem ihr destinierten Gatten oder dem Kloster. Heutzutage erklärt jeder eine so krasse Beschränkung der persönlichen Selbstbestimmung, eine so despotische Unterdrückung des freien Willens für eine unzurechtfertigende Tyrannei.

Es ist wohl anders geworden seither. Man zwingt die vermögenslosen jungen Mädchen nicht mehr, den Schleier zu nehmen, wenn sie nicht heiraten; man läßt ihnen großmütig die Wahl zwischen dem glänzenden Elend einer standesgemäßen, oft ihrer tiefsten Neigung widerstrebenden ehelichen Verbindung oder der dornenvollen Laufbahn einer Gouvernante und dem kümmerlichen Brot einer Lehrerin. Sklaverei hier, Sklaverei dort!

Das Feldgeschrei, welches die Feinde der Emanzipation der Frau am häufigsten und lautesten ausstoßen, heißt: »Es ist aber vollkommen wider die Natur des Weibes, in der Arena des öffentlichen Lebens mit dem viel kräftigeren Mann zu konkurrieren. Ihr natürlicher Beruf ist die Liebe; ihrer angeborenen Neigung nach fühlt sich die Frau im trauten Kreis der Familie viel glücklicher als im selbstsüchtigen, rücksichtslosen Treiben und Drängen der Welt.«

Ich bestreite zuvörderst, daß die Frauen, ihrer natürlichen Anlage nach, mehr für die Ehe berufen seien als die Männer; ich bestreite es, daß das Herz des Weibes mehr der Liebe bedürfe als das des Mannes und daß der Mann durch ein schönes, wohlgeregeltes Familienleben weniger beglückt und geistig und körperlich gestärkt und erquickt würde als die Frau.

Ich sehe durchaus nicht ein, warum man die Bestimmung des Weibes darin sieht, daß es heirate und Kinder gebäre, während man es dem Mann nicht zur Pflicht macht, eine Familie zu gründen und Kinder zu erzeugen. Es ist geradezu ein lächerlicher Nonsens, die Fortpflanzung des Menschengeschlechts mehr für den Beruf des Weibes als für jenen des Mannes zu halten, da hierzu doch ebenso die Tätigkeit des einen wie des andern erforderlich ist.

Auch tritt der Wunsch zu heiraten bei den Frauen nur deshalb im allgemeinen stärker zutage als bei den Männern, weil die Erziehung ihn sorgsam entwickelt und herausbildet; weil, worauf ich hier abermals zurückkommen muß, die Frau, außer in den seltenen Ausnahmsfällen, keine soziale Stellung bekleidet als eben nur als Gattin ihres Gemahls.

# Emil Marriot
1855–1938

Emilie Mataja, die unter dem männlichen Pseudonym Emil Marriot bekannt geworden ist, wurde am 20. November 1855 in eine aufstrebende Kaufmannsfamilie in Wien geboren. Der Vater stammte aus Fiume, der Großvater war kroatischer, die Großmutter italienischer Abstammung; die Mutter, die von Emilie Mataja hoch geschätzt wurde, war die Wienerin Barbara Gernerth. Wir wissen über das Leben von Emilie Mataja relativ gut Bescheid, da sich ihr Nachlaß mit zahlreichen Briefen und Tagebüchern in der Wiener Stadtbibliothek befindet. Darüber hinaus haben einige ihrer Feuilletons autobiographischen Charakter.
Wie viele ihrer Zeitgenossen hat sie von Kindheit an Tagebuch geführt. Die Familientradition berichtet über die Enttäuschung bei ihrer Geburt, daß auch das zweite Kind wieder nur ein Mädchen war, eine Haltung, die ihr Leben profund beeinflussen sollte. Auch wenn in den folgenden Jahren noch zwei Söhne, Viktor und in der zweiten Ehe Heinrich, den typischen bürgerlichen Wunsch nach einem Stammhalter erfüllen sollten, zeigt das gewählte männliche Pseudonym – neben dem Kalkül mit dem Markt – auch den Wunsch, ein Mann zu sein.
Dies manifestiert sich schon sehr früh: Emilie zog immer wieder die Kleider ihres Bruders an, sprach von sich selbst nicht in der Ich-, sondern in der Er-Form und lehnte, im Gegensatz zu ihrer offensichtlich anpassungsfähigeren Schwester, die ihr zugedachte Geschlechterrolle konsequent ab. Den Ausweg aus der unbefriedigenden Realität bot die Literatur – Schillers Balladen sowie sein Drama »Die Räuber« beeindruckten bereits die Zehnjährige zutiefst. In der Theater- und Schauspielerleidenschaft ist die Familie Mataja typisch für das Bürgertum Wiens, die Kinder werden schon sehr jung in die Aufführungen mitgenommen. Aber die kleine Emilie schreibt auch selber, zuerst Gedichte und Dramen, die vor der Verwandtschaft aufgeführt werden. Später wendet sich Emilie dem Roman zu. Ihre Geschwister und Cousins bilden ihr treues und begeistertes Publikum. Die Familie übersiedelt von Erdberg in den 1. Bezirk, als der Vater seine Stellung als Prokurist aufgibt und sich 1865 selbständig macht. Das Klima scheint bürgerlich aufgeschlossen, die Mutter war vor ihrer Ehe eine erfolgreiche Geschäftsfrau, die vielleicht gerade deshalb den ihr äußerst überspannt erscheinenden Wunsch der Tochter, Schriftstellerin zu werden, trotz einiger in Zeitungen placierter Artikel, nicht billigte. Emilie Mataja erhielt eine kaufmännische Ausbildung und arbeitete kurz im Geschäft des Vaters mit, doch behagte ihr diese Arbeit noch weniger als die Rolle

der höheren Tochter, die der Mutter im Haushalt hilft und auf die Hochzeit wartet.

Das Leben in der Familie erscheint ihr als Gefängnis, sie klagt, besonders nach dem Tod der Mutter und der Wiederverheiratung des Vaters 1875, über die Langeweile und über die Kontrolle, die über sie ausgeübt wird. Die Brüder studieren (allerdings auch gegen den Willen des Vaters, der sie im Geschäft einsetzen will) und machen Karriere – Heinrich wird es als Politiker der Christlichsozialen bis zum Außenminister bringen, Viktor, ein Schönerer-Anhänger, wird Universitätsprofessor, begründet administrativ das österreichisch-ungarische Statistische Amt und gilt in der Wissenschaft als Begründer der Werbeforschung, da er bereits 1910 ein Buch mit dem Titel »Die Reklame« veröffentlichte. Das Mädchen Emilie mußte hingegen das Leben einer behüteten höheren Tochter führen und auf einen geeigneten Ehemann warten, eine Situation, die sie als unerträglich empfand. In ihr Tagebuch schreibt sie am 10. Dezember 1875:

»Der Ehrgeiz verzehrt mich. Und diese qualvolle Sehnsucht nach Freiheit, Unabhängigkeit! Ich möchte die Welt aus den Angeln heben, um endlich frei zu werden. Ein recht erbärmliches Schicksal ist und bleibt es, mit solchem Charakter, solchen Anlagen ein Frauenzimmer zu sein. Was für ein herrlicher Mann wäre aus mir geworden.«

Und im Sinne ihrer Gesellschaftsschicht stellte sie durchaus realistisch im Tagebuch des öfteren fest:

»Die Ehe ist der erste Schritt zur Freiheit.« (20. 10. 1875)

Da ihr das Milieu – und wohl auch ihr Charakter – einen direkten Ausbruch verwehren, wählt sie den ihr offenstehenden Ausweg der Korrespondenz: Sie schickt ihre literarischen Texte an Redakteure, aber auch an Schriftsteller, deren Werke sie begeistern, und sie hat mit dieser Art der Kontaktaufnahme, die sich der väterlichen Kontrolle entzieht, überraschend großen Erfolg. So beginnt sie 1875 eine Korrespondenz mit dem damals sehr bekannten und einflußreichen Schriftsteller Leopold von Sacher-Masoch, der von ihrem Brief und ihren Texten sehr angetan ist. Er gibt ihr konkrete Ratschläge für ihre Texte, stellt ihr Themen, die sie zu bearbeiten hat (Plan, Ausführung), kritisiert ihre Versuche sehr genau und bemüht sich um die Placierung ihrer Arbeiten bei verschiedenen Zeitungen und Zeitschriften – teilweise mit Erfolg. Parallel zu dieser »Schule des Schreibens« beginnt er aber auch eine Art schriftlicher Liebesaffäre mit ihr, in der er sie zur grausamen Herrin in der Hermelinjacke mit Peitsche, sich selbst zu ihrem Sklaven stilisiert. Dieses Szenario entwirft er in den Briefen neben Berichten über seine Frau und seine Kinder, die er abgöttisch liebt. Emilie Mataja geht schriftlich in den Briefen (hauptpostlagernd) auf dieses Szenario ein, die Pelzjacke wird bestellt, die in Aussicht genommenen persönlichen Treffen aber werden immer wieder verschoben. In der Realität begegnen die beiden einander nie. Emilie Mataja zeigt in dieser Beziehung größeres Selbstbewußtsein als Aurora Rümelin, deren ähnlich verlaufende Kontaktaufnahme mit Sacher-Masoch ja schließlich zur Ehe mit ihm führte: denn Emilie Mataja geht zwar auf seine Liebesszenarien brieflich ein, erklärt sich bereit, die Rolle der Herrin zu übernehmen, die Hermelinjacke zu tragen, doch als er ihr dieses Thema als Aufgabe für einen literarischen Text stellt, verweigert sie die Ausführung, da ihr diese Rolle fremd sei. Nach einem Jahr bricht Sacher-Masoch die Korrespondenz überraschend ab, da nach der Geburt ihres zweiten Kindes nun seine eigene Frau wieder alle seine Wünsche erfüllen kann. Mataja anerkennt noch in hohem Alter die wichtige Funktion, die Sacher-Masoch für ihr Schreiben und für ihre literarische Karriere hatte:

»Sacher-Masoch war fast ein Jahr lang mein geistiger Führer gewesen und noch heute bin ich ihm dankbar für die Geduld und Güte, die er mir bewiesen, für das aufmunternde Lob, das er meinen Versuchen gezollt, für die guten und vernünftigen Rathschläge, die er mir ertheilt hatte. Vielleicht wäre es besser für mich gewesen, wenn er meine unreifen Produkte nicht überall angeboten hätte: aber meine Ungeduld, meine Gier, mich gedruckt zu sehen, haben ihn gewissermaßen dazu gezwungen. Er hat mir von grassen Stoffen, widerlichen Charakteren und unmöglichen Situationen immer abgerathen; aber ich war nicht zu bändigen.«

So schreibt sie 1914 überlegen und abwägend in einer für die Veröffentlichung intendierten Skizze über ihre schriftstellerische Entwicklung.

Das Tagebuch spricht eine andere Sprache:

»Masoch ist ein Gott und Emil Marriot ist sein Prophet: ein Mann [i. e. wahrscheinlich Emil Franzos] hat dies gesagt, der mir Alles sein sollte und der mir in Wahrheit nichts ist; und niemals habe ich dieses Nichts deutlicher empfunden als eben bei seinen Worten und ich hätte aufschreien mögen: Wenn ihr wollt, daß ich jenen vergessen soll, dann sprecht mir nicht immer von ihm … und vor Allem, tadelt ihn nicht, denn nichts ist gefährlicher als Tadel … Sprecht nicht von

ihm, oder lobt ihn doch wenigstens – ich werde dann eher verwinden, was ich Euch und Eurer Weltsitte geopfert …
Nein, ich habe Sacher-Masoch nie geliebt. Ich habe ihn nie gesehen, was ich von ihm besitze, sind seine Briefe, sein Bild, sein Genie. Ich habe überhaupt kein Herz, mit dem Herzen werde ich niemals lieben, vielleicht auch mit den Sinnen nie: Meine Phantasie aber ist ein wildes kochendes Ding, immer in schäumenden Wassern sich badend, immer sprudelnd, zieschend [!], wild und bewegt und zu meiner Phantasie hat er gesprochen, er hat sie noch wilder umgewirbelt, er hat mit seinem glühenden Athem ihre Flammen zu einem Feuermeer angefacht … o! ihr habt seine Briefe nicht gelesen und sollt sie niemals lesen. Ihr würdet auch nicht mehr verstehen […]«
Dieser Rückblick auf die Brief-Affäre aus dem Jahr 1876 spricht noch eine ähnliche Sprache wie der Brief, mit dem sie die Korrespondenz begonnen hat:
»An Sacher-Masoch!
Die letzte Stunde des alten Jahres. Ich sitze allein beim flackernden Kerzenlicht und schreibe an Sacher-Masoch. Ich vergöttere, ich bete Sie in Ihren Werken an. Mit Ihren Flammenworten, dem Fiebertrunk, der aus Ihren Werken strömt, habe ich mir oft die müde Seele erfrischt, den schlaffen Sinn aufgerüttelt aus seinem Schlafe. Heute trete ich vor Sie hin und sage Ihnen: Erbarmen Sie sich meiner. Ich bin jung und müde. Ein krankes, todtkrankes Herz schlägt in meiner Brust. Ich habe nie geliebt, fühle, daß ich niemals lieben werde. – Sie, Sie allein könnten mich erretten. O! Seien Sie mein Freund! Um dies allein flehe ich Sie an. Leer, öde, ekelhaft ist das Leben. Ich habe nur Eine Hoffnung, Einen Traum: Ich will Dichter werden wie Sie Sacher-Masoch […] Ich bin ein Weib, leider Gottes bin ich nur ein Weib. Wäre ich ein Mann, dann würde ich mich ins volle Leben stürzen, würde arbeiten und ringen und genießen und würde vielleicht glücklich – oder doch nicht so elend sein als ich es bin. […]«
Der unterschiedliche Ton von spätem Rückblick und direkter persönlicher Reaktion ist natürlich durch das Medium (Zeitungsartikel und Tagebuch bzw. Brief) mitbedingt, er zeigt aber auch die Bandbreite von Emilie Matajas schriftlicher Ausdrucksfähigkeit. Denn schon bei Sacher-Masoch lernt sie langsam und widerwillig, ihre Themen und ihren Schreibstil den entsprechenden Medien anzupassen, lernt sie, daß ihre leidenschaftlich-pathetischen Texte für Familienblätter, die gut zahlen, nicht geeignet sind, eine Erkenntnis, die auch durch ihren nächsten Lehrer-Freund, Emil Franzos, verstärkt wird.

»Unter seiner Leitung theilte sich meine Arbeit in zwei grundverschiedene Arten: in der einen schrieb ich so, wie ich wollte, und diese Arbeiten liebte ich; in der anderen machte ich Konzessionen, um gedruckt zu werden. Diese, die zahmen, wurden auch gekauft und gedruckt; die anderen, auf die allein ich stolz war, wurden abgelehnt. Weshalb mich mein Bischen Erfolg eher verstimmte als erfreute. Ich kam mir vor wie ein Mensch, den man nur gelten läßt, so lange er eine Maske trägt.«

Als Sacher-Masoch die Beziehung zu Mataja abbricht, hat Karl Emil Franzos bereits seine Rolle als Briefpartner und potentieller Geliebter bei ihr übernommen. Auch mit ihm hat sie eine Korrespondenz begonnen, die allerdings auch zu persönlichen Begegnungen in Wien führt. Franzos verliebt sich in das junge Mädchen und hält um ihre Hand an, wird sogar ihr Verlobter: aber sosehr sie ihn intellektuell als Gesprächspartner und als Dichter schätzt, sosehr sie auch immer wieder mit dem Gedanken spielt, die Heirat als ersten Schritt in die Freiheit zu nützen, letztlich schreckt sie auch hier vor der Ehe zurück und trennt sich von Franzos. Im Tagebuch beschreibt sie eindrücklich, wie ihre Ablehnung der Frauenrolle auch die Ablehnung des üblichen Liebesspiels mit sich bringt. Immer wenn Franzos zärtlich wird, ihr Gedichte schreibt etc., findet sie es nur komisch, muß lachen, was ihn natürlich kränkt und verunsichert. Diese psychische und physische Berührungsangst scheint ihr geblieben zu sein, denn immer wieder wird von Freunden betont, daß sie kalt, schroff, ablehnend wirke, in Wirklichkeit aber sehr weich sei. Auf jeden Fall bleibt sie unverheiratet und hält ihre zahlreichen Männerbekanntschaften auf dem Niveau der Kollegenschaft und der Briefe – so gibt es einen lang andauernden Briefwechsel mit Karl Kraus, aber auch Ferdinand Kürnberger, Paul Heyse, Müller-Guttenbrunn, Peter Rosegger; der Schauspieler Lewinsky, Maximilian Harden, Julius Wolff und Paul Lindau (die sie bei ihrem Berlin-Aufenthalt 1894 kennengelernt hat) gehören zu ihren Briefpartnern.

Relativ spät kommt sie in Kontakt mit der Frauenbewegung. Mina Högl und vor allem Franziska Migerka nennt sie Freundinnen, sie sind auch Briefpartnerinnen, ebenso wie die Schriftstellerin Marie Eugenie delle Grazie. Franziska Migerka ist – neben ihrem Bruder Viktor – eine ihrer wenigen wirklich Vertrauten.

Ihre schriftstellerische Karriere beginnt – rein chronologisch und abgesehen von den folgenlosen Zeitungsveröffentlichungen der Jugendlichen – mit der von Sacher-Masoch vermittelten Publikation einer Erzählung in der renommierten Zeitschrift »Salon« in Leipzig, noch unter dem Pseudonym Hugo Valentin. Ihre erste Buchveröffentlichung stellt der noch selbst finanzierte Roman *Egon Talmors* 1880 dar, den sie später selbst aufkaufen und einstampfen lassen wird; erst die im selben Jahr 1880 beginnende regelmäßige Mitarbeit am Feuilleton der »Wiener Allgemeinen Zeitung« markiert den wirklichen Anfang der kontinuierlichen schriftstellerischen Publikationen, die ihr mit dem daraus resultierenden Einkommen auch die Selbständigkeit ermöglichten, obwohl sie bis an ihr Lebensende die gehaßte Familie nicht verlassen wird. Sie lebt mit ihrer Schwester Marie zusammen, die Stiefmutter führt den Haushalt.

Der Roman *Familie Hartenberg*, in der »Wiener Allgemeinen Zeitung« in Fortsetzungen gedruckt und 1883 in Berlin bei Lehmann in Buchform erschienen, bringt den Durchbruch. Sie wird als naturalistische Schriftstellerin bekannt, geht 1882 nach Berlin und verkehrt im Kreis um Maximilian Harden, Wolf und Paul Lindau, der Roman wird von Heyse ausführlich und positiv rezensiert. 1891 wird sie in Wien Mitglied in der anti-modernen Künstlervereinigung »Iduna«, sie kommt in Kontakt mit Richard Kralik und gilt eine Zeitlang – nicht zuletzt wegen ihrer Romane, die den Zölibat thematisieren – als katholische Schriftstellerin, auch zum Kreis um Rudolf Steiner pflegt sie enge Kontakte. Doch ihre weltanschauliche Plazierung ist nicht eindeutig, neben der Thematisierung des Zölibats findet sich die engagierte Verteidigung der Euthanasie, stehen Angriffe auf die Familien- und die Liebesideologie, aber auch auf die Frauenbewegung.

Matajas Romane können den Gesellschafts- und Liebesromanen zugeordnet werden, allerdings findet sich in ihnen fast nie ein Happy-End wie in den Romanen von Marlitt, ein Vergleich, den sie selber fürchtete. Denn während bei Marlitt nach den entsprechenden Verwicklungen die wahre Liebe und Anständigkeit immer siegt, geht es bei Marriot um die Entlarvung der verschiedenen Lebenslügen der bürgerlichen Gesellschaft; dabei ist die Familie, unter der Emilie Mataja selbst so gelitten hat, als Ort der Liebe und Fürsorge für ihre Mitglieder, ein bevorzugter Kritikpunkt. Ihre Kritik bezieht sich dabei, ungeachtet ihrer späteren Sympathien für die Frauenbewegung, auf Männer und Frauen ohne Unterschied: Habsucht, Faulheit, Berechnung, Aufstiegswille ohne Willen zur persönlichen Leistung sind bei beiden zu finden. Marriots pessimistische Weltanschauung, die immer wieder von ihrer Schopenhauer-Lektüre abgeleitet wird, die aber tiefer verankert zu sein scheint, hindert sie daran, Unterhaltungsromane im eigentlichen Sinn zu schreiben,

auch wenn sich ihre kritischen Romane durchaus an ein breites Publikum richten.
Ihre Buchpublikationen – insgesamt 22, von denen die meisten mehrere Auflagen erleben – folgen ab 1880 ziemlich regelmäßig alle zwei Jahre. Ihr Œuvre umfaßt neben den Romanen auch Novellen und einige – allerdings wenig erfolgreiche – Versuche der Dramatisierung ihrer eigenen Romane.
Mit dem Jahr 1912 bricht die regelmäßige Romanproduktion ab, 1916 folgt noch der Roman *Der abgesetzte Mann,* aber dann macht das Ende des Krieges und damit das Ende der österreichisch-ungarischen Monarchie und ihrer Gesellschaft auch der erfolgreichen Schriftstellerinnenkarriere von Emilie Mataja ein Ende. Ihre Mitarbeit am »Neuen Wiener Tagblatt« endet mit dem Jahr 1918. Einige wenige Vorträge und Lesungen überbrücken dieses Datum (jetzt vor allem in Frauenvereinen, z. B. im Verein der Schriftstellerinnen und Künstlerinnen 1923, einige Neuauflagen ihrer Romane, vor allem der als »katholisch« eingestuften wie *Der geistliche Tod* (1920 und 1924) und *Auferstehung* (1921), bewahren sie vor dem vollkommenen Vergessen-Werden, doch ihre schriftstellerische Tätigkeit endet praktisch mit 1918, auch wenn sie sich noch mit der Redaktion ihrer Tagebücher, mit Entwürfen für eine Autobiographie beschäftigt.
»Die Freude an meiner Arbeit an sich ist fast das einzige, was mir nicht genommen wurde. Könnte man sie mir nehmen, man hätte es längst getan. Nun, es ist dem Schicksal gelungen, mir auch diese Freude langsam und unaufhaltsam zu nehmen«, stellt sie in ihrer pessimistischen Weltsicht in der nicht vollendeten Autobiographie fest. Zum Zeitpunkt ihres Todes 1938 war sie bereits eine vergessene Erfolgsschriftstellerin des vorigen Jahrhunderts.

# Emil Marriot

## *Die Kindheit – ein Paradies*

Sie ist schlecht geworden. Und niemand hat sich darüber gewundert. Ja, alle haben es kommen sehen. Kaum sechzehn Jahre alt, zählte sie schon zu den Verlorenen, und das verdankte sie ihrer Kindheit, jenem Paradies, von welchem wir soviel singen und sagen hören. Je nun! Für viele ist's ja ein Paradies, nach welchem sie in späterer Zeit, wenn die Pforten längst geschlossen sind, voll Sehnsucht und Rührung zurückschauen. Vaterliebe und Mutterzärtlichkeit, Kindheit, Unschuld und kindliche Freuden. Wie gern und wie voll Rührung denkt man daran, wenn Vater oder Mutter nicht mehr sind, und die kindlichen Freuden sich in große Sorgen umgewandelt haben. Aber dieses Paradies ist nicht für alle. Und sie, die junge Verlorene, würde die Augen weit aufgerissen haben, wenn jemand ihr hätte einreden wollen, daß die Kindheit das Paradies des Lebens sei. »Daß ich ihn nicht auslache, den elenden Lügner!« Das würde ihre Antwort gewesen sein.

Im Findelhaus zu Wien ist sie zur Welt gekommen. Anna hat man sie getauft, weil sie just am Annentage das Licht der schönen Welt erblickte. Von jener Mutterseligkeit beim ersten Schrei des Kindes war bei ihrer Geburt nichts zu spüren. Sie war nicht der allerliebste, kleine, rosige Engel, den man anstaunt wie ein Wunder und dessen Füßchen und Händchen man mit Küssen bedeckt – *ihre* Mutter stieß bloß einen bangen Seufzer aus, als sie hörte, daß die Kleine lebe und vermutlich am Leben bleiben würde. »Soll man sie Anna taufen?« »Meinetwegen, nennt sie, wie ihr wollt. Mir gilt es gleich.« Für *sie* war jeder Name gut genug. Da war niemand, der darüber nachgesonnen hätte, welcher Name wohl der schönste wäre, um dem Kinde den allerschönsten Namen zu geben; *niemand*, der sie liebkost hätte.

Die Mutter, eine arme, blutjunge Dienstmagd, weinte in ihre Kissen und schaute das Kind gar nicht an. Der Vater, ein noch militärpflichtiger Bursche, weilte irgendwo in einer Garnison. Er hat sich niemals um sein Kind bekümmert. Das war das Bequemste für ihn. Anna hat niemals erfahren, wie ihr Vater aussieht, ist auch nicht neugierig gewesen, das zu wissen.

Vom Findelhaus kam sie nach Böhmen, in den Heimatort ihrer Mutter, in die »Kost«. Die Frau, welche sie übernahm, betrieb das

Geschäft im Großen. Die meisten der Kostkinder starben ... was kein Wunder war. Ein Wunder war vielmehr, daß *eines* der Kinder am Leben blieb. Die Mutter zahlte unregelmäßig; das Kind wurde danach behandelt. Es starb nicht – trotz Hunger und Kälte und Prügel und Vernachlässigung aller Art starb es nicht. Es war nicht »zum Umbringen«, wie man sagt. Mehr als das: es entwickelte sich sogar zu einem hübschen und kräftigen kleinen Geschöpfe. Schon in ihrem dritten Jahre konnte man sie zu mancher Arbeit anhalten. Als sie fünf Jahre zählte, schleppte sie bereits die kleineren Kostkinder in der Stube und im Hofe herum. Willig tat sie's nicht. Was aber vermögen Prügel nicht! Sie tat's – doch wehe den ihr anvertrauten Kleinen, wenn sie allein mit ihnen war! Sie quälte die wehrlosen Schreihälse nach Herzenslust, mit Raffinement. Wer an sich selbst kein *Mitleid* erfahren hat, kennt auch nicht, es gegen andere zu üben. Sie wußte ja nicht einmal, daß ein Ding, das Mitleid geheißen, auf Erden existiert.
In ihrem sechsten Jahre kam sie »nachhause«, zu ihrer Mutter. Diese hatte sich jetzt entschlossen, sich zu verheiraten. Das Kostgeld für den »Balg« zu zahlen war der Frau lästig; und so nahm sie denn das Kind zu sich ins Haus. Ein fettes Kalb wurde bei Annas Heimkehr nicht geschlachtet. Der Stiefvater ging um sie herum und schaute sie von vorne und von hinten an: »Bist also da. Schön, schön. Groß und stark ist sie. Wird viel essen, kann aber auch arbeiten. Dumm, daß wir sie in die Schule schicken müssen! Zuhause könnte man sie zu allerhand gebrauchen. Nun! In ihren freien Stunden kann sie dir helfen.«
Das hat sie auch getan ... Die Mutter, noch immer fesch und lebenslustig, gab sich nicht viel mit ihrem Kleinen ab, als es geboren war. Sie liebte den Tanz und fand es langweilig, daheim an einer Wiege zu hocken. Der Mann war lebenslustig, wie sie. Auch den Karten und dem Branntwein war er nicht gram. Es war eine liederliche Wirtschaft ... Oft prügelten sich die beiden, warfen sich gegenseitig ihre Fehler vor, und der Mann drohte das Weib zu erschlagen, weil sie ihn hintergehe. »Du bist ja immer so gewesen. Ja, sieh' ihn nur an, deinen Balg! Füttern muß ich sie und erhalten; ein anderer würde so ein Kuckucksei auf die Straße werfen.«
Solche Worte hörte Anna jeden Tag. Ihr bloßer Anblick hielt die Eifersucht des Stiefvaters wach; sie war ihm verhaßt. Sie war auch der *eigenen Mutter* verhaßt. Sie mußte sich *des Kindes* wegen *viel* gefallen lassen. Das Kind war ihre verkörperte, nicht zu leugnende Schuld. Täglich mußte sie sich diese Schuld an den Kopf werfen las-

sen. Und wenn sie dem Mann *seine* Fehler vorhielt, verwies er sie auf das Kind: »Wer solche Aussteuer mit ins Haus bringt, der soll überhaupt den Mund halten.« – »Geh' mir aus dem Weg !« schrie die Mutter das Mädchen oft wütend an. »Du bist mein Unglück! Hab' ich nach dir verlangt? Andere haben es gut – denen sterben die Kinder. *Mir* aber ist die Last geblieben. Warum gerade mir?«

Dienstmagd war sie im Hause und Kindermagd. Fast jedes Jahr kam eines. Zum Glück, daß hin und wieder eines starb – sonst hätte sie nicht gewußt, wie fertig werden mit ihnen. Aber vier waren doch übrig geblieben und sie waren klein, und sie mußte, wenn der Schulpflicht genügt war, die ganze kleine Schar überwachen und betreuen.

Das Kleinste schleppte sie auf dem Arm herum, das Zweitkleinste zerrte sie an der Hand, den beiden Größeren rief sie gellend zu, acht zu geben, wenn sie ihr entwischten und auf die Straße liefen, während sie einen Wagen herbeirollen sah. Nicht, daß sie um der Kinder Leben, deren Gesundheit, deren gerade Glieder gezittert hätte. Aber sie fürchtete sich vor der Verantwortung, der Strafe. Es waren ungezogene Rangen. Sie hatten herausbekommen, was für eine schiefe Stellung das widerwillig geduldete »Kind« im Hause einnehme, und behandelten die Stiefschwester danach. Klage durfte sie nicht führen. Wer hätte ihr Recht gegeben? Wer sie nur angehört? Sie mußte Gott danken, wenn die Kinder nicht sie bei den Eltern verklagten. Und das geschah oft genug. Mit und ohne Grund. Vor den Eltern hatte immer sie unrecht. Und das wußten die Kinder und nützten es aus.

Rechtlos sein! Auf der weiten Welt niemanden haben, der uns Gerechtigkeit widerfahren läßt! Einmal hat man ihr in der Schule gesagt, daß die Eltern Gottes Stellvertreter auf Erden seien. Und seitdem hat sie nicht wieder beten können. Beten zu einem, der sich *solche* Stellvertreter erwählt? Ei, das wäre wohl vergebliche Mühe. *Der* erhört einen ja doch nicht. Weder Katechet noch Lehrer kannten ihre häuslichen Verhältnisse. Sie konnten ihr darum auch nicht sagen, daß Gott sich solche Stellvertreter, wie es ihre Eltern waren, nimmermehr bestellt hatte. Sie verstanden den fragenden, zweifelnden, erbitterten Blick des Kindes nicht, als sie dem kleinen Mädchen das vierte Gebot erklärten und einzuprägen suchten. Wahrscheinlich bemerkten sie den seltsamen Kindesblick nicht einmal. Es waren zu viele in der Klasse. Wie hätten die Lehrer den Charakter jedes einzelnen Kindes kennen und studieren können! Dazu gebrach es ihnen an Zeit.

Vielleicht hatte sie einen hellen Kopf; vielleicht würde sie gut und gern gelernt haben. Daheim ließ man ihr ja nicht Zeit, ihre Schulaufgaben zu machen. Und darum blieb sie immer mehr zurück, gehörte zu den schlechtesten Schülerinnen, wurde stets gescholten und bestraft und verlor nach und nach jede Lust am Lernen. Vielleicht hätte sie gut, opferwillig, rechtschaffen werden können. Wer vermag es zu wissen? Was gut in ihr gewesen sein mochte, war von klein auf in ihr erstickt und ausgerottet worden. Niemand hatte sie lieb, und auch sie hatte niemanden lieb. Sie war verschlossen, heimtückisch, falsch, rachsüchtig, grausam. Selten kam ein wahres Wort über ihre Lippen. Und dann wurde sie geprügelt und wieder geprügelt und – merkwürdig! – besserte sich doch nicht. Im Gegenteil, sie wurde von Jahr zu Jahr schlimmer.

Als dreizehnjähriges Kind stand sie vor Gericht. Einer der Stiefbrüder hatte sich, durch eigene Unachtsamkeit, empfindlich beschädigt. Aber sie war dabei gewesen. Sie hätte den Jungen beaufsichtigen und ihn vor Schaden bewahren sollen. Ihr Stiefvater züchtigte sie so unbarmherzig, daß die Sache durch Zeugen vor den Richter kam, und der Mann sich seiner Brutalität halber zu verantworten hatte. Sie freute sich auf die Verhandlung. Es gab also noch eine Gerechtigkeit auf dieser Welt. Man nahm sich ihrer an. O gewiß! Man würde den Stiefvater ins Zuchthaus sperren und sie nicht länger daheim lassen. Sie hatte die Waisen immer beneidet, die so nett gekleidet und freundlich behandelt spazierengehen durften. Vielleicht würde man sie ins Waisenhaus tun. Ach! das wäre schön. Sie wußte noch nicht, wie es mit der Gerechtigkeit auf Erden bestellt ist, und daß sie stufenweise verabreicht wird; daß der Stärkste das meiste, der Schwächste das wenigste Recht genießt; daß zuerst der Mann kommt, der wird am ängstlichsten beschützt. Lange nach dem Manne kommt erst die Frau. Nach einem längeren Zwischenraume kommt endlich das Kind und zum Schlusse hinkt – rechtloser als eine Sache – das Tier einher.

Der Stiefvater erhielt einen Verweis, weil er das häusliche Züchtigungsrecht überschritten hatte. Damit entließ man ihn und das Kind. Sie starrte den Richter an und sagte kein Wort. Nun wußte sie, daß sie von keiner Seite etwas zu hoffen hatte, daß die menschliche Gesellschaft *so gut ihr Feind war,* wie der *Vater,* der sie verleugnet hatte, die Mutter, die ihr schlimmer als eine Stiefmutter gewesen war.

Und nun ist sie schlecht geworden. Sie war hübsch – vielleicht zu ihrem Unglück. – Heute ist sie verwelkt und verdorben an Leib und

Seele, ohne Heim und ohne Familie. Ihre Mutter hat ihr geflucht, und dazu hat sie gelacht. Aber wenn sie auf der Straße gute Mütter mit sorgfältig gepflegten, treu behüteten, munteren Kindern sieht, dann steht sie wohl still und ihre Lippen verziehen sich, als ob sie weinen wollte und es nicht könnte.
Die Kindheit – ein Paradies. Ei freilich, für viele, Gottlob! Für viele, Reiche und Arme, ist's ein Paradies. Für manche aber eine Hölle.

**Helene von Druskowitz**
**1856–1918**

Nach sechzehn Jahren im Irrenhaus legte Helene von Druskowitz 1907 ihren Letzten Willen fest: »1. Die Endesgefertigte bestimmt letztwillig nach ihrem Ableben ein passendes und standesgemäßes, wenn auch einfaches Grabdenkmal, wie sie hofft, auf freier Erde für sich setzen zu lassen und verfügt zu diesem Zwecke, alles noch befindbare Geld sowie die in dem Wiener Justizpalast hinterlegte Summe, aufzuwenden. Sollte die Gesamtsumme dennoch zu gering sein, so wünscht sie, daß durch den Verkauf ihrer Schreibmaschine und Reisedecken das Fehlende ergänzt werde. 2. Die Inschrift, welche das Denkmal tragen wird, werde nicht ohne Beiziehung der vorhandenen Bücher über Schriftsteller aufgesetzt, aus welcher sich von selbst ergeben wird, daß unter der Angabe ihres Namens in Parenthese die durch öffentliche Auszeichnung erfolgte Modifizierung desselben, also: Frl. Dr. Helene von Druskowitz-Calagis, – bekannte Schriftstellerin – zu plazieren ist.«

Doch als sie elf Jahre später, am 31. Mai 1918, in der »Kaiser-Franz-Joseph-Heil- und Pflegeanstalt Mauer-Oehling« starb, wurde auch ihr letzter Wille ignoriert. Was sie sich allerdings all die 27 Jahre in psychiatrischer Verwahrung nicht hatte verbieten lassen, war das Denken und das Schreiben. Immerhin konnte sie auf ein Universitätsstudium verweisen.

1904 heißt es in ihrer Krankengeschichte: »Beschäftigt sich vorwiegend ›literarisch‹ – verfaßt in unleserlicher Schrift meist konfuse androphobe Aufsätze, die indes trotzdem wegen ihres wütenden Tones in manchen frauenrechtlerischen Zeitschriften abgedruckt werden.«

Helene von Druskowitz wurde 1856 als Helena Maria Druschkovich in Hietzing, damals noch bei Wien, geboren. Sie war das jüngste von drei Kindern, der eigene Vater starb an einer Lungenentzündung, als sie zwei Jahre alt war, der Stiefvater bereits 1863. Später, als sie bereits in der Irrenanstalt interniert war, erfand sie sich verschiedene Väter und Mütter, so behauptete sie unter anderem, sie sei die uneheliche Tochter des bulgarischen Fürsten Tedesco Ventravin, ein paar Jahre später erklärte sie, sie sei auf übernatürliche Weise gezeugt worden.

Ihre Mutter war nach dem Tod des zweiten Ehemannes offensichtlich vermögend genug, um nicht nur den beiden Söhnen eine Ausbildung zu ermöglichen, sondern auch der begabten Tochter, was damals gar nicht so einfach war, denn weder die Gymnasien noch die Universitäten standen in der österreichisch-ungarischen Monarchie damals den Frauen offen. Helene wandte sich zunächst – dem

bürgerlichen Erziehungskanon für Mädchen noch verpflichtet – dem Klavierspiel zu und absolvierte am Wiener Konservatorium eine Ausbildung als Pianistin, die sie 1873 mit einer Prüfung abschloß.
Doch Helene von Druskowitz wollte mehr wissen und wurde von ihrer Mutter in ihrem Bemühen tatkräftig unterstützt. Sie erhielt Privatunterricht und konnte als Externe mit siebzehn Jahren 1874 erfolgreich die Matura am Wiener »Piaristen-Gymnasium« ablegen. Noch im gleichen Jahr übersiedelte sie mit ihrer Mutter nach Zürich, um ein Universitätsstudium aufzunehmen. Von 1874 bis 1878 studierte sie Philosophie, klassische Philologie, Archäologie, Orientalistik, Germanistik und moderne Sprachen. Mit einer Dissertation über *Byron's Don Juan* promovierte sie mit 22 Jahren in Zürich als erste Österreicherin und zweite Frau überhaupt zum Doktor der Philosophie.
Helene von Druskowitz war sich ihrer Rolle als Ausnahmeerscheinung zeitlebens bewußt. In ihrem 1889 erschienenen dramatischen Scherz mit dem Titel *Unerwartet,* einem Dialog zwischen Sidonie von Falkenberg und ihrer Tante Amalie, läßt sie Amalie zur dichtenden Nichte sagen:
»Seit deiner Kindheit warst du ein Gegenstand der Auszeichnung und der Stolz deiner seligen Eltern. Du warst noch ein ganz kleines Püppchen, als es keinen Berg noch Fluß mehr gab, der nicht zugleich in deinem schwarzgelockten Haupte existiert hätte. Sämtliche Helden und Heldinnen der Geschichte lebten in demselben fort, Schlachten tobten weiter und zugleich warst du souveräne Kennerin des Tier-, Pflanzen- und Mineralreiches. Alle nannten dich Wunderkind.«
Doch als Wunderkind weiblichen Geschlechts, das alle ihr zugestandenen Laufbahnen als Gouvernante, Lehrerin oder Ehefrau ablehnte, war es in der Folge nicht leicht, den eingeschlagenen Weg fortzusetzen. Nach ihrem Studium versuchte sie zunächst, mit literarhistorischen Vorlesungen an verschiedenen Universitäten (u. a. in Wien, München, Zürich und Basel) ihre wissenschaftliche Karriere voranzutreiben und lebte ab 1881 abwechselnd in Wien und bei ihrer Mutter in Zürich.
Bereits 1881 hatte Helene Druskowitz die Bekanntschaft von Marie von Ebner-Eschenbach gemacht, die sie zu einem Kuraufenthalt nach Bad Reichenhall eingeladen hatte, wo sie in den Kreis von Louise von François und Conrad Ferdinand Meyer kam. In Wien fand sie Eingang in die literarischen Zirkel um Marie von Ebner-Eschenbach, wo auch Betty Paoli und Ida Fleischl-Marxow verkehrten.

Unter dem Pseudonym E. v. René erschien 1881 ihr erstes literarisches Werk, das Trauerspiel *Sultan und Prinz.* Es wurde ebensowenig aufgeführt wie ihre späteren Lustspiele, darunter die *Emancipations-Schwärmerin* (1890), das ein Jahr zuvor unter dem Titel *Aspasia* unter dem Pseudonym Adalbert Brunn veröffentlicht wurde. Männliche und weibliche Pseudonyme und solche, die das Geschlecht der Verfasserin im Dunkeln ließen, hatte sie zahlreiche: H. Foreign, H. Sakkorausch, H. Sakrosankt, Erna von Calagis. Auch das »von« in ihrem Namen scheint weniger ihre aristokratische als ihre phantasierte Herkunft zu bezeugen, jedenfalls trug ihr Vater kein »von« in seinem Namen.

In einem Brief an Marie von Ebner-Eschenbach aus dem Jahr 1882 schrieb sie: »...ich bin noch immer der ›Herr D.‹, was mir natürlich einen Mordsspaß machte.« In ihrem Essay über Helene von Druskowitz kommentiert Elisabeth Reichart dieses Spiel mit den Namen und dem Geschlechtertausch, hinter denen sich die Frau Doktor zu verbergen pflegte: »Würde dem ›Spaß‹ nicht der ›Mord‹ voranstehen, ich würde ihr glauben.«

In ihrem Freundeskreis stießen ihre dramatischen Versuche auf wenig Zustimmung. Schon Marie von Ebner-Eschenbach hatte ja vergeblich versucht, als Dramatikerin zu reüssieren. Während sich Louise von François über den inhaltlichen Kern von *Sultan und Prinz* entrüstet zeigte – die Leidenschaft eines Schwiegersohns zur Schwiegermutter –, lobte Conrad Ferdinand Meyer ihren »klugen, logisch geschulten Verstand«.

Nach ihrem Mißerfolg als Dramatikerin wandte sich Helene von Druskowitz zunächst wieder der Literaturwissenschaft zu, veröffentlichte 1883 ein Buch über *Percy Bysshe Shelley,* übersetzte Swinburne und publizierte unter dem Titel *Drei englische Dichterinnen* 1884 drei Essays über die schottische Dramatikerin Joanna Baillie, die Lyrikerin Elizabeth Barrett-Browning und die Erzählerin George Eliot. Sie war von der Qualität ihrer Arbeit überzeugt und schrieb an Conrad Ferdinand Meyer: »Meine Liebe gehört der lyrischen Dichterin Elizabeth Browning, und ich glaube, daß der Aufsatz, den ich ihr gewidmet habe, noch der gelungenste ist. Sie verdiente eigentlich ein Buch, und es wäre Zeit, daß man sie auch in Deutschland lesen und bewundern würde.«

Aber sie konnte weder sich selbst mit ihren Arbeiten als Literaturwissenschaftlerin etablieren noch zur Entdeckung von Elizabeth Barrett-Browning im deutschsprachigen Raum wesentlich beitragen.

Im Oktober 1884 lernte Helene Druskowitz den Philosophen Friedrich Nietzsche und den Kreis um ihn, darunter Rainer Maria Rilke, Lou Andreas-Salomé und Paul Rée sowie Meta von Salis, kennen. In einem Brief an seine Schwester Elisabeth schrieb Nietzsche über die Druskowitz: »Nachmittags machte ich einen langen Spaziergang mit meiner neuen Freundin Helene von Druscowicz, welche einige Häuser weit von der Pension Neptun mit ihrer Mutter wohnt; sie hat sich von allen mir bekannt gewordenen Frauenzimmern bei weitem am ernstesten mit meinem Buch abgegeben, und nicht umsonst. [...] Ich meine, es ist ein edles und rechtschaffenes Geschöpf, welches meiner ›Philosophie‹ keinen Schaden tut.«
Doch die anfängliche Begeisterung für seine Philosophie machte bald einer kritischen Distanz Platz, als sie sich mit dem »geheimen« Teil des Zarathustra auseinandersetzte, den ihr Nietzsche geschickt hatte. Am 1. August 1885 sandte sie den Text an ihn zurück. In einem Brief vom Dezember des Jahres an C. F. Meyer zeigte sie sich enttäuscht: »Meine Begeisterung für Nietzsches Philosophie hat sich nur als eine passion du moment, als ein armseliges Strohfeuer erwiesen. Nietzsches Propheten-Miene kommt mir nun recht lächerlich vor. Wer wollte dem Manne Geistesfülle und großes Formtalent absprechen? Seine Begeisterung reicht aber doch nur dafür aus, sich über dies und jenes in Form von Reflexionen feinsinnig auszusprechen; nicht aber, wie er glaubt, für die großen philosophischen Probleme, die er ohne wahren Ernst und recht oberflächlich behandelt.«
Ihre kritische Haltung zu Nietzsche äußerte sie nicht nur in Briefen, sondern auch in ihrem 1886 erschienenen Buch *Moderne Versuche eines Religionsersatzes* (von Dr. H. Druskowitz), das zwei Jahre später unter dem veränderten Titel *Zur Begründung einer überreligiösen Weltanschauung* wieder aufgelegt wurde. In ihm legte die überzeugte Atheistin eine kritische Lektüre der klassischen Philosophie vor. Doch ihre Angriffe auf die männliche Philosophie wurden von ihrer Umgebung nicht gutgeheißen. Für Meta von Salis griff Helene von Druskowitz Nietzsche »oberflächlich und rücksichtslos« an, und C. F. Meyer schrieb in einem Brief an Louise von François: »Auch sollte sie einmal aufhören, den Prof. Nietzsche öffentlich zu züchtigen, ihm die Rute zu geben. Man wird sagen, sie hätte ihn gern geheiratet.«
»Die Ehe ist keine Institution für begabte Frauen« heißt es in ihrem Einakter *Unerwartet*. Und in ihren *Pessimistischen Kardinalsätzen* (1905) formulierte sie im letzten Kapitel »Frauentafel. Maximen für

die Frauen« unter Punkt 8 »Wisset, daß die Ehelosigkeit aus bewußten und allgemein gültigen Gründen das vornehmste Zeichen für die geniale weibliche Verfassung ist, ja, daß sie das Genie der Frau selbst bedeutet.«

Helene von Druskowitz selbst war zeitlebens weniger den Männern als den Frauen zugetan. Sie machte kein Hehl daraus, daß sie Frauen liebte. Sie bezeichnete sich selbst als abnorm, als genial und glaubte an ihren Ruhm. Aber es gab auch Männer, die sie beeindruckten. Zu ihnen zählte der Philosoph Eugen Dühring, den sie 1889 in einer Studie würdigte. An seinen Ideen einer freien Gesellschaft konnte die kompromißlose Denkerin Gefallen finden und war wohl auch von der Konsequenz seiner Kritik an der Universität, die ihm daraufhin die Lehrbefugnis entzog, beeindruckt. Von seinem Antisemitismus distanzierte sie sich jedoch entschieden. Der verheiratete Dühring zeigte sich mit Helene von Druskowitz in seiner Kritik an der Ehe einig: »Denn so viel ist gewiß, daß nicht Religionskriege, nicht Klassenkämpfe, nicht die Knechtung einer Kaste durch die andere, sondern die Knechtung der Frauen in der Zwangsehe die schrecklichste Erscheinung in der Geschichte der menschlichen Entwicklung ist [...].«

Auch als Philosophin konnte sich Helene Druskowitz keinen Lebensunterhalt verdienen. 1888 starb die Mutter an einem Lungenleiden, vier Jahre vorher war der älteste Bruder verstorben, während der zweite auf Reisen in Südamerika war und nichts von sich hören ließ. Sie reiste viel, kurz vor dem Tod der Mutter übersiedelte sie nach Dresden, ihre Freunde dachten wohl, sie sei finanziell abgesichert. Nach dem Tod der Mutter ging sie nach Rom, wollte noch nach Nordafrika weiterfahren. Im November 1889 schrieb Louise von François an C. F. Meyer: »Von Frl. Doctor hatte ich wieder Kunde von Dresden aus. Sie hatte im Riesengebirge sommergefrischt und die schlesische Volksnatur ihr gemütlich zugesagt. Das freute mich. Sie gefällt sich im Abgestoßenwerden und gerät daher leicht in Paradoxien. Wie sollte aber auch Einer – und zumal Eine – denselben entgehn, der keinen Familienzusammenhang, nicht einmal einen Mutterboden gekannt zu haben scheint, von keiner Heimat, keinem Vaterlande weiß und last not least – keine, wenn auch nur eingewöhnte Pietät für eine Religionsgemeinschaft hegt.«

In Unkenntnis ihrer Person glaubten François und Meyer lange, daß eine Ehe die Situation von Druskowitz lösen würde. Auf Anraten der Bekannten begann sie, Lustspiele zu schreiben, von denen sie

sich auch finanziellen Erfolg erhoffte. François war von den Ergebnissen weniger überzeugt als Meyer, der sie für das Lustspiel begabt fand, denn: »Sie besitzt alle Eigenschaften, auch die komische Grausamkeit. Ob aber eine Frau alle komischen Mittel anwenden darf, fragt sich.«
Das Lustspiel *Die Emancipations-Schwärmerin* entsprach 1890 allerdings auch nicht dem Geschmack eines bürgerlichen Publikums, das von der Frauenfrage noch kaum Kenntnis genommen hatte. Denn da werden Vertreter der Wissenschaft in ihrem Unwissen entlarvt, bürgerliche Ehefrauen, die sich für die Emanzipation interessieren, bloßgestellt, Blaustrümpfe ironisch karikiert und die Medizinstudentin Dora Hellmuth (deren Initialen wohl nicht zufällig mit denen der Autorin ident sind) in ihrem Studieneifer als positive Heldin präsentiert.
Ein Mann schickt seine Frau und seine Kinder von New York nach Zürich, weil er von diesem Europaaufenthalt die Heilung seiner Gattin erhofft, die »einen nur allzu lebhaften und tätigen Anteil an der sogenannten Frauenfrage« nimmt und deshalb bereits scherzhaft »Aspasia« genannt wurde. Daß Zürich nicht gerade der ideale Ort dafür war, erweist sich im Stück nur allzu deutlich. Doch am Ende wird aus »Aspasia«, der Muse der Bildung und Weisheit, die schon bei den Griechen häufig verspottet wurde, wieder die Gattin »Alwine«, die allerdings von Dora Hellmuth noch den Rat erhält: »...vergessen Sie doch auch nicht ganz Ihre früheren Ideale.«
Wie die anderen dramatischen Scherze ist die *Emancipations-Schwärmerin* ein intellektuell spritziges Theaterstück mit dramaturgischen Schwächen, die in der Zusammenarbeit mit Theaterfachleuten sicherlich behoben hätten werden können. Aber dazu sollte es nicht mehr kommen. Denn aus dem einstigen Wunderkind, das sich nicht an gesellschaftliche Normen anpassen wollte, war eine nicht übermäßig erfolgreiche Philosophin, Literaturwissenschaftlerin und Schriftstellerin geworden, die offensichtlich in eine Liebesbeziehung mit der Dresdner Opernsängerin Therese Malten verwickelt war. Später machte die Druskowitz sie für ihre psychische Krise mitverantwortlich, wie sie später in Mauer-Oehling erklärte.
Am 2. Februar 1891 wurde die 35jährige Helene von Druskowitz in das Dresdner Irrenhaus eingewiesen und von dort als gebürtige Wienerin nach Mauer-Oehling überstellt. Erst nach 27 Jahren, als Tote, verließ sie die Anstalt endgültig, nachdem sie mehrmals zwischen Mauer-Oehling und der Anstalt in Ybbs hin- und hergeschoben worden war.

»Helene von Druskowitz stürzte offenbar schreiend und spuckend aus einem Zimmer in einer Pension, fühlte sich von Halluzinationen verfolgt, wälzte sich am Boden, riß sich die Kleider vom Leib. Sie wurde daraufhin in die Irrenanstalt gebracht, wo sie erklärte, daß sie von telepathischen Erscheinungen beunruhigt worden war, und ihre sofortige Entlassung forderte.«

Hinrike Gronewold, die als erste die Lebensspuren von Druskowitz genau recherchierte, hat ihre Krankengeschichte eingesehen und in ihrem Essay »Die geistige Amazone« wichtige Teile daraus publiziert. Für sie ist nicht genau zu entscheiden, ob die folgende Demonstration von übersinnlichen Fähigkeiten durch Helene von Druskowitz darauf verweist, daß sie in okkultistische Zirkel geraten war, die einen Zustand völliger Verwirrung ausgelöst hatten, oder ob sie gar keine Visionen hatte, »sondern sturzbetrunken in ihrer Pension randaliert hatte, um dann, durch die Einlieferung ins Irrenhaus ernüchtert, sich als okkultistische Wissenschaftlerin zu präsentieren, weil sie sich schämte, ihren Alkoholexzeß einzugestehen«. Denn ihre Liebe zu Zigaretten, Zigarren, Pfeifenrauchen und zum Alkohol teilte sie mit vielen intellektuellen Frauen ihrer Generation, und auch während der Jahre in der Psychiatrie konnte sie ihren Alkoholismus nie loswerden. Die Krankengeschichte verzeichnet 1899 eine Erklärung der Patientin, »daß Tee und Alkohol für ihr geistiges Leben unbedingt notwendig sei, daß sie ohne diese auch körperlich sich unwohl fühle, daß sie schlechter schlafe u.s.w. [...]«.

Für ihren Anstaltsaufenthalt sorgten in der Folge finanzielle Zuwendungen von FreundInnen, MäzenInnen und von ihrem Bruder, gegen persönliche finanzielle Unterstützung wehrte sie sich aber während all der Jahre genauso wie gegen die Unterstützung des Kreises um François, Ebner-Eschenbach und Meyer, die nach der Internierung immer schon gewußt hatten, daß es mit ihr kein gutes Ende nehmen würde. Ihr Briefwechsel ist ein eindrückliches Beispiel für eine kleinbürgerliche Moral, die ein abnormes Verhalten weder tolerieren kann noch Verständnis dafür aufbringt. In ihrer Krankengeschichte findet sich am 17. 12. 1896 folgende Eintragung: »Pat. Unterscheidet genau zwischen Personen, welche ihr angenehme und unangenehme Halluzinationen verursachen. Zu den letzteren zählen insbesonders ihr Bruder und die Schriftstellerin Marie Ebner-Eschenbach.«

Stereotyp kehren Bemerkungen über Halluzinationen wieder, die Helene von Druskowitz verfolgen, über Gestalten, Tiere und Stimmen, die sie beunruhigen. Als Diagnose ihrer Krankheit wurde zunächst »Verrücktheit«, später »Paranoia« festgelegt. Als der Entmündigten ein Wiener Kaufmann als Vormund präsentiert wurde, wehrte sie sich und verlangte die Übertragung auf einen Wiener Notar: »wie es meiner Herkunft, meinem hohen Bildungsgrade und wohl auch meinem Autorinnenberuf angemessen ist.« Doch der Kurzwarenhändler Johann Seidlhofer blieb ihr Vormund.

Immerhin bekam sie schließlich eine Einzelzelle und setzte durch, daß Ärzte und Pfleger sie mit »Hoheit« und »Fürstin« ansprachen. Während der Jahre in Gefangenschaft hatte Helene von Druskowitz einige Zeitungen abonniert, war Mitglied von spiritistischen Vereinigungen in Köln und Chicago und konnte 1905 ihre *Pessimistischen Kardinalsätze* veröffentlichen. In der Krankengeschichte wird am 1. 9. 1905 vermerkt: »Verfaßt Gedichte zum Lobe des Alkohols, schreibt unleserlich androphobe Satyren an die Frauenzeitungen, fühlt sich auf der Höhe ihres literarischen Schaffens [...].«

Dem Buch *Pessimistische Kardinalsätze. Ein Vademecum für die freiesten Geister* stellte sie einen Wunsch voran: »Dieses Werk soll ebenso gelesen und gewürdigt, wie das Chamonixtal und der Rhonegletscher bewundert werden.« Das Pamphlet, das auf ironisch destruktive Weise die philosophische Logik benützt und ad absurdum führt, gipfelt in der männerfeindlichen Aussage: »Der Mann als logische und sittliche Unmöglichkeit und als Fluch der Welt.« In quasi logischen Behauptungssätzen begründet sie im folgenden IV. Kapitel ihre These und zieht im letzten Absatz die Schlüsse für den Beweis der Superiorität der Frauen: »Da die Grundlagen eben ausgezeichnet gut sind und alles Unheil im Grunde nur auf die Schlechtigkeit und Intelligenzlosigkeit des anderen Geschlechtes zurückzuführen ist, so muß die Frauenwelt eben nur gereinigt, durch eine freie und kühne Erziehung, durch frühe Berufswahl ermutigt und durch Teilung der Städte nach den Geschlechtern, durch Beschränkung der Anzahl der Heiraten, die schließlich eine Eliminierung der Ehe herbeiführen wird, separiert werden. Dann werden die Frauen wieder heilig wie von Natur und eines wahren Kultus würdig sein. Der Feminismus muß mit Feuer und Glanz ausgestattet werden. Er ist das heiligste Ideal der modernen Zeit.« Darauf folgen die »Männertafel« mit den »Normalsätzen für das männliche Geschlecht« und die »Frauentafel« mit den »Maximen für die Frauen«, die mit einem flammenden Appell an die Frauen, das eigene Geschlecht zu lieben, enden.

Das Werk in der satirischen Tradition des Pamphlets ist in seiner Polemik und Ironie nicht unbedingt dem Pessimismus verpflichtet,

sondern Zeichen des Widerstands gegen das herrschende Denken. Denn wenn in der Geschichte des Patriarchats die Frauen das zweite Geschlecht waren, dann kann dem nur mit einem Gegenentwurf begegnet werden, der Proklamation und Verkündigung der Überlegenheit der Frauen.
Mit Unverständnis hätten wohl Louise von François und andere auf dieses Buch reagiert und Helene von Druskowitz endgültig für verrückt erklärt. Aber das haben schon andere erledigt, vierzehn Jahre vorher, und werden es noch weitere dreizehn Jahre lang bestätigen. Helene von Druskowitz starb kurz nach ihrem 62. Geburtstag in Mauer-Oehling.

# Helene von Druskowitz

## *Unerwartet*

*Personen:*
Sidonie von Falkenberg
Amalie
*Szene:* Wohnzimmer bei Sidonie von Falkenberg.
*Sidonie ruht auf einer Ottomane, eine Zigarette rauchend. Amalie sitzt an einem Tischchen mit Handarbeit beschäftigt.*

*AMALIE.* Sei doch nicht so aufgebracht. Es wird sich auch diesmal alles nach Deinen Wünschen gestalten. Warte nur noch ein Weilchen. Du zählst nun einmal zu den Auserwählten und alles ist Dir bisher wohl gelungen.
*SIDONIE.* Darüber läßt sich streiten.
*AMALIE.* Deine alte Tante muß es doch wissen. Seit Deiner Kindheit warst Du ein Gegenstand der Auszeichnung und Bewunderung und der Stolz Deiner seligen Eltern. Du warst noch ein ganz kleines Püppchen, als es keinen Berg noch Fluß mehr gab, der nicht zugleich in Deinem schwarzgelockten Haupte existiert hätte. Sämtliche Helden und Heldinnen der Geschichte lebten in demselben fort, Schlachten tobten weiter und zugleich warst Du souveräne Kennerin des Tier-, Pflanzen- und Mineralreiches. Alle nannten Dich Wunderkind.
*SIDONIE.* Viele werden so genannt.
*AMALIE.* Doch nur wenige mit Recht. Mit Riesenschritten ging es bei Dir vorwärts. Eine Wissenschaft nach der anderen wurde erobert, bis eines Tages der Trieb in Dir erwachte, selbst etwas zu schaffen. Doch, dem Himmel Dank, nicht zur Gelehrten, sondern zur Dichterin hatte das Schicksal Dich bestimmt. Schon Deine ersten poetischen Versuche fanden in bedeutenden Blättern Aufnahme.
*SIDONIE.* Da soll ich die Entwicklungsgeschichte meiner Triumphe auf's neue wiederhören!
*AMALIE.* Damit Dir klar wird, wie unrecht Du tust, Dich über eine momentane Stockung im Laufe Deines Siegeswagens zu beklagen. Welche Erfolge hatten Deine ersten Romane! Verleger und Redakteure begannen Dich alsbald zu bestürmen, während sonst umgekehrt sie bestürmt werden. Ein Verleger reiste Dir sogar nach, um Dir ein Manuskript abzupressen. Und sieh' da! Da kommt es

Sidonie von Falkenberg plötzlich in den Sinn, ein Lustspiel zu schreiben, und auch dafür zeigt sie Talent.
*SIDONIE.* Noch ist der Beweis dafür nicht erbracht. Denn Deine gute Meinung, teure Tante, ist, mit Verlaub, noch kein Zeugnis für die Güte meiner Leistung.
*AMALIE.* So heimst man für Lobsprüche stets unartige Bemerkungen ein. Allein ich will mich nicht irre machen lassen. Du gibst auf mein Urteil nichts …
*SIDONIE.* Im Gegenteil, beste Tante, aber …
*AMALIE.* Ich weiß schon. Dennoch halte ich an meinem Urteil fest, da ich stets durch Großmut zu besiegen pflege. Aber nun gib einmal den Glimmstengel aus dem Munde! Der wievielte es heute ist, soll ungezählt bleiben. Wie nennt man nur die abscheuliche Vergiftung durch allzustarkes Tabakrauchen?
*SIDONIE.* Du meinst wohl Influenza, ein Wort mit dem man heutzutage jede Krankheit bezeichnet; »denn da, wo die Begriffe fehlen« und so weiter.
*AMALIE.* Nein, *den* Bären laß ich mir nicht aufbinden. Frauen sollten von jener Infektion durch Zigarren- oder Zigarettenschmauchen im Grunde gar nicht sprechen; sicher aber wirst Du Dir eine solche noch einmal zuziehen. Dann hat man die Bescherung!
*SIDONIE.* Es war ja schon einmal der Fall, bevor wir zusammen hausten.
*AMALIE.* Wie? Was? Es ist doch unglaublich!
*SIDONIE.* Aber Tante! Selbstverständlich ein Scherz.
*AMALIE.* So? Ein recht hübscher Scherz! Da hört doch Verschiedenes auf! Nun glaub' ich Dir kein Wort mehr!
*SIDONIE.* Du gehst zu weit. Die ausgesprochenste Wahrheitsliebe schließt eine gelegentliche kleine Hänselei doch nicht aus. Wenn ich Dich versichere, daß mein von Dir so gepriesenes Lustspiel »annoch« von keinem Bühnendirektor angenommen worden ist, wirst Du mir doch Glauben schenken.
*AMALIE.* Ach ja, armes Kind! Nun bin ich wieder weich gestimmt. Aber an dem bisherigen Mangel an Erfolg ist, wie ich Dir schon wiederholt sagte, gewiß nur das unglückliche Pseudonym schuld. Wie man sich Heinrich Solden nennen mag, wenn man das Glück hat, Sidonie von Falkenberg zu heißen, ist mir unverständlich.
*SIDONIE.* Ich nannte Dir, liebste Tante, doch schon mehr als einmal die Gründe, die mich bestimmten, jenes Pseudonym zu wählen. Ich wollte vermeiden, daß mit meinem Namen, an dem auf dem Gebiete des ernsten Romans ernste Erfolge sich knüpfen, in dem Reiche

Thalias heitere Mißerfolge sich verbinden. Über den unbekannten Heinrich Solden mögen die Herren Kritiker ihren Gänsestielen alberne Glossen entströmen lassen; Sidonie von Falkenberg würde solche Bemerkungen schwerer ertragen.

*AMALIE.* Meine Ansicht aber ist die, daß Dein Name Dich vor solchen albernen Bemerkungen würde geschützt und deinem Werke schneller würde Bahn gebrochen haben.

*SIDONIE.* Mitnichten! Denkst Du, man hält es für erlaubt, daß jemand plötzlich von einer Seite sich zeige, von der man ihn bis jetzt noch nicht gekannt? Denkst Du, man hält es auch nur für möglich, daß jemand, der sich bis dann als Romancier betätigt hat, plötzlich eine dramatische Ader zeige? Ist ein Autor erst in einem literarischen Schubfach untergebracht, so bleibt er für alle Zeiten in demselben gefangen gehalten.

*AMALIE.* Du siehst zu schwarz. Die Pessimistin, wie sie im Buche steht.

*SIDONIE.* Ich spreche selbstverständlich im allgemeinen und die Ausnahme bestätigt auch hier die Regel. Daß ich persönlich unter meinem Namen mit meinem Stücke Glück haben sollte, das nur wollte mir nicht einleuchten. Sei überzeugt, daß ich richtig sah. Unter dem Namen Heinrich Solden betritt ein Unbekannter das vielbetretene Gebiet Thalias und nun frägt es sich, ob man ihm Talent zugesteht oder nicht.

*AMALIE.* Nun ich denke, daß es Dir, außer von Deiner alte Tante, brieflich und öffentlich nachgerade oft genug ist zugesprochen worden, trotzdem Dein Werkchen kaum erst flügge geworden ist.

*SIDONIE.* O ja! aber manche versuchten mir das Talent für das Lustspiel auch abzusprechen. So will ein Anonymus in der berühmten Chronik von Doktor Wanze …

*AMALIE.* Ein hübscher Name!

*SIDONIE. (fortfahrend)* mir keine Spur von Witz und Humor zugestehen.

*AMALIE.* Der Wortlaut seiner Kritik aber beweist, daß vor allem ihm selbst jede Spur von Witz und Humor fehle.

*SIDONIE.* Und was schrieb Doktor Böcklein, der große und vor allem der breite Philosoph, der durch unendliche Variationen und Wiederholungen eines einzigen dürren Gedankens zwei dicke Bände zu füllen versteht?

*AMALIE.* Wie soll denn solch ein sentimentaler und langweiliger Philosophierer über ein Lustspiel urteilen können?

*SIDONIE.* Auch ich gebe auf seine Aussprüche nicht allzuviel. Nur das Gleiche erkennt das Gleiche. Wer selbst niemals im Stande war, etwas Erheiterndes vorzubringen, hat in Sachen des Witzes auch kein Urteil. Und nun gar der Herausgeber eines der jüngsten Zeitschriften Deutschlands, der das Geheimnis meiner Autorschaft merkwürdigerweise erriet, der Herr mit der überlangen Nase, die »wie der Turm auf Libanon, der hinschaut gen Damaskus«, wie hat *der* mein Stück beurteilt!

*AMALIE.* Es war ein Racheakt von ihm. Weil Du ihm bei einer persönlichen Begegnung, wenn auch in verblümter Weise, den Rat gabst, doch wie bisher ein Possenreißer zu bleiben und nicht mit ernsten Dingen zu liebäugeln, deshalb will er seinerseits Deinen Witz nicht gelten lassen.

*SIDONIE.* Das ist allerdings auch meine Ansicht. Weil er, der bedauernswerte Frauenschreck, ferner die Riaserie[1] beging, mir von seinem Unglück in der Liebe und von allerlei Körben, die er von undankbaren Damen erhalten, zu erzählen, deshalb bekrittelte er in seinem funkelnagelneuen Blättchen namentlich eine Liebesszene meines Lustspiels. Doch, wie es auch sei, keineswegs soll mein Lebensglück von dem Schicksale des Stückes abhängen.

*AMALIE.* Immerhin wäre ein recht günstiges Schicksal desselben eine angenehme Zugabe.

*SIDONIE.* Ohne Zweifel. Das Feld der menschlichen Wünsche ist übrigens ein weites.

*AMALIE.* Was sollte Dir sonst noch fehlen? Du besitzest Jugend, Ruhm, Stellung und – Deine alte Tante mit dem Strickstrumpfe.

*SIDONIE.* Gewiß, höchst schätzenswerte Vorzüge und Besitztümer. Ich will auch nicht behaupten, daß mir etwas Positives fehle, aber vielleicht so manches oder doch etwas, von dem ich lediglich wünschte, daß es an mich heranträte.

*AMALIE.* Ich begreife nicht, was Du meinst. Heiraten willst Du nicht …

*SIDONIE.* Nein, gewiß nicht! Die Ehe ist keine Institution für begabte Frauen. Der begabte Mann mag in ihr einen Friedensort sehen, in dem er seine Kräfte erst recht sammelt und entfaltet; die begabte Frau zersplittert sich, und ich will mit meinem Talente leben. Trotzdem wünschte ich *(stockt.)*

*AMALIE.* Was meinst Du?

*SIDONIE.* Du weißt, es hat mir in früheren Jahren an Heiratsanträgen nicht gefehlt, die jedoch samt und sonders refüsiert[2] wurden.

---

[1] Riaserie = Lächerlichkeit

[2] refüsiert = zurückgewiesen, abgelehnt

Seither hat es mir zwar niemals an Verehrern gefehlt, an Männern, die mich in zudringlicher Weise ihrer Liebe versicherten, nach der ich nicht verlangte, einen Heiratsantrag aber habe ich in letzter Zeit nicht erhalten.
*AMALIE.* Dann waren die zudringlichen Verehrer entweder biedere Ehemänner, die keinen Heiratsantrag stellen konnten, oder Du warst, wenn schon Junggesellen Dich anschwärmten, derart spröde und abweisend, daß Du die armen Teufel zurückschrecktest.
*SIDONIE.* Als ob die Herren der Schöpfung so leicht zurückzuschrecken wären!
*AMALIE.* Na, bloße Lehmklötze sind sie am Ende auch nicht, und noch ist nicht festgestellt, ob nicht mehr Männer als Frauen wegen unglücklicher Liebe sich das Leben nehmen.
*SIDONIE.* Wir wollen letzteres dahingestellt sein lassen. Du sprachst von Sprödigkeit. Denkst Du, daß ein Mann, wenn es ihm wirklich um ein Mädchen zu tun ist, sich so leicht wird zurückschrecken lassen?
*AMALIE.* Da hast Du wieder einmal recht. Du schwiegst, seitdem wir zusammen wohnen, stets über diesen Punkt und ich wollte nicht fragen. Nun aber ärgere ich mich über die sogenannten Herren der Schöpfung. Wo haben sie ihre Augen? Warum gehen sie an den vortrefflichsten Frauen vorüber? Ist das ein Jammergeschlecht! *(sich besinnend)* Übrigens willst du ja gar nicht heiraten!
*SIDONIE.* Eben deshalb ereifere Dich auch nicht. Man tut Recht, mir keinen Heiratsantrag zu machen. Interessant wäre mir nur die Stimmung, in die ein solcher Antrag mich jetzt versetzen würde.
*AMALIE.* Das ist frivol.
*SIDONIE.* Mitnichten. Künstler und Dichter fühlen nun einmal das Bedürfnis, immer wieder in ein neues seelisches Element zu tauchen, in neue Stimmungen versetzt zu werden, mit einem Worte: zu experimentieren.
*AMALIE.* Da dank' ich dem Himmel, daß er mich aus gewöhnlichen Stoffen geschaffen hat. Ich habe mich über den Antrag meines Seligen gefreut, weil ich ihn heiraten wollte und nicht um in eine Stimmung versetzt zu sein und an dem armen Mann herumzuexperimentieren. Nein, mein liebes Kind, von welchem Standpunkt aus man auch die Sache betrachtet, so ist und bleibt es frivol, einen Heiratsantrag zu wünschen, den man im Grunde – verwünscht.
*SIDONIE.* Das ist Ansichtssache. *(Scherzend.)* Du verstehst uns Dichter trotz des beständigen Umganges mit mir und meines bildenden Einflusses immer noch nicht.

*AMALIE.* Ich bin und bleibe eben ein Hausmütterchen und nun will ich nach der Wirtschaft sehen.
*SIDONIE.* Bitte sieh zuerst nach dem Briefkasten. Doch wahrscheinlich enthält er nichts, wie es gewöhnlich der Fall ist, wenn man etwas erwartet.
*AMALIE.* Über Mangel an Korrespondenzen und dergleichen hast Du wirklich nicht zu klagen. *(Ab.)*
*SIDONIE. (Allein.)* Wie gut sie ist. Wie genügsam und bereitwillig! Nun aber will ich ihr beweisen, daß ich auch an ihre Liebhabereien denke und ihr gerne ein Vergnügen bereite. *(Sie holt ein Schachbrett herbei und stellt die Figuren zu einem Damespiel auf.)*
*AMALIE. (Zurückkommend.)* Reiche Beute, Deiner Schwarzseherei zum Trotz! Was es ist, weiß ich nicht, da ich keine Brille habe.
*SIDONIE.* Mit leeren Händen kommst Du in der Tat nicht. Laß sehen! *(Die Poststücke musternd.)* Eine Annonce eröffnet naturgemäß den Reigen – folgt ein neues Werkchen von Kollegen Sternberg – ein Brief von Onkel Gebhart – eine Aufforderung zur Mitarbeiterschaft an einer neuen Zeitung – schon wieder eine neue? natürlich um einem »dringenden Bedürfnisse«, nämlich dem des Redakteurs, abzuhelfen.
*AMALIE.* Wenn das so fortgeht, so abonnieren die Zeitungen nächstens auch die Leser.
*SIDONIE.* Doch was ist das? Himmel, ein Brief von dem Kaltenburger Stadttheater! *(Öffnet ihn rasch.)* Mein Stück angenommen!
*AMALIE.* Bravo! Bravissimo! Was habe ich Dir prophezeit?
*SIDONIE.* Doch frohlocke nicht zu früh! Da fällt mir eben ein, daß die Zeitungen meldeten, das Kaltenburger Stadttheater ist gestern abend abgebrannt.
*AMALIE.* Richtig, nun erinnere auch ich mich, dieses Telegramm gelesen zu haben. Das ist doch schwärzestes Pech. Freilich wäre eine Aufführung Deines Stückes in Kaltenburg auch kein allzu großer Glücksfall gewesen.
*SIDONIE.* Kaltenburg ist freilich nicht Berlin, doch als Probestation bei Dichtern gesucht.
*AMALIE.* Wo liegt das Städtchen eigentlich?
*SIDONIE.* Genau weiß ich's auch nicht. Doch ist es hoffentlich auf der Landkarte zu finden. Bitte, hole doch Meyers Handatlas herbei.
*AMALIE. (Geht zu einem Repositorium.)* Ich selbst will die Unglücksstadt aufsuchen, sollte darüber auch so viel Zeit vergehen, bis ein neues Theater dort erbaut ist.
*SIDONIE.* Doch was ist das? Ein zierlicher Brief an Herrn Heinrich

Solden gerichtet, von dem Verleger mir zugesandt – die Schriftzüge einer Damenhand – feinstes Papier – reizende Figürchen und Embleme *(den Brief öffnend.)* köstlich parfümiert *(sie liest, ihre Gesichtszüge erheitern sich mehr und mehr, ihr Lächeln geht in ein immer tolleres und ausgelasseneres Lachen über.)* Tante Amalie! Diesmal hat Göttin Fortuna ihr ganzes Füllhorn über mich ausgeschüttet! Wir können den heutigen Tag nicht rot genug im Kalender anstreichen. Nicht nur, daß mein Stück auf einer Bühne ersten Ranges, die sogleich in Flammen aufging, angenommen wurde, es gesellt sich hierzu noch ein Heiratsantrag, wie ich ihn gleichfalls nimmer erwartet.

*AMALIE.* Ein Heiratsantrag? So muß Dir der frivole Wunsch wirklich in Erfüllung gehen?

*SIDONIE.* Das Merkwürdige dabei ist nur, daß der Antrag an Heinrich Solden gerichtet ist.

*AMALIE. (Die Situation nicht begreifend.)* Wie?

*SIDONIE. (Fortfahrend.)* Und demgemäß von einer Dame kommt, die sich selbst als jung, schön, vornehm und reich bezeichnet, doch ihren Namen geheim hält. Sollte Herr Heinrich Solden, in dessen Humor sie sich verliebt hat, noch unvermählt sein und Neigung zum Heiraten verspüren, so möge er sich an den Advokaten Stöhr in Berlin wenden. Heinrich Solden nimmt Gratulationen entgegen.

*AMALIE.* Und ich für ihn. In welcher *(mit besonderer Betonung)* Stimmung befindet sich Heinrich Solden, oder Sidonie von Falkenberg jetzt?

*SIDONIE.* In einer sehr heiteren, um so mehr als sie sich keine Skrupeln zu machen braucht, *diesen* Antrag abzulehnen. Traurig dabei ist nur der Gedanke, auf welch' tollen Einfall der Müßiggang eine junge, schöne, vornehme und reiche Dame bringen kann. Ihr Antrag gibt mir übrigens Stoff zu einem dramatischen Scherz, den ich ihr durch ihren Rechtsanwalt übermitteln werde und der ihr gleichfalls *unerwartet* kommen dürfte!

**Rosa Mayreder**
**1858–1938**

Zeitlebens hat sie sich gegen die Tyrannei der Bilder gewehrt, die sich Männer von Frauen machen. Die 1858 als Tochter des Besitzers des berühmten Winterbierhauses in der Wiener Landskrongasse geborene Rosa Obermayer fand es schon als junges Mädchen ungerecht, daß das Geschlecht und nicht ihre Begabungen die Erziehung bestimmten.

Bereits mit 16 Jahren vertraute sie ihre verzweifelten Kämpfe ihrem Tagebuch an: »O Natur, in deiner herrlichen Schöpfung gibt es keinen Widerspruch – warum ließest du mich nicht Mann werden, wenn du mir unweibliche Gefühle gabst? [...] Alles freut sich seines Lebens, alles wendet seine besten Kräfte an, so schön und vollkommen zu sein – nur das Weib, das Weib allein in deiner ganzen Schöpfung Natur, kann das herrlichste Geschenk, das es, weil es ein Mensch, von dir erhielt, nicht brauchen – die Vernunft.«

Rosa Obermayer wuchs in einer großen Familie auf, der Vater, ein liberaler Anhänger der Revolution von 1848, war zweimal verheiratet, die erste Frau starb bei der Geburt des achten Kindes. Rosas Mutter, Maria Engel, stammte aus einer bürgerlichen Familie und kam aus ökonomischen Gründen als Gouvernante zu den verwaisten Obermayer-Kindern. Schließlich heiratete sie den viel älteren Franz Obermayer und gebar ihm weitere fünf Kinder. Ihre Bildung, ihre Sprachkenntnisse konnte und wollte sie nicht mehr gebrauchen. Rosa Mayreder fand später im Schrank ihrer Mutter Bücher über französische und englische Literatur.

Sie selbst wurde, den Normen einer bürgerlichen Erziehung entsprechend, auf ein Mädcheninstitut geschickt und erhielt Klavier- und Malstunden. Immerhin tolerierte die Familie ihren Bildungs- und Lesehunger, der Vater erlaubte ihr sogar gemeinsamen Privatunterricht in Latein und Griechisch mit dem Bruder Fritz. Aber sie mußte erfahren, daß ihren Brüdern die Gymnasien und Universitäten offen standen, obwohl diese daran gar nicht besonders interessiert waren.

Rosa richtete sich im Reich der Bücher und der Ideen ein und wurde von ihrer Familie schließlich als Ausnahmeerscheinung toleriert. In ihrer Autobiographie *Das Haus in der Landskrongasse* (1948) hat sie, aufbauend auf ihren Tagebuchaufzeichnungen, über diesen Zustand, der sie nicht zufriedenstellte, selbstbewußt geschrieben: »Die Ausnahme von heute mußte die Regel von morgen sein, sonst hatte mein Leben keinen Sinn.«

In diesen Lebenserinnerungen schrieb sie auch über die Schnürversuche, die den Taillenumfang der rundlichen Wirtshaustochter reduzieren sollten, der so gar nicht dem Klischee der intellektuellen Frau entsprach. Mit achtzehn Jahren legte sie das Korsett ab und mit ihm auch die damit verbundenen Normen, die Psyche und Geist einengten. Es war ein äußerlich sichtbarer und von ihrer Umgebung äußerst mißtrauisch verfolgter Akt gegen die »Tyrannei der Norm«. Nach einer ersten unglücklichen Liebe, die sie Jahre später in ihrem Roman *Idole* (1899) verarbeitete, verliebte sich Rosa Obermayer in den zwei Jahre älteren Architekturstudenten Karl Mayreder und heiratete ihn 1881 mit dreiundzwanzig Jahren. Sie konnte sich vorstellen, mit ihm ihr Ideal der Ehe zu leben. Sie nannte ihn Lino, und für sie war er der Mann, der in ihr die gleichberechtigte Partnerin schätzte, der keine Herrschafts- und Besitzansprüche geltend machte, auch dann nicht, als sie sich zweimal in einen anderen Mann verliebte. In ihren Tagebüchern ist nachzulesen, wie sie, vor allem während der zweiten, einige Jahre dauernden Leidenschaft zu einem anderen Mann, um ihre Gefühle rang. Karl Mayreder unterstützte ihr Bildungsstreben und ihre Malstudien. Als Autodidaktin erwarb sie sich psychologische und philosophische Kenntnisse. Er wurde Professor an der Technischen Hochschule in Wien, das Paar lebte in einer gutbürgerlichen Wohnung und führte einen Salon, in dem sich viele Intellektuelle und Künstler trafen.

Als Künstlerin – sie hatte zu malen begonnen – trat Rosa Mayreder zum ersten Mal 1891 an die Öffentlichkeit, einige ihrer Aquarelle wurden im Wiener Künstlerhaus gezeigt. Auch in den nächsten Jahren nahm sie als Malerin immer wieder an Ausstellungen teil, konnte ihr Talent in dieser Kunst aber nicht wirklich entfalten. Sie verfaßte unter dem männlichen Pseudonym Franz Arnold Kunstkritiken in der »Neuen Freien Presse« und schrieb für den befreundeten Hugo Wolf das Libretto zu seiner Oper *Der Corregidor* (1896). Die Erzählungen in ihrem Novellenband *Übergänge* (1897) und ihr erster Roman *Idole* kreisen immer wieder um die Geschlechterverhältnisse. Mit feiner Ironie entlarvt sie in den Texten die bürgerlichen männlichen Vorstellungen von der Frau und demaskiert witzig deren Doppelmoral.

Mit ihren literarischen Arbeiten hatte die Vielbegabte allerdings keinen großen Erfolg, wiewohl sie sich bis ins hohe Alter als belletristische Autorin versuchte. So entstanden unter anderem Sonette und das weibliche Faustdrama *Anda Renata.* Sie erkannte selbst ihre große Begabung als Theoretikerin und begann, philosophische und sozialwissenschaftliche Essays zu schreiben, die bis heute faszinieren und dennoch in keiner Neuauflage zugänglich sind. Im Gegensatz dazu erfreuen sich die Bücher der Antifeministen nach wie vor hoher Auflagen. Sowohl das Buch von Moebius »Über den physiologischen Schwachsinn des Weibes« (1900) als auch Otto Weiningers Traktat »Geschlecht und Charakter« (1903), das in der Einschätzung gipfelt, daß das Weibliche ein »Nichts« sei, sind erhältlich.

Eine Antwort auf die angebliche biologische und psychologische Bestimmung des »Rätsels Weib« – ein Sujet, das sie in Auseinandersetzungen mit Männern, aber auch mit Frauen zu dieser Zeit diskutiert hat – findet sich in den »Grundzügen« von Rosa Mayreders Hauptwerk *Zur Kritik der Weiblichkeit* (1905): »Während man Männlichkeit und Weiblichkeit in ihrer gegenwärtigen Gestalt aus ursprünglichen und primitiven organischen Bedingungen zu erklären strebt, übersieht man, daß sie in vielen wesentlichen Stücken Kulturprodukte sind, also nichts Feststehendes und Abgeschlossenes, noch auch etwas allgemein Zutreffendes.«

Rosa Mayreders Ansichten waren selbst in Kreisen der Frauenbewegung nicht unumstritten. In einem Brief vom Silvestertag des Jahres 1905 bedankte sie sich bei der neun Jahre jüngeren Kollegin Irma von Troll-Borostyáni, dem Vorbild in Jugendtagen, über die briefliche Gratulation: »Aber noch aus einem anderen Grund hat es mich innig beglückt, daß diese erste Anerkennung gerade von Ihnen kam. Lassen Sie es mich bei diesem Anlaß erzählen, daß ja auch Sie es waren, die vor vielen Jahren, als ich, in einem stockbürgerlichen Milieu aufgewachsen, mit meinen Ideen so allein zu sein glaubte wie Robinson auf einer Insel – daß Sie es waren, von der ich die erste Bestätigung, die erste befreiende Gewißheit erhielt, daß draußen in der Welt, die mir unzugänglich war, eine neue, verheißende Zukunft für das weibliche Geschlecht heraufkam.«

Rosa Mayreder plädierte immer wieder für die individuelle Entwicklung des einzelnen Menschen, unabhängig von seinem Geschlecht. Die Literaturwissenschaftlerin Hanna Bubeniček, die viel zur – wenn auch bescheidenen – Wiederentdeckung der Feministin beigetragen hat, sieht den entscheidenden Schritt in ihrem Denken »in der Betonung der Historizität und der kulturspezifischen Bedingtheit des Weiblichen und Männlichen«.

Die Frauenrechtlerin der ersten Stunde machte sich keine Illusionen über die weibliche Identität, die sich erst unter anderen gesellschaftlichen Verhältnissen entwickeln kann: »Man wird erst wissen, was die Frauen sind, wenn ihnen nicht mehr vorgeschrieben wird, was sie sein sollen. Es ist nicht leicht, unter der konventionellen Außenseite, die wie ein glatter Überzug über die wohlerzogenen

Frauen gebreitet ist, die wahren Konturen ihrer Individualität zu entdecken. Gewöhnt an eine beständige Kontrolle jeder Lebensäußerung, mit tausend unsichtbaren Fäden schlimmer als mit Ketten gebunden, durch die Herrschaft sittlicher Normen genötigt, sich über sich selbst zu täuschen, sich divergierende Empfindungen nicht einzugestehen, gehen sie stumm den Weg, den ein stärkerer Wille ihnen vorgezeichnet hat.«

Rosa Mayreder griff auch das Tabu der weiblichen Sexualität auf und sah die eigene sexuelle Identität der Frauen als Voraussetzung einer eigenständigen Persönlichkeit. Und sie wehrte sich in einem Essay mit dem Titel *Mutterschaft und Kultur* vehement gegen die angebliche Bestimmung der Frau als Mutter. Sie machte darin die Widersprüchlichkeit der Gesellschaft in der Haltung gegenüber der Mutterschaft deutlich und spottete: »Das Weib als Mutter genießt die überschwenglichste Verehrung. [...] Wenigstens schallt diese Weise in tausendfachen Variationen aus allen Ecken und Enden jener Welt, die über der realen in den Wolken der sentimentalen Gefühle und schöner Gedanken schwebt. In der realen Welt ist das Weib als Mutter etwas weniger gut daran. [...] Der Preis, der dafür bezahlt wird, ist die geistige Freiheit und Ebenbürtigkeit.«

18 Jahre nach ihrem Buch *Zur Kritik der Weiblichkeit* erschien 1923 als Fortsetzung der Essayband *Geschlecht und Kultur*, dessen Titel nicht zufällig das Buch von Otto Weininger ins Gedächtnis rief. Sie führte darin ihre Untersuchungen über eine Soziologie der Geschlechter fort. Mayreders Schriften machten neben brillanten Analysen über den Zusammenhang von Macht und Sexualität aber auch deutlich, daß sie den Grenzen des bürgerlichen Denkens des 19. Jahrhunderts verhaftet blieb. So scharfsinnig sie Ideologien und Denkstrukturen durchschaute, so wenig sah sie die ökonomische Dimension der Frauenfrage in ihrer ganzen Bedeutung, auch wenn sie in der Prostitutionsdebatte Partei ergriff.

Rosa Mayreder engagierte sich in der österreichischen Frauenbewegung vor allem vom Schreibtisch aus, aber sie mischte sich auch in die verschiedenen Aktivitäten ein. 1893 wurde sie gemeinsam mit der Lehrerin Auguste Fickert Vizepräsidentin des »Allgemeinen Österreichischen Frauenvereins«, des radikalen Flügels der Frauenbewegung. Ein Jahr später hielt sie am 13. Jänner 1894 ihre erste öffentliche Rede im Alten Wiener Rathaus und erregte großes Aufsehen.

Sie sprach über die Prostitution, die für sie Symbol des Objektcharakters der Frau war, und wandte sich gegen die Errichtung öffentlicher Bordelle in Wien. Ebenso wie die Salzburger Frauenrechtlerin Irma von Troll-Borostyáni kämpfte sie gegen die Registrierung der Prostituierten und gegen eine Moral, die zwar die Frauen verurteilte, die Prostitution selbst aber »als notwendiges Übel« verteidigte. Sie war überzeugt: »Niemals und unter keiner Bedingung wird die Frauenbewegung den Kampf gegen eine Einrichtung aufgeben, durch die das Weib zu einer bloßen Sache herabgewürdigt wird.« Rosa Mayreders Rede war der Anstoß für eine Petition des Frauenvereins an das Abgeordnetenhaus. Die Behandlung dieser Petition wurde allerdings mit Erfolg drei Jahre lang hinausgeschoben und schließlich abgelehnt.

Da die publizistischen Medien auch damals nicht gerade für feministische Inhalte aufgeschlossen waren, gründeten Auguste Fickert, Marie Lang und Rosa Mayreder die Zeitschrift »Dokumente der Frauen«, in der vier von Rosa Mayreders Essays erstmals veröffentlicht wurden. Die erste Nummer erschien am 8. März 1899. Ist es Zufall oder doch Symbol, daß es gerade der 8. März ist, der 1911 als erster Internationaler Frauentag proklamiert wurde und den Clara Zetkin in die Tradition der Frauenbewegung seit der Französischen Revolution stellte?

Bereits im Herbst des Jahres kam es zu Streitereien über ideologische Differenzen, und Mayreder und Fickert verließen die Redaktion der Zeitschrift, die von Marie Lang alleine bis 1902 weiter herausgegeben wurde. Von heute aus betrachtet, waren die »Dokumente« eine äußerst informative Zeitschrift, die zweimal im Monat erschien und Artikel zu verschiedenen Schwerpunkten enthielt, z. B. zur Frauenstimmrechtsbewegung, zur Sittlichkeitsdebatte, zur Reformkleiderbewegung oder zur Dienstbotenfrage, Notizen aus der Frauenbewegung, Informationen zu wichtigen Terminen und bahnbrechenden Leistungen von Frauen, Berichte von Frauenkongressen, Literaturbeiträge, Leserbriefe und Inserate. Die Zeitschrift finanzierte sich durch Inserate, Spenden und Abonnements im In- und Ausland (von England bis Rußland). Wie so vielen Zeitschriften der Frauenbewegung der Jahrhundertwende war den »Dokumenten« nur ein kurzes Leben beschert.

Die Individualistin Rosa Mayreder tat sich schwer mit ihrer öffentlichen Rolle, lehnte Parteien ab, wollte sich nicht allen kollektiven Forderungen der bürgerlichen Frauenbewegung anschließen. Dennoch engagierte sie sich immer wieder in Komitees und Vereinen. 1897 gründete sie mit anderen den Verein »Kunstschule für Frauen und Mädchen«, der sich um eine bessere Kunstausbildung für Frauen bemühte, sie war Mitglied des »Vereins der Künstlerinnen und Schriftstellerinnen in Wien« und setzte sich ab 1915 verstärkt für die Internationale Frauenbewegung und Friedensbewegung ein, 1921 wurde sie Vizepräsidentin des österreichischen Zweiges der »Internationalen Frauenliga für Frieden und Freiheit« und 1927 deren Präsidentin.

1915 schrieb Rosa Mayreder in ihrem Essay *Die Frau und der Krieg:* »Wenn die Frauenbewegung ihre Voraussetzungen verwirklichen will, so kann sie dies nur als internationale Organisation.« Doch ihre Hoffnungen erfüllten sich nicht. Viele progressive Frauen stimmten in die Kriegsbegeisterung ein, und Rosa Mayreder mußte, wie Bertha von Suttner und andere, zusehen, wie ihre Erwartungen auf einen Fortschritt der Menschheit durch die historischen Ereignisse zunichte gemacht wurden.

Auch ihr Privatleben war seit einigen Jahren äußerst schwierig. Das Bild der glücklichen Ehe wurde ab 1912 erheblich getrübt, seit Karl Mayreders psychische Krankheit in Schüben immer wieder ausbrach und seine Persönlichkeit völlig veränderte. Seine Depression zwang ihn schließlich, 1924 in den Ruhestand zu treten. Zahlreiche Ärzte, darunter Sigmund Freud, wurden ohne dauerhaften Erfolg konsultiert. 1932 notierte Rosa desillusioniert in ihr Tagebuch: »Vor einigen Tagen hatte Lino auf meine Frage, ob Prof. Freud seinerzeit als Ursache seiner Erkrankung seinen Haß wegen meiner geistigen Überlegenheit angegeben habe, geantwortet, diese Ursache habe er selbst angegeben, während Freud diesen Haß aus unserer Kinderlosigkeit ableitete.«

Zwischen Gedanken an Flucht und Fesselung an das Krankenlager ihres Mannes arbeitete Rosa Mayreder weiter, durch ein Erbteil des Vaters und ihren Ehemann zeitlebens zu keiner Erwerbsarbeit gezwungen. 1935 starb Karl Mayreder, und seine Frau notierte in ihr Tagebuch: »... die plötzliche Leere fällt mir schmerzvoll aufs Herz. Er war ja 20 Jahre lang der Mittelpunkt, um den sich mein Dasein bewegte. Und wenn ich auch oft die Gebundenheit und Eintönigkeit dieses Daseins als Krankenpflegerin kaum mehr ertragen konnte – jetzt fühle ich nur den furchtbaren Riß, der ein lebenslanges Band vernichtet.«

Längst war auch ihre Position in der Frauenbewegung, ja, war die Frauenbewegung selbst beinahe bedeutungslos. In Deutschland hatte 1933 Hitler die Macht ergriffen, in Österreich war Kurt Schuschnigg seit Juli 1934 Kanzler.

Noch 1928 war sie zum 70. Geburtstag immerhin mit dem Bürger-

recht der Stadt Wien und der Festschrift *Der Aufstieg der Frau* geehrt worden. Zehn Jahre später, am 19. Jänner 1938, starb Rosa Mayreder. Bereits am 26. und 27. April 1938 wurde die materielle Hinterlassenschaft der kinderlosen Rosa Mayreder im Wiener Dorotheum versteigert. Ihre Schriften gingen in den Besitz der Schriftstellerin Käthe Braun-Prager über, ihrer Freundin, Vertrauten und Sekretärin während der letzten Jahre. Diese nahm Rosa Mayreders Verlassenschaft 1938 mit ins Exil nach London. Daß ihre Schriften und Ideen vergessen wurden, macht den durch den Faschismus erzeugten Bruch einmal mehr deutlich bewußt.
Immerhin konnten nach dem Krieg in einem Wiener Verlag die autobiographischen Erinnerungen *Das Haus in der Landskrongasse*, von Käthe Braun-Prager herausgegeben, zehn Jahre nach Rosa Mayreders Tod, erscheinen. Einige Publikationen und eine Ausstellung im Historischen Museum in Wien haben das völlige Vergessen verhindert. Dennoch wurde sie einer breiteren Öffentlichkeit erst wieder sechzig Jahre nach ihrem Tod in Erinnerung gerufen.
Kurz bevor die österreichischen Banknoten dem Euro weichen, prägt ihr Porträt seit kurzem die 500-Schilling-Note. Auf deren Rückseite verweist ein Zitat auf eine Erkenntnis Rosa Mayreders, die gleichermaßen als Hoffnung wie als Drohung aufgefaßt werden kann: »Die beiden Geschlechter stehen in einer zu engen Verbindung, sind voneinander zu abhängig, als daß Zustände, die das eine treffen, das andere nicht berühren sollten.«

## Rosa Mayreder

### *Die Befreiung vom Korsett*

Meine geistige Entwicklung fällt in eine Zeit, in der die bürgerliche Familie noch völlig unter der Herrschaft unangetasteter Traditionen stand. Die Auflehnung dagegen bildete im Bereich meines persönlichen Schicksals das entscheidende Erlebnis. Kraft meiner Wesensart dem alten Ideal der Weiblichkeit entgegengesetzt, aber zugleich durch die äußeren Umstände seinen Gesetzen ausgeliefert, nahm ich den Kampf gegen seine Übermacht als ein ganz isoliertes, ganz auf sich selbst gestelltes Einzelwesen auf, ohne Anleitung von außen, ohne Gemeinschaft mit Gleichgesinnten, aber dennoch mit dem unbeirrbaren Bewußtsein, im Rechte zu sein und etwas Höheres zu verteidigen. Und so klingt die innere Stimme, die den Menschen zu seinem individuellen Schicksal beruft, aus meinem Jugenderleben mit besonderer Deutlichkeit.

Die Lebenseinrichtungen unserer Familie, die aus der Gasthausküche ihren Bedarf bezog, schalteten den ganzen großen Komplex weiblicher Tätigkeit aus, der die Ernährungsfragen des Haushaltes in sich begreift. Was von häuslichen Leistungen übrig blieb, war bei der Einfachheit des Mobilars und der Lebensführung sehr geringfügig. Es bestand hauptsächlich im Stricken, Wäsche ausbessern und Kasten aufräumen – Beschäftigungen, in denen die Mutter unermüdlich war. Dazu kam nur noch eine unendlich langweilige Aufgabe, die sich glücklicherweise nicht aufs Land fortsetzte. Im Winterbierhaus gab es keine Tischtücher, dafür war der Verbrauch an Servietten desto größer, weil außer der Verabreichung einer solchen an jeden Gast vor besseren Gästen der Tisch mit einer Serviette gedeckt wurde. Jeden Freitag, wenn der Wäscher kam, türmten sich dann auf Tischen und Kommoden hohe Stöße dieses Wäschestückes auf, die von den weiblichen Familienmitgliedern auf Schadhaftigkeit hin durchgesehen wurden. Eine Serviette nach der anderen mußte entfaltet, gegen das Licht gehalten und wieder schön zusammengelegt werden. Stunden vergingen, eh alle Stöße abgetragen und neu aufgeschichtet waren. Trotz meiner tiefernst gemeinten Anläufe zur Musterhaftigkeit war das freitägliche Serviettendurchsehen ein nicht geringeres Schrecknis als das Stricken.

Daß das Wäscheausbessern nicht von den Töchtern gefordert wurde, bildete eine weitere Erleichterung: hingegen das Ordnung-

machen gehörte zu den unerläßlichen Obliegenheiten eines wohlgeratenen weiblichen Wesens. Aber auch dafür besaß ich nicht die geringste Eignung. In meinen Sachen herrschte immer ein unbesiegbares Durcheinander. Vergeblich suchte ich es meiner Schwester Madeleine gleichzutun, die das oberste Fach ihres Schrankes mädchenhaft nett in eine Art Kapelle verwandelt hatte, indem sie ein Muttergottesaltärchen aus Porzellan und Bronze an die Rückwand heftete, einen Perlmutterrosenkranz herumschlang und davor andere kleine Schätze aufstellte – ein Körbchen aus Golddraht, das auf seinem Grunde die Madeleine-Kirche in Paris unter Glas trug, ein Portemonnaie aus Perlschale, ein in Elfenbein gebundenes Gebetbüchlein und anderes mehr. Obwohl ich diese Kostbarkeiten – größtenteils Reisegeschenke der Eltern – gleichfalls besaß, gelang es mir nicht, sie in eine so zierliche Ordnung zu bringen und noch viel weniger, sie dauernd darin zu erhalten. Auf unbegreifliche Weise vermischten sie sich immer wieder mit Schulheften, schmutzigen Halskrägen, zerrissenen Büchern, fettigen Haarbändern, gebrauchten Taschentüchern; und bei den gelegentlichen Musterungen der Gouvernante mußte ich mit Armesündermiene Zeugin sein, wie das Reich meiner Schätze unter wenig schmeichelhaften Glossen von diesen unwürdigen Zuständen gesäubert wurde.
Ähnlich erging es mir in Dingen der Kleidung – ein Gebiet, dem die alte Erziehungsnorm der Weiblichkeit gleichfalls eine überragende Bedeutung beilegte. Man muß die Rolle kennen, die das Modejournal im Gesichtskreis des weiblichen Lebens spielt, und den besonderen Rang, der allen Angelegenheiten der Körperpflege eingeräumt wird, um zu begreifen, daß da ein Interesse von höherer Wichtigkeit mitspricht, das aus der Eitelkeit allein nicht restlos zu erklären ist, wenn auch die Ausbildung der Eitelkeit das stärkste Hilfsmittel dabei ist.
Damals war die Erziehung noch ganz auf bestimmte körperliche Vorzüge gerichtet: So durften schon die kleinen Mädchen beileibe nicht ohne Hut und Handschuhe sich im Freien tummeln, damit Gesicht und Hände nichts von dem »Milch- und Blut«-Charakter verlören, der als auszeichnender Reiz galt; meine Mutter war sogar gegen das Turnen, weil diese Übungen die Hände zu groß und stark machten. Das Schuhzeug mußte immer auf das Engste sein; ich erinnere mich, daß ich jahrelang durch zu kleine Stiefel zum ausdauernden Gehen untauglich war. Um die Taille schlank zu erhalten, wurden die Mädchen schon vom zwölften Jahr an, kaum daß sich die ersten Spuren weiblicher Rundung ankündigten, in den Schnür-

leib gesteckt; und bei festlichen Anlässen, wenn die Damengala den Höhepunkt erreichte, mußte das Mieder noch um einige Zentimeter enger als sonst zugeschnürt werden. Ein möglichst geringes Taillenmaß zu haben, war der Ehrgeiz jedes jungen Mädchens. Was gegenwärtig die Schlankheit der Gesamterscheinung ist, beschränkte sich damals auf die Taille allein, während die Abwesenheit von Hüften und Busen als unverzeihlicher Mangel galt. Daß man sich denselben leicht durch geistige Tätigkeit zuziehen konnte, war eine besonders abschreckende Wirkung solcher widernatürlicher Bestrebungen. Allen Ernstes wurde in hygienischen Schriften davor gewarnt; und die Behauptung, daß das Studium die weiblichen Formen verderbe, hat sich noch lange erhalten, nachdem schon die Erfahrung reichlich das Gegenteil bewiesen hatte. Auch daß das Studium die Haare ausfallen macht, gehörte zu den verbreiteten Anschauungen; die Häufigkeit der Glatzen bei den Männern wurde auf die geistigen Anstrengungen zurückgeführt.

Es scheint, daß die Natur mich zum Gegenbeweis dieser Anschauungen bestimmt hatte; denn weder der Reichtum meiner Haare, die ich bis nach meinem zwanzigsten Jahr in langen Zöpfen herabhängend trug, noch die Fülle der Gestalt entsprach dem dürren Bild, das man von einer »Studierten« entwarf. Leider dehnte sich das Beweismaterial auch auf meine Taille aus. Es war ein bedenklicher Schönheitsfehler, daß ich schon mit zwölf Jahren einen Taillenumfang von fast sechzig Zentimeter aufwies, indes meine Schwester Mitzi noch in ihrem zwanzigsten Jahr nur achtundvierzig Zentimeter um die Mitte zählte. Diesem Übelstand sollte durch rechtzeitiges Schnüren abgeholfen werden. Aber die Unbequemlichkeit einer solchen Leibesverfassung, die sich namentlich nach dem Essen drückend bemerkbar machte, hielt meiner Eitelkeit nicht stand; und mein Groll gegen das Mieder als einem Werkzeug der Beschränkung stieg im Laufe der Zeit so weit, daß ich es mit achtzehn Jahren einfach ablegte – zum beständigen Ärgernis meiner Umgebung, die darin einen Mangel an Sittsamkeit erblickte und meine Erscheinung plump, ja geradezu unanständig fand.

Das heißt aber nicht, daß ich den eigentümlichen Selbstgenuß der weiblichen Eitelkeit nicht kannte und schöne Kleider nicht schätzte. Nur konnte ich nie ins rechte Einvernehmen mit ihnen kommen; und ich fühlte mich erst heimisch in einem Kleid, wenn es alt und abgetragen war. Immer wäre es mir unmöglich gewesen, in einem neuen und geputzten Kleid geistig zu arbeiten. In meiner frühen Jugend aber war es hauptsächlich die Behinderung der Bewegungsfreiheit, die mir den Putz verleidete. Daher kam es, daß ich einen reichlichen Aufwand von Eitelkeit beim Anziehen für besondere Anlässe ins Werk setzte – ein Widerspruch, der mir beständige Rügen zuzog und meine Umgebung in der Auffassung bestärkte, daß ich mich nur in Extremen bewegen könne! – gewöhnlich aber als »Schmierfink« herumging.

Dennoch kann ich mich nicht beklagen, daß ich unter einer besonderen Unterdrückung aufwachsen mußte. Der Druck, dem ich unterworfen wurde, war der geheiligte Zwang, mit dem eine noch ungebrochene Tradition über den einzelnen herrscht. Nicht, weil meine Begabung unterschätzt und verkannt wurde, war mir der Weg zu ihrer Entfaltung von außen versperrt, sondern weil das Gesetz des weiblichen Lebens es so mit sich brachte.

Die Ungerechtigkeit, die darin lag, daß der künftige Lebensberuf eines Kindes nicht nach seinen Gaben, sondern nach seinem Geschlecht bestimmt wird, scheint mir von der Zeit an fühlbar geworden zu sein, als sich meine eigene Begabung in meinem Bewußtsein geltend machte. Im Zusammenhang damit dürften auch die Ideen der Emanzipation in mir entstanden sein, als Ausdruck einer sich selbständig entfaltenden Wesensbeschaffenheit und als logische Folgerung eines zur Unabhängigkeit und Wahrhaftigkeit entschlossenen Geistes. Wenn meine Schwestern es als etwas Selbstverständliches hinnahmen, daß die Söhne der Familie in Hinsicht auf Bildungsmöglichkeiten die größte Bevorzugung genossen, so fühlte ich eine beständig wachsende Empörung darüber, die noch durch das Verhalten meiner Brüder gesteigert wurde. Sie gehörten, mit Ausnahme von zweien, jenem Typus an, den ich später als den dyskratischen bezeichnet habe – in ihren Ansprüchen an die Frau und ihren Meinungen über sie schon als Knaben von männlichen Prärogativen erfüllt, ihrer persönlichen Beschaffenheit nach aber durchaus unfähig, ihr Leben selbsttätig zu gestalten. Überdies fügten sie sich nur widerstrebend den Anforderungen des Mittelschulstudiums und es mußte stets durch Hintertüren ihrem Vorwärtskommen in der Schule nachgeholfen werden, indes ich vor Begier brannte, die Laufbahn, zu der sie sich mit so unverdientem Aufwand zwingen ließen, freiwillig zu betreten. […]

Ungefähr mit der Vollendung meines fünfzehnten Lebensjahres wagte sich die bewußte Auflehnung zuerst hervor. Die Kämpfe, die das Wachstum der Persönlichkeit begleiten, waren damit in eine neue Phase getreten, hatten eine neue Richtung erhalten. Auffallend zog ich alle Schlußfolgerungen, die von der Unterordnung in die

Auflehnung führten. Wesentliche Stücke von dem, was ich dreißig Jahre später in der »Kritik der Weiblichkeit« ausführte, finden sich schon im Tagebuch, vor allem die Erkenntnis, daß die geistige Entfaltung vom Geschlecht unabhängig und daß der Vorrang, den die Männer für sich beanspruchen, in den herrschenden Lebensbedingungen nicht mehr gerechtfertigt sei.

Aber durch den Widerstand meiner Umgebung gingen diese frühen Erkenntnisse bald in eine trübe Stimmung ohnmächtiger Polemik über. Denn nun konnte es nicht ausbleiben, daß meine neuen Ansichten und Bestrebungen mit denjenigen meiner Umgebung empfindlich zusammenstießen. Mein geistiger Ehrgeiz, der ohnedies lebhaft genug war, wurde bei jeder Gelegenheit durch das Wort: »Wie schade, daß du ein Mädchen bist!« oder: »Ja, wenn du ein Mann wärst!« aufgepeitscht; so oft ich wegen einer ungewöhnlichen Leistung Lob verdiente, wußte man es nicht anders als in diese Formel zu kleiden. Niemand bedachte die weiteren Wirkungen, die damit in mir hervorgerufen wurden. Man wunderte sich nur gelegentlich, woher ich denn alle meine »überspannten Ideen« habe. Mir aber erschienen sie umsoweniger überspannt, als auch die weiblichen Wesen meiner Umgebung manche Zeichen der Unzufriedenheit über das Leben ihres Geschlechtes zeigten, wenn auch beileibe keine tatsächliche Auflehnung dagegen. [...]

Meine Umgebung rettete sich aus den ergebnislosen Zusammenstößen zuletzt in die Auffassung, daß ich eine Ausnahme sei. Sie konnte meine Ansprüche für mich nicht abweisen und für sich nicht gelten lassen; da bildete die Schaffung eines Ausnahmspostens den besten Ausweg. Aber damit gab ich mich durchaus nicht zufrieden. Weit entfernt davon, durch die Zuerkennung eines ungewöhnlichen Maßes geschmeichelt zu sein, ärgerte ich mich über die Ausnahmestellung, weil ich nur die Aufhebung der Gemeinschaft mit allen ihren Folgen darin erblickte. Ich wollte nicht abseits »auf einem Isolierschemel« stehen, wo alles, was ich fühlte und forderte, nur für die winzige Spanne meines eigenen Daseins Geltung hätte. Wenn diese Kämpfe, diese leidvollen inneren Erlebnisse keinen anderen Hintergrund haben sollten, als mein eigenes kleines Leben, das sie beständig durch ihre Übermacht zu zersprengen drohten, wenn sie nicht hinauswirken sollten, in die unbekannte Zukunft, die mir Gemeinschaft und Verständnis bringen würde, dann standen sie in gar keinem Verhältnis zu dem seelischen Aufwand und Aufruhr, der sie begleitete. Zugeständnisse für mich allein erschienen mir wertlos und der Bedeutung, die ich meinem Freiheitsstreben beimaß, durchaus unwürdig. Überdies witterte ich in dem Begriff der Ausnahme die Aufhebung des Regelrechten und Normalen im höheren Sinne, die Abschiebung von der Linie der allgemeinen Entwicklung auf ein Stockgeleise, so daß ich, als eines Tages auch Julius, mein späterer Schwager und damaliger Freund, in einer Debatte über die Weiblichkeit das verhaßte Wort aussprach: »Du bist eben eine Ausnahme«, dadurch wie von einem Zeichen gröblichen Unverständnisses verletzt wurde.

Nein, nicht eine Ausnahme von der echten und rechten Weiblichkeit war ich in meinem Selbstbewußtsein, sondern die Ankündigung der Natur, daß sie kommende Generationen nach einem anderen Maß und Gesetz erschaffen wollte. Die Ausnahme von heute mußte die Regel von morgen sein, sonst hatte mein Leben keinen Sinn.

**Maria Janitschek**
**1859–1927**

Der landschaftlichen Schönheit meiner Heimat verdanke ich die ersten poetischen Anregungen. Ihr und vielleicht der Dürftigkeit der Verhältnisse, in denen ich aufwuchs. Meine Mutter, durch Schicksalsschläge in der Familie verarmt, konnte mir keine Puppen kaufen. Wenn sie ausgehen und mich alleine lassen mußte, oder wenn sie in unserer kleinen Häuslichkeit zu tun hatte, reichte sie mir das ungefährlichste und billigste Spielzeug hin: einen Bleistift und ein Stück Papier. Ich zeichnete wunderliche Fabelwesen auf, Blumen, die wohl nirgends geblüht haben, Vorgänge, die ich nur ausdachte. Später, als ich schreiben konnte, stellte ich Worte zusammen, die sich reimten. Dann bin ich ganz zufrieden gewesen, wenn Mutter mich allein ließ. Mein erstes poetisches Taumeln begann.«

Diese Zeilen finden sich in einem handgeschriebenen Lebenslauf, der Maria Janitscheks Novellenband *Im Sonnenbrand* (1897) in der Reihe »Kürschners Bücherschatz« vorangestellt ist, und eines der wenigen Lebenszeugnisse einer Schriftstellerin darstellt, deren Werk über 50 Buchtitel verzeichnet.

Amtlich verbürgt ist aus ihrer Kindheit lediglich eine Eintragung in das Taufregister der Pfarre Mödling, wonach sie am 22. Juli 1859 geboren und auf den Namen Maria Magdalena Josefa getauft wurde. Sie war die uneheliche Tochter von Anna Tölk, der Vater war unbekannt. Die Mutter stammte wahrscheinlich aus einer französischen Offiziersfamilie, der Vater dürfte im Krieg gefallen sein.

In *Dinas Erweckung* (1914) schreibt sie: »Meine Mutter gehörte einer französischen Emigrantenfamilie an, die alte Kultur im Blute trug. Aus glänzenden Verhältnissen kommend hat sie der blutige Umsturz in Frankreich in Dürftigkeit gestürzt. Mutter wurde von Deutschen in Siebenbürgen adoptiert und schloß als junges Mädchen ein Bündnis mit meinem Vater, der dem Kaiser diente und im Feldzug 1859, meinem Geburtsjahr, spurlos verschollen ist.«

Maria Janitschek wuchs in äußerst ärmlichen Verhältnissen auf. Anna Tölk ging mit Maria nach Ungarn, wo die Tochter eine ungarische Klosterschule besuchte. Während die Mutter in Bürgerhäusern nähte, war die Tochter unbeaufsichtigt und – ihrer eigenen Erinnerung nach – bereits als Kind mit Zeichnen und Schreiben beschäftigt.

Ihr Roman *Harter Sieg* und ihre Novelle *Leopold* verarbeiten auf mehr oder weniger autobiographische Weise Maria Janitscheks Kindheitserfahrungen. Aus Mangel an anderen Lebensdokumenten sind wir bei der Rekonstruktion des Lebenslaufs einer Bestseller-

autorin auch auf ihre belletristischen Werke verwiesen, die Lebenserfahrungen in Literatur verwandelten. Die Romanheldin von *Harter Sieg* verläßt mit glänzenden Zeugnissen die Volksschule, kann aber die Lehrerinnenausbildung nicht machen, weil die kranke Mutter weder das Ausbildungsgeld bezahlen noch länger für sie beide den Lebensunterhalt bestreiten kann.
Bleistift und Papier boten Maria Janitschek sehr früh Fluchtwege aus einer ökonomisch tristen Situation. Später wurde die Literatur für sie aber kein Ausweg aus der Wirklichkeit, sondern Anklage von persönlichen und gesellschaftlichen Verhältnissen.
In ihrer Erzählung *Leopold* taucht ein Motiv auf, das wir aus den Lebensbeschreibungen vieler Schriftstellerinnen kennen: Die Lektüre als einzige Möglichkeit der Bildung. Hauptpersonen sind Mutter und Tochter, die sich ihren Lebensunterhalt mit Stickarbeiten verdienen. Ein noch ärmerer Sonderling mit dem Namen Leopold versorgt die Tochter Madeleine mit Büchern, die diese begierig liest. Sie lernt Hölderlins Gedichte auswendig, und schließlich wird das Buch »Die Dichtkunst und ihre Gattungen, ihrem Wesen nach dargestellt und erläutert von August Knüttell, 1848« zum Auslöser für das Schreiben. Das Werk mit Musterbeispielen der Gattungen Lyrik, Epik und Dramatik von Herder, Klopstock, Goethe, Schiller sowie anderen klassischen und romantischen Dichtern hat auf Madeleine großen Eindruck gemacht. Gleich der erste Prosaroman, in dem sie ihr eigenes Leben erzählt, wird von einer Redaktion angenommen, und die Autorin erhält mehr Geld, als sie mit ihren Stickarbeiten in einem ganzen Jahr verdient.
Ob dieser rasche, beinahe märchenhafte Einstieg in den Literaturbetrieb Ähnlichkeiten mit den Anfängen der literarischen Karriere von Maria Tölk hat, können wir nur vermuten. Biographen berichten, daß Anna mit ihrer Tochter im Jahr 1878 nach Graz übersiedelt. Bereits in Graz publiziert Maria Tölk unter dem Pseudonym Marius Stein erste journalistische Arbeiten in Zeitschriften. In Wien, ihrem nächsten Aufenthaltsort, verändert sich das Leben: eine Wende, die sie in ihrem Lebensrückblick ganz emphatisch begrüßt: »… und die Zukunft ist gekommen in Gestalt Hubert Janitscheks, der mir seine Hand reichte und mit feinstem Kunstverständnis und edler Selbstlosigkeit meine dichterischen Bestrebungen unterstützte und pflegte.«
1882 heiratete der ordentliche Professor für christliche Archäologie und Kunstgeschichte Hubert Janitschek die dreiundzwanzigjährige Maria Tölk. Janitschek war ein bedeutender Vertreter der positivi-

stischen Schule der Kunstgeschichte mit dem Schwerpunkt Renaissance und hatte 1881 einen Ruf nach Straßburg erhalten. Die bildungshungrige Maria Janitschek hatte im Kreis der Universität nun reichlich Gelegenheit, ihr Wissen zu vervollkommnen, an Vorlesungen teilzunehmen und gesellschaftlichen Umgang mit den Kollegen ihres Mannes zu pflegen. Sie lernte die französische Literatur ebenso kennen wie die Werke Schopenhauers und Nietzsches, die ihre Literatur beeinflußten. Als ihre Vorbilder können Emile Zola, Henrik Ibsen und Leo Tolstoi gelten, literarisch war sie eher von den Symbolisten geprägt.

Ihren ersten Gedichtband *Legenden und Geschichten* veröffentlichte Maria Janitschek 1885 im Verlag W. Spemann, in dem auch zahlreiche Werke ihres dreizehn Jahre älteren Ehemannes erschienen sind. Sein an den Frauen der Renaissance entwickeltes Frauenbild dürfte auch Maria Janitschek beeinflußt haben. Für den Professor sind die Frauen intellektuell den Männern gleichgestellt, gleichzeitig verweist er aber auf den natürlichen Unterschied der Geschlechter. Die Frauen sollten also Bildung mit ihrer Rolle als Ehefrau und Mutter vereinen und alle »Mannesähnlichkeit« vermeiden. Doch Maria Janitschek begnügte sich mit dieser Anschauung nicht. Sie wollte die Psychologie der Frauenseele erkunden, die weibliche Sexualität beschreiben und plädierte für die individuelle Selbstverwirklichung der Frau. In ihrer Literatur ist die Ehe jedenfalls kein Ort, an dem diese Ideale für die Frauen zu verwirklichen sind.

Ihre eigene Ehe dauerte nur elf Jahre. Nach zehn Jahren in Straßburg erhielt Hubert Janitschek einen Ruf nach Leipzig, wohin das Paar 1892 übersiedelte. Doch bereits ein Jahr später war Maria Janitschek völlig unerwartet Witwe.

1894 ging sie nach Berlin, wo sie sich wahrscheinlich Anregungen für ihr Schreiben erhoffte. Die Berliner Zeit wird ihre literarisch produktivste Lebensphase. Die zahlreichen Wohnungswechsel könnten aber auch darauf verweisen, daß sich Maria Janitschek in der Großstadt nicht besonders wohl fühlte. Zu ihren Bekannten dürften in Berlin Elisabeth Meyer-Förster und Juliane Dery gezählt haben. Ihren vieldiskutierten Selbstmord hat Janitschek in ihrem Roman *Stückwerk* verarbeitet.

Sie hatte mit einigen naturalistischen Schriftstellern engen Kontakt, darunter mit Otto Erich Hartleben, der in einem Brief aus dem Jahre 1888 schwärmte: »... Ich habe viel von Ihnen gelernt, meine Freunde verkennen nicht, wie jani-scheckig ich geworden bin – aber ich

bin eben nur scheckig geworden: es wird mir nicht gelingen, ganz und gar in Ihrer intuitiven Art zu empfinden und zu gestalten.«
Schon 1899 hat sie kurz in München gelebt, 1902 läßt sie sich endgültig im Münchner Künstlerviertel Schwabing nieder. In der lebendigen Künstlermetropole wurden gleich drei wichtige Zeitschriften herausgegeben, »Die Gesellschaft«, »Die Jugend« und »Der Simplicissimus«. Sowohl für die Naturalisten wie für die Modernen war München ein Zentrum des literarischen Lebens.
Zentrales Thema in Maria Janitscheks literarischem Werk, das von der Lyrik über Novellen und Skizzen bis zum historischen Roman reicht, ist die Emanzipation der Frau. Sie prangert die bürgerliche Doppelmoral der Gesellschaft an, die den Männern zwar sexuelle Libertinage, den Mädchen und Ehefrauen aber keine sexuelle Lust zugesteht. Sie sucht literarisch die Unzumutbarkeit der prüden weiblichen Erziehung zu gestalten, die zumeist in eheliche Katastrophen führt, stellt intellektuelle und selbstbewußte Frauen in den Mittelpunkt von Romanen und Erzählungen und ironisiert die widersprüchlichen Anforderungen an die moderne Frau. Wie kaum eine andere Schriftstellerin der Jahrhundertwende wagte Maria Janitschek es, weibliche Sexualität und Sinnlichkeit zu thematisieren. Doch was bei Strindberg und Schnitzler gerade noch erlaubt war, wurde einer Frau nicht zugestanden – was aus der negativen Kritik ihrer Werke abzulesen ist.
Ihre Texte irritieren, weil die Autorin selbst keine positiven Utopien entwirft, sondern eine ambivalente und widersprüchliche Position bezieht. Nur selten läßt sich Maria Janitschek zu einer feministischen Parteilichkeit hinreißen wie in dem Gedicht aus dem Jahre 1889 *Ein modernes Weib.* In freien Rhythmen erzählt sie von einem Mann, der eine Frau beleidigt:
»Es war
Von jenen schnöden Taten eine, die
Kein Weib vergessen und vergeben kann.«
Eines Tages kehrt die Frau in Trauerkleidern zum Frevler zurück und bringt ein Kästchen mit, in dem sich Waffen befinden. Der Mann bricht in Lachen aus, er weiß, daß sich eine Frau nicht mit einem Mann duellieren kann, ihr bleibt nur der Richter oder das Vergessen:
»Siehst du, Liebe,
Das Weib ist da zum Dulden und Vergeben …«
Doch über diese Antwort eines Mannes, der einer Frau das Herz in Stücke trat, kann sie nur mehr lachen:

»So wisse, daß das Weib
Gewachsen ist im neunzehnten Jahrhundert,
Sprach sie mit großem Aug', und schoß ihn nieder.«

Zwar nicht so kampfesmutig wie dieses »moderne Weib«, zeichnet die meisten Heldinnen ihrer Prosatexte eines aus: Sie dulden nicht mehr, sondern suchen nach individuellen Wegen, ihre sexuellen Bedürfnisse zu befriedigen. In ihren beiden Bänden *Vom Weibe* (1896) und *Die neue Eva* (1902) entwirft sie eine vielfältige Palette weiblicher Charaktere, die sich zwischen traditionellen Weiblichkeitsmustern und neuen Frauenbildern bewegen. Es bleibt offen, ob die neue Eva nicht doch »die alte Eva« ist, »die niemals auch aus dem ›neuesten‹ Weibe auszutreiben ist«. Raffiniert in bestem Sinne sind Janitscheks Texte deshalb, weil sie in den Dialogen ihrer Rollenprosa verschiedene Positionen vorführt, ohne ihren eigenen Standpunkt zu verraten. Es gibt zumeist kein Happy-End, keine eindeutigen und einfachen Konfliktlösungen, keine Bewertungen, aber viel Ironie.

Maria Janitschek läßt sich nicht festlegen, denn sie hat sowohl ästhetisch als auch inhaltlich verschiedene literarische Tendenzen ausprobiert. Ihr Romanschaffen reicht vom Entwicklungsroman über Dekadenz- und Großstadtromane zum historischen Roman, der auf wissenschaftlichen Studien aufbaut, bis zum Unterhaltungsroman. Weibliche Kampfbereitschaft wie in *Die Amazonenschlacht* (1897), der Künstlerroman *Mimikry* (1903) und der historische Roman *Eine Liebesnacht* (1908) stießen bei der Kritik wegen des anrüchigen Inhalts ebenso auf ablehnende Haltung wie die Novellensammlung *Die neue Eva,* die in Deutschland 1909 gar verboten wurde. In einer späteren Ausgabe fehlt die Erzählung *In Schönheit* – »Konfisziert! S. 153–168« vermerkt das Inhaltsverzeichnis. Auch in einer anderen Novelle finden sich Auslassungszeichen mit demselben Vermerk. Ob literarisches Spiel mit dem Verbotenen oder tatsächliche Zensur – bei Maria Janitschek enden die Geschichten nicht nur immer wieder überraschend und unerwartet, auch der ironische Umgang mit dem vermeintlich Unerlaubten ist ihr zuzutrauen.

Leo Berg, der Janitscheks frühere Werke positiv rezensiert hat, schreibt über *Vom Weibe:* »Ihre nächste Novellensammlung handelt ausschließlich von unanständigen Dingen. Es ist natürlich Sache der Philister, dergleichen einer Frau zu verargen. Heute, wo die Frau jedes Recht beansprucht, sogar das auf die zweirädrige Unzucht, welche man Bicycle nennt, muß sie auch das Recht auf Zynismus haben; einige machen sogar schon einen recht ausschweifenden Ge-

brauch davon. Nächstens wird man ihre Bücher unverheirateten Männern verbieten müssen und in den Kritiken bemerken: ›Nicht für junge Leute!‹ ... Eine Sammlung von Obszönitäten ist noch keine Psychologie des Weibes ... Dichter von der Haltlosigkeit der Maria Janitschek werden alles schreiben, von dem sie sich einreden lassen, daß man damit Aufsehen macht.«
Wenn für einen Kritiker schon eine Frau auf dem Fahrrad unzüchtig ist, dann muß er schockiert sein von Erzählungen, in denen sich ein junges Mädchen ihrem Reitlehrer hingibt oder eine Hysterikerin auf der Suche nach einem Mann, der sie befriedigt, von einem Landstreicher erwürgt wird.
Aber es gab von seiten der männlichen Kritik auch positive Zustimmung, so etwa von Ernst Brausewetter, der die Schriftstellerin schätzte: »Maria Janitschek ist auch als Dichterin ein echtes Weib. Es ist in ihr eine Mischung von völliger Gefühlshingabe und dawidertrotzendem Geisteswillen. Neben dem Verlangen, glühend, hingebend, schrankenlos ihr Empfindungsleben austönen zu lassen, drängt sich der erkenntnisbegierige Verstand vor, der die Gefühle zu zerlegen, zu zerpflücken, nach dem Ursprung und Ausgang zu forschen sucht. Sie hat etwas von dem evaartigen Neugiertrieb, hinter die Mysterien des Daseins zu kommen. Neben starker Empfindung ist auch eine mächtige Verstandeskraft in ihr.«
Die Individualistin Maria Janitschek stand der organisierten Frauenbewegung der Jahrhundertwende kritisch gegenüber, sie war in keinem Verein Mitglied. Nur selten hat sie sich zu einer Parteinahme oder Teilnahme an literarischen Debatten überzeugen lassen wie etwa 1904, als sie in der Zeitschrift »Die Zukunft« dafür plädierte, daß Schriftsteller ihre Namen nicht mehr unter ihre Werke setzen sollten: »Denn dem Leser wird nicht schon vorher durch den Namen suggeriert, daß das Buch gut sein muß, weil es von dem berühmten A oder Y ist. Die Kritiker werden unbeeinflußter von ihren Kaffeehausfreunden und Freundinnen, von ihren Lehrern oder Gönnern ihre Kritiken schreiben, das Publikum aber wird, wenn kein Name schon vorher sein Urteil bestimmt, anfangen, sein eigener Kritiker zu sein. Und das wäre das Beste, was der Künstler erleben kann.« Wir wissen nicht, wie ernst Maria Janitschek diese Aufforderung gemeint hat, gehalten hat sie sich jedenfalls nicht daran.
In ihrem Lebensrückblick hat Maria Janitschek ihre schriftstellerischen Anfänge als »poetisches Taumeln« bezeichnet. Sie war eine ungeheuer produktive Schriftstellerin, die tatsächlich voller Neugier

immer neue Geschichten erzählte und in diesen Geschichten wohl auch lebte. Der Erste Weltkrieg war im Schaffen Maria Janitscheks kein Thema mehr. Wie bei so vielen ihrer zeitgenössischen Kolleginnen ist ihre Literatur dem 19. Jahrhundert verhaftet, und fast scheint es, als ob die historischen Romane während dieser Zeit doch eher eine Wirklichkeitsflucht spiegeln. Der analytische und kritische Blick auf die Geschlechterverhältnisse aber blieb ihr erhalten.
Nach dem Krieg wurde es still um die Erfolgsschriftstellerin der Jahrhundertwende. Völlig vergessen starb sie im Alter von 68 Jahren 1927 in München.

# Maria Janitschek

## *Moderne Ehe*

Liebe Bianca!
Es ist besser, ich sage es Dir schriftlich, was ich Dir zu sagen habe. Denn stünde ich persönlich vor Dir, dann könntest Du mich durch Deine Einwürfe und Vorstellungen schwach und schwankend in meinem Vorsatz machen.
Ich habe Dich, d. h. unser gemeinsames Heim, vor vier Wochen verlassen, um hier in der Hauptstadt auf der Bibliothek zu arbeiten. In der Pension, in der ich wohne, habe ich die Bekanntschaft eines kleinen, possierlichen Menschen gemacht. (Er ist einige Jahre jünger als ich.) Irgendwo im Norden daheim, Mitteilhaber einer buchhändlerischen Firma, hat er sich Italien zum erstenmal angesehen und hier in der süddeutschen Stadt Halt gemacht, um seine unvergeßlichen Eindrücke zu verdauen. Er ist nicht mittellos, wenn auch nicht reich, nicht borniert, wenn auch nicht besonders veranlagt, also gerade jene Spezies, die von uns modernen Frauen gern zum Genossen gewählt wird. (Das: »ehelichen« habe ich weggelassen, es klingt zu schrecklich.) Ich habe nie darnach gestrebt, unter die Haube zu kommen. Wozu auch? Wo ich erschien, öffneten sich mir bereitwilligst Türen und Tore. Die kostbarsten Handschriften hat man mich gegen jede Erlaubnis nach Hause mitnehmen lassen. Ich habe aus der Vatikana und der Münchener Bibliothek Werke von unschätzbarem Wert in meine Stube geschleppt, und hätte mir leicht den Ruhm eines Herostrat aneignen können. Ich habe auch sonst mancherlei zu sehen bekommen, was anderer Augen versagt bleibt. Geheime Kunstschätze aus Pompeji und Ägypten, wunderliche Schöpfungen verrückt gewordener alter Bildner wurden vor mir ausgebreitet, um meine Augen zu glücklichen Entdeckern zu machen. Verschollene Kulte mit ihrem erschreckenden Ritus taten mir ihre purpurdunklen Geheimnisse auf. Die verschiedenen Arten der Wollust, die bei Naturvölkern den Namen Religion genossen, haben sich mir enthüllt; ich hätte mit meinen Erfahrungen einen Lucian zu neuen »Göttergesprächen« anregen können. Eines Tages wurde das anders. Die Tore, an die ich anpochte, schlossen sich mir nicht auf, die Bilder, die ich sehen wollte, blieben verhängt. Die Abbés, die Bibliothekare, die vornehmen Contis mit ihren unermeßlichen Kunstschätzen wiesen mich kühl zurück. Was war geschehen?

Hatte ich mich an ihren Besitztümern irgendwie vergriffen, hatte ich gestohlen, oder die Kostbarkeiten beschädigt, deren Hüter sie waren? O nein, nichts von alledem. Ich hatte einige graue Haare bekommen, und etliche Fältchen waren um meine Augen entstanden, Grund genug, um die Türen des Lebens vor dem Weib zuzuwerfen.
In jener Zeit lerntest Du mich kennen. Ich war niedergedrückt über die ärgerliche Erfahrung, die meinen schönen Studien ein so jähes Ende bereiten sollte. Du faßtest Freundschaft zu mir und botest mir Dein behagliches Heim an. Ich nahm Dein Anerbieten an und zog zu Dir. Aber nur für eine bestimmte Frist, das wußte ich sofort. Der geistigen Anregung von außen bedarf ich nicht, um mir aber nur ein Wegbereiter zu sein, dessen ich mich von nun an bedienen will, um meinen Studien wieder Tür und Riegel zu öffnen, dazu bist Du mir zu lieb. Also, mein Schatz, adieu. Ich heirate: der kleine Karl Eberstein bettelt um baldige Hochzeit, ich habe nichts dagegen, weil ich, bevor die Sommerhitze eintritt, wieder aus Pisa zurück sein möchte, wo ich die Herkunft eines alten, sonderbaren Ornaments im Kreuzgang der Kapuziner feststellen will. Du weißt, so etwas kann mich peinigen, um so mehr, als ich meine Studien ganz allein ohne jede Anleitung treibe. Die Arbeiten, seien es historische oder kunsthistorische, in Druck zu geben, wäre mir so unmöglich, als in einem Mägdeheim meine Wohnung aufzuschlagen. Heutzutage schreibt keine vornehme Frau mehr, heutzutage, da sich jedes mittellose Mädchen frägt, ob es Schreibmaschine lernen, Zofe werden oder Romane machen soll. Ich arbeite zu meinem Vergnügen und weil es mich freut, zu beweisen, wie plump jene Revolution in Szene gesetzt ist, die sich Frauenerhebung nennt und mit Geschrei und Getöse ihre Rechte verficht. Wer hat mich je verhindert, ganz wie und wo ich wollte, geistig zu arbeiten? Wer hat eine Diotima, Arete, Targelia, später in der Renaissancezeit eine Cosa, Bartholomaea Alberti, Allessandra Bardi, Nanna Pandolfini, Lucrezia Tornabuoni verhindert, ihren Studien zu obliegen? Jeder einzelnen begabten Frau stehen von jeher Archive, Bibliotheken und Hörsäle offen.
Und die Frauen herdenweise zu den humanistischen Studien zuzulassen, würde denselben Gewinn für die einzelnen haben, den eine Stangensche Expedition für den Romreisenden hat.
Widerspruch, frohlockst du? Habe ich nicht vorhin gesagt, daß ein paar graue Haare schon zum Hindernis werden können, das uns die Quellen des Wissens verstopft?

Ja, lieber Schatz, daran ist eben die kleine Intelligenz der Männer schuld; da mußt Du schon den Schöpfer anklagen. Sieh, das kommt daher. Der Mann stand gleich am ersten Schöpfungstag fertig da, er hat nichts zugelernt. Wir haben eine Kindheit hinter uns und sind jetzt in unsere Reifejahre getreten. Der Mann spielt noch immer gern mit Schürzenbändern und elegante Frauenwäsche kann ihn trunken machen. Er wird wütend, wenn wir aufhören, ein hübsches Weibchen zu sein, beträgt sich dann wie ein ungezogner Bengel, verweigert uns jede Hilfe, jede Gefälligkeit, stößt uns aus dem Tempel und der Palästra geistigen Ringens und möchte uns am liebsten vergiften. In jenem Augenblick ist es am klügsten, uns für die Rüpelhaftigkeit Adams dadurch zu rächen, daß wir einen seines Geschlechts heiraten. Dadurch zeigen wir ihm unsere Überlegenheit. Mein Gott, seinen Geist brauchen wir nicht mehr, unser eigner hat den seinen längst überflügelt; aber seine Fäuste brauchen wir, damit sie uns die Bahn frei halten, die wir weiter zu gehen gewillt sind. Ich grüße Dich also als zukünftige
Frau Camilla Eberstein.

Camilla couvertierte den Briefbogen, klingelte und schickte den Brief zur Post. Dann stand sie auf und ging mit auf den Rücken verschränkten Armen in der langweiligen Pensionsstube auf und nieder. Sie war eine hohe, vornehme Erscheinung mit leicht angegrautem dunklen Haar und klugen grauen Augen. Ihr roter, stolz geschweifter Mund schien selten zu lachen. Man hielt sie für noch gelehrter, als sie wirklich war, deshalb hatte sich ihr – vor Karlchen – nie ein Freier genähert, denn gelehrte Frauen sind den Männern ein Greuel. Er war der erste Bewerber, der an sie herangetreten war. Ihn reizte ihre Reife, wie das oft bei unreifen Jünglingen vorkommen soll. War die Annahme dieses verspäteten Heiratsantrages nur ein – Racheakt an dem Vertreter des Geschlechts, das sich so feig und engherzig gegen sie benommen hatte? Oder hatte sie eben den ersten besten Freier angenommen, froh, daß überhaupt einer erschien? Als sie auf ihrem Gang durchs Zimmer an die Türe kam, öffnete sich diese und Eberstein trat ein. Er zog ihre Hände an die Lippen. Wie blaß sie wieder wäre. Sie strenge sich zu viel an.

»Hast du gearbeitet?«

Sie verneinte. »Nur Briefe geschrieben.«

»Komm hinaus, es ist herrlich draußen, alles ist von der Frühlingssonne überflutet. Ich will dir einige Straßen weiter ein gotisches Buffet zeigen, das ein Antiquar ausgestellt hat. Es ist prachtvoll; wenn es dir gefällt –«

Sie legte ihm die weiße Hand auf den Mund. »Wer wird denn so viel Kram kaufen? Wenn wir reisen, wird uns der überflüssige Ballast im Wege sein.«
»Den lassen wir eben daheim.« Der kleine Karl mit dem bißchen Kinn und der großen Nase sah sie zärtlich an.
»Ein wenig werden wir doch auch daheim sein, das muß ich schon wegen des Geschäfts.«
»Gewiß, Kind, das kannst du auch. Aber deshalb brauchst du doch keine Ungeheuer von Buffets einzukaufen. Ich habe weder Zeit noch Lust, Möbel zu pflegen, liegt also dir die Verpflichtung ob, eine Dienstmagd mehr zu halten.«
Der kleine Karl murmelte einige Beschwichtigungen. Wenn die große, herrliche Frau nur schon sein wäre! Alles übrige war belanglos. Er ist noch mit allem Weiblichen in Frieden ausgekommen, der kleine Karl. Wird die wohl auch keine Ausnahme bilden. Er erblickte im Geist seine Geschäftsräume schon voll neugieriger Käufer, die von nun an ihre geistige Kost nur von ihm beziehen würden, von ihm, dem Gatten einer gelehrten, berühmten Frau, die vielleicht, ja sicher, über kurz oder lang ihre Arbeiten seinem Verlag überlassen würde.
»Du solltest wirklich einen Arzt konsultieren, Camilla, du siehst abgespannt aus. Hier in der Nähe wohnt die bekannte Milena van Zooten, diplomierte Ärztin der gesamten Heilkunde. Möchtest du sie nicht konsultieren?«
»Aber Schatz«, Camilla zupfte ihn am Ohr, »ich werde doch nicht einen weiblichen Arzt konsultieren!«
Er blickte sie triumphierend an. »Schau, schau, steigen die Männer also im Wert, wenn man eines klugen Ratschlages bedarf?«
Sie lächelte über seinen frohlockenden Ton.
»Frauen haben großen Scharfblick, und ich möchte nicht als Charakterstudie dienen.«
Der arme Karl war niedergeschmettert. »Aber«, raffte er sich schüchtern und geistreich auf, »weshalb denn nicht?«
»Tralala.« Camilla drehte sich auf dem Absatz herum. Einen Augenblick lang stieg ihm das Blut wohl zu Kopfe. Dann dachte er: Sie ist eben eigenartig wie alle den Durchschnitt überragenden Persönlichkeiten. Man muß Nachsicht mit ihren Launen haben.
Das an Jahren und Gestalt so ungleiche Brautpaar verließ die Pension, um einige Einkäufe zu besorgen. Die Leute auf der Straße blickten ihnen nach. Einige Dienstmägde blieben stehen. »Nee, so'n kleener Kerl und sie so eine feine Weibsperson!« Nur einige Augen

sahen mit verstehendem Freimaurerblick in das bleiche, hochmütige Gesicht Camillas. Diese Augen gehörten ähnlichen Frauen, wie sie selbst eine war.
Der Hochzeitstag war rasch herangerückt. Karl hatte sich doppelte Absätze und dicke Korksohlen an seine Lackstiefel machen lassen, aber es nützte ihm nichts. Er reichte seiner Frau nun mal nicht höher als bis zur Nase.
Nach dem standesamtlichen Akt fuhren sie gleich der Heimat zu. Er wollte unterwegs Halt machen. Am Bahnhof eines kleinen, wenig bekannten Städtchens entstiegen sie dem Zug. Sie hatte seinem Betteln, das sie langweilte, nachgegeben. Er nahm im ersten besten Gasthof Quartier. Nachdem Stubenmädchen und Lohndiener entlassen waren, näherte er sich ihr in verliebter Ungeduld. Sie runzelte die Brauen und entzog sich seinen bebenden Armen. Wie konnte er nur so abgeschmackt sein! Nein, sie wollten noch ein wenig bummeln!
»Aber es ist ja unser Hochzeitstag«, warf er ein.
»Eben deshalb, ein höchst langweiliger Tag, den man am besten in der Kneipe beschließt.«
Er gehorchte ihr und dachte insgeheim: Nachher! Aber »nachher« war er müde vom reichlich genossenen Wein und den endlosen Herumstreifereien – sie hatte ihn bis zur nächsten Ortschaft geschleppt –, so daß er taumelnd ins Bett sank. Als er am nächsten Morgen die Augen aufschlug, war sie schon ausgegangen. Er kam sich wie ein düpierter Schuljunge vor, rieb seine mageren Knie im Bette und dachte: Na warte! Ich überrasche dich doch noch …
Fast ein Jahr lang spielten sie wie Katze und Maus miteinander. Einmal an einem Abend, auf der Reise in die Gräberstadt Memphis, gelang es ihm, als sie müde und schon halb schlummernd in ihrem Bette lag, ihr den Herrn zu zeigen. Sie stieß ihn ein paarmal zurück, endlich ließ sie ihn gewähren. Er verkrampfte sich ganz in sie, die Sinne schwanden ihm wie einem Insekt, das in einen Becher Champagner gefallen ist. Sie blieb kühl und blaß, während er schweißgebadet und keuchend neben ihr hinsank. In der Folge bestürmte er sie öfter. Er raste wie auf einer ruhenden Grabfigur seine Begehrungen an ihr aus.
In einer intimen Stunde sagte er zu ihr: »Ich verstehe nicht, daß du nicht schwanger wirst; du bist von der Natur geradezu prädestiniert, schönen Kindern das Leben zu geben …«
Da lächelte sie und strich ihm übers Haar. Karlchen verstand so wenig Naturgeschichte …

## Elsa Asenijeff
### 1868–1941

Elsa Asenijeff gehörte bis vor kurzem zu den Schriftstellerinnen, von denen kaum mehr als die Titel ihrer Werke überliefert waren. Auf Umwegen – über die Kategorie »Freundin bedeutender Männer« – wurden in jüngster Zeit dann doch noch Daten aus ihrem Leben recherchiert, denn sie war fünfzehn Jahre lang die Lebensgefährtin des Bildhauers Max Klinger und die Mutter seiner einzigen Tochter Désirée.
Trotz der ausführlichen Nachforschungen von Peter Nürnberg sind nur die kurzen Jahre von 1896, dem Jahr der Publikation ihres ersten Buches, *Ist das die Liebe?*, und 1916, dem Jahr der Publikation ihres Buches *Hohelied an den Ungenannten,* genauer rekonstruierbar, knappe 20 Jahre eines 74 Jahre dauernden Lebens. Die ersten dreißig Jahre, vor allem die Jahre ihrer Ehe in Bulgarien, nehmen keinerlei Kontur an, in den letzten 25 Jahren verschwimmt und verschwindet die Persönlichkeit der kapriziösen Schönheit in verschiedenen Heil- und Pflegeanstalten, in die sie nicht zuletzt wegen finanzieller Schwierigkeiten und ihrer Art, damit umzugehen, eingewiesen worden ist. So attestieren ihr die gerichtsmedizinischen Gutachten – ohne daß der Gutachter jemals mit ihr gesprochen hätte – »Querulantenwahnsinn«, da sie Klingers Angebot, ihr eine Rente von jährlich DM 7000,– auszusetzen, ablehnt (eine Summe, die dem halben Jahresgehalt eines ungelernten Eisenbahnarbeiters entsprach) und statt dessen das Landgut, das sie gemeinsam eingerichtet haben, als Abfertigung fordert und gegen ihre geplante Entmündigung gerichtlich mit einer Klage wegen »schwerer Beleidigung« vorgeht.
Die Schriftstellerin Elsa Asenijeff wurde am 3. Jänner 1867 als Elsa Maria Packeny in Wien in der Josefstadt geboren, die Familie gehörte dem hohen Militär- und Beamtenmilieu an, die Mutter soll Malerin und Bildhauerin gewesen sein. Als Beamtentochter konnte sie nicht auf eine große Mitgift rechnen und erhielt daher eine – für ihr Milieu durchaus nicht immer übliche – gute Berufsausbildung als Lehrerin, mit einem speziellen Kursus für den Unterricht von Blinden. Danach nimmt ihr Leben doch den vorgesehenen Verlauf einer »höheren Tochter«: Sie heiratet 1890 – für damalige Verhältnisse relativ spät, bereits 23 Jahre alt – den bulgarischen Beamten Ivan Johannis Nestoroff (die meisten Lexika geben Nestonoff an), der elf Jahre älter ist als sie, und geht mit ihm ins damals auch für österreichisch-ungarische Beamte noch relativ exotische Bulgarien. Dies läßt sich zumindest aus ihren Texten erschließen, von denen einige in Bulgarien angesiedelt sind und dortige Bräuche und Menschen

schildern. Über die Ehe wissen wir nichts, außer daß sie nach sechs Jahren, 1896, geschieden wird.
Dieses Jahr 1896 bringt nicht nur die im persönlichen Bereich dezisive Scheidung – damals noch gesellschaftlich skandalös –, sondern auch die Publikation ihres ersten Buches *Ist das die Liebe? Kleine psychologische Erzählungen und Betrachtungen* und damit den Beginn der »öffentlichen« Existenz von Elsa Asenijeff, denn dieses bulgarische Pseudonym wählt sie für ihren neuen Lebensabschnitt.
Elsa Nestoroff kehrt nach ihrer gescheiterten Ehe nicht in das Elternhaus nach Wien zurück, sondern geht nach Leipzig, um dort Philosophie zu studieren. Sie ist bereits 30 Jahre alt und hat offenbar mit ihrer Vergangenheit gebrochen, will ein neues Leben – in einer neuen Stadt, mit einem neuen Namen, mit neuen Interessen und einem neuen Beruf – als Studentin und Schriftstellerin beginnen.
Sucht man in ihrem ersten Buch – mit aller nötigen Vorsicht – nach biographischen Anhaltspunkten, so finden sich neben den im bulgarischen Milieu spielenden Erzählungen vielleicht auch Hinweise auf die Gründe des Scheiterns der sechsjährigen Ehe. Eine große Zahl der Erzählungen des Buches kreist um die Reaktion von sexuell unwissend erzogenen jungen bürgerlichen Mädchen auf die Hochzeitsnacht, die durchgehend als brutale Vergewaltigung erfahren wird. In Schlußfolgerungen, die an Freuds Erkenntnisse erinnern, reagieren die jungen Frauen äußerst unterschiedlich auf diese traumatisierende Erfahrung: Die Palette reicht von Frigidität bis zu Promiskuität. Generell dominiert in diesem Buch das negative Bild des Mannes, dessen sexuelle Lust einen guten Schuß Brutalität, ja Sadismus enthält. Allerdings wird diese Einstellung nicht dem einzelnen Individuum angelastet, sondern der Gesellschaft, die durch die bürgerliche Doppelmoral diese Situation nicht nur toleriert, sondern auch schafft. Die Texte konstatieren die absolute Unmöglichkeit eines Verständnisses zwischen den Geschlechtern, da die Erwartungen in bezug auf Ehe und Liebe unvereinbar seien. Die Forderung nach einer anderen Mädchenerziehung, die auf dieses Faktum vorbereiten soll, ist auch in diesen Texten – wie in so vielen aus der Zeit, denken wir nur an Jerusalem, Janitschek etc. – eine zentrale Forderung.
In Leipzig studiert Elsa Asenijeff nach ihren eigenen Angaben Philosophie, was durch die Universitätsmatrikel, die Zuhörerinnen nicht enthalten, nicht bestätigt werden kann. Allerdings gibt es Berichte von Zeitgenossen, die ihre »bizarre Erscheinung« an der Universität erwähnen. Sie selbst bezeichnet sich zu diesem Zeitpunkt

als »Jüngerin Zarathustras«, ein Nachlaßmanuskript über den *Begriff des Stils bei Kant* bestätigt ihre philosophische Beschäftigung; in Leipzig kommt sie unter den geistigen Einfluß des Philosophen Klages, wie ihre späteren Werke deutlich zeigen.
Elsa Asenijeff setzt den Exotismus ihres Pseudonyms und ihre bulgarischen Erfahrungen gezielt ein, sie trägt an bulgarische Trachten erinnernde Kleidung, spielt die kapriziöse elegante Ausländerin, die geheimnisvolle, attraktive Slawin. Am 4. Februar 1898 findet die für ihr weiteres Leben entscheidende Begegnung mit Max Klinger statt, die in mehreren Erinnerungen (Detlev von Liliencron, Kurt Martens, Fritz Schumacher) festgehalten worden ist. Es war nach einem Liliencron-Abend in der Literarischen Gesellschaft in Leipzig, als sich das Publikum mit dem Autor, wie üblich, ins Restaurant des Neuen Theaters am Augustusplatz begab. Kurt Klinger war unter den Gästen genauso wie Elsa Asenijeff, die von Kurt Martens als »ziemlich bizarr zurechtgemachte junge Dame« beschrieben wird, die, so Schumacher, im Gespräch eine »Dialektik von kalter Schärfe und schillernder Sprunghaftigkeit« zeigte. Diese im erinnernden Rückblick getroffene Charakterisierung bezieht wohl spätere Begegnungen mit ein, sie ist aber ein erster Beleg für die Ambivalenzen, die Werk und Person dieser Schriftstellerin kennzeichnen. Andere Teilnehmer dieser Runde bezeichnen sie als »femme fatale«, als »Salome-Natur«. Auf jeden Fall schafft es Asenijeff im Laufe des Abends, Klingers Tischnachbarin zu werden, und offensichtlich gelingt es ihr, nicht nur das Interesse des ebenfalls anwesenden Wedekind, dessen Annäherungen sie mit einem Dolch abwehrt, sondern auch das des bereits berühmten Bildhauers Klinger zu gewinnen. Klinger ist zehn Jahre älter als sie, und sie wird – trotz ihres für diese Funktion bereits eher fortgeschrittenen Alters von 30 Jahren – sein Modell; über das Schicksal der sicherlich vorhandenen Vorgängerin in dieser Funktion wissen wir nichts. Bereits im nächsten Jahr, 1899, beginnt Klinger mit seiner polychromen Marmorbüste von Elsa Asenijeff, die 1901 auf der Dresdner Kunstausstellung gezeigt wird und die von der Technik her als eine Art Vorstudie zum berühmten Beethoven-Denkmal gesehen werden kann. Asenijeff begleitet Klinger auf seinen Reisen, unter anderem nach Frankreich und Spanien, sie begleitet auch die Arbeit an seinem berühmten Beethoven-Denkmal und widmet dieser Zusammenarbeit ein eigenes Buch: *Max Klingers Beethoven. Eine kunsttechnische Studie.* (1902). An Franz Servaes, Redakteur der »Neuen Freien Presse« in Wien und Verfasser eines Klinger-Buches, schreibt sie darüber:

»Hier habe ich mich selbst aufgegeben, bin der nüchterne Tatsachenberichter. Über den Bronzeguss sind ja seit dem 12. Jahrhundert nur ganz spärlich Berichte erhalten. Der seltene Cire-perdre Guss ist nirgends so ausführlich geschildert wie in meiner kleinen Studie. Er wird darum besonders für Giesser, welche diese verlorene Form wieder in Deutschland einführen wollen, ebenso wie durch Klingers kühn gemachte That mutig gewordende Künstler wichtig sein.« Daß diese Selbsteinschätzung durchaus nicht übertrieben ist, zeigt, daß sich noch neuere Arbeiten über Klinger, so die von Alexander Dückers von 1976, auf diesen Text positiv beziehen.
Nimmt sie sich in diesem Buch tatsächlich völlig zurück und fungiert lediglich als Zeugin und Berichterstatterin, so zeigt der Text *Epithalamia* von 1907 das umgekehrte Verhältnis von Asenijeff und Klinger: In diesem riesenformatigen Druck dominiert der Text von Asenijeff, der die griechisch-römische Mythologie zum Preis der Liebe bemüht, während Klingers umrahmende Federzeichnungen eindeutig illustrierende Funktion haben.
Die wichtigsten literarischen Werke Asenijeffs entstehen während dieser – auch künstlerischen – Lebensgemeinschaft mit Klinger, der Asenijeff auch noch die Studie über *Das Musikalische in Max Klingers Schaffen* von 1905 widmet. Von Klinger gibt es neben der Büste mehrere Bilder, u. a. ein Ölbild, das sich in Leipzig im Museum der bildenden Künste befindet.
Die Jahre um 1900 stellen einen Höhepunkt im Schaffen und in der Berühmtheit von Klinger dar, in seinem von ihm selbst entworfenen Wohn- und Atelierbau in Leipzig treffen sich international bekannte bildende Künstler und Musiker, 1902 wird die Beethoven-Statue für die Wiener Secession vollendet, 1907 findet zu seinem 50. Geburtstag eine repräsentative Werkschau des Leipziger Künstlerbundes statt.
Aber auch Elsa Asenijeff feiert in diesen Jahren ihre Triumphe; fast jedes Jahr erscheint ein neues Buch, daneben publiziert sie in angesehenen Zeitungen und Zeitschriften, ihre Lesungen sind große Erfolge. So wird vom »überfüllten Saal der Musikverleger« berichtet, als sie bei der Weltausstellung für Buchgewerbe und Graphik in Leipzig im Juni 1914 aus ihren Gedichten liest. Besonders ihr Gedichtband *Die neue Scheherezade. Ein Roman in Gefühlen* von 1913 findet bei der Kritik begeisterte Zustimmung.
Die Werke Asenijeffs lassen sich in zwei Gruppen zusammenfassen: Ein Teil zeichnet sich, wie ihr erster Band, durch scharfe Gesellschaftskritik und psychologische Einsicht aus. In diesen Texten –

häufig kurzen Prosa-Erzählungen – nimmt sie kritisch vor allem zum Geschlechterverhältnis ihrer Zeit Stellung. Die Männer kommen dabei, wie schon erwähnt, schlecht weg, aber auch die Frauen dürfen nicht mit schwesterlicher Sympathie rechnen. Dezidiert hebt sie sich von den Emanzipationsbestrebungen ihrer Zeitgenossinnen ab, sieht in der politischen Forderung nach Gleichberechtigung einen falschen Weg, den letzten Sieg des Patriarchats. Sie ist eine entschiedene Verfechterin der Differenzthese (die allerdings auch einen Schuß elitärer und anti-demokratischer Nietzscheanischer Übermenschen-Ideologie enthält): Männer und Frauen sind verschieden, ihre Art, die Welt zu sehen und zu erleben, ist nicht kompatibel; sie geht für ihre Zeit äußerst überraschend darin sogar so weit, daß sie diese Differenz auch auf die Wissenschaft ausweitet, die Wissenschaft und die Wahrheit von Frauen, die sie zu entwickeln haben, werde sich grundlegend von der Wissenschaft und Wahrheit der Männer unterscheiden. Diese Einstellung hindert sie aber nicht daran, präzise kleine Studien mit konkret gesellschaftspolitischem Impetus zu schreiben, so z. B. den Text über die Studentin, deren Lust und Fähigkeit zum Studium, zum selbständigen Denken durch die strickende Tante, die ihr als Anstandsdame in die Universitätsstadt nachgeschickt worden ist, zerstört wurde.

Neben diesen gesellschaftskritischen Texten stehen utopische Entwürfe einer möglichen Erfüllung. Hier zeigt sich der Einfluß von Klages, seiner von östlichen ganzheitlichen Philosophien und esoterischen Richtungen bedingten Denkweise. Der Mensch erscheint zusammengesetzt aus Körper, Seele und Geist, wobei der Geist als negativer Pol, der die kreatürliche Lebendigkeit des Körpers einschränkt, gesehen wird. Das individuelle Schicksal, der individuelle Tod zählt wenig, da er als Eingehen ins All der Natur verstanden wird, die Seele ist ein Teil dieser All-Natur und im Gegensatz zu den Körpern, die der physischen sexuellen Liebe mit ihrer unterschiedlichen Erwartungshaltung von Männern und Frauen ausgeliefert sind, gibt es auf der Ebene der Seele die wahre und absolute Liebe, die Vereinigung mit dem Geliebten, die sich auf einer durchaus immateriellen Ebene abspielt und nicht an die konkrete physische Präsenz gebunden ist. Diese »Sehnsucht«, die eher als daseinsgestaltende Kraft denn als reale Erfüllung gedacht wird, erinnert in einigen der Texte durchaus an das (post-)moderne Konzept des Begehrens, das niemals Erfüllung finden kann, dennoch aber Grund für alle Bewegung ist.

Den sehr eigenwilligen inhaltlichen Konzepten in ihrer feministischen Kombination von Klages und Nietzsche entspricht auch die sehr eigenwillige Form ihrer Texte: Schon die Untertitel weisen auf die bewußten Grenzüberschreitungen hin: Traumfugen über das Leben, Roman in Gefühlen, Lyrischer Roman. Bewußt werden die Grenzen zwischen Lyrik als Gefühlsausdruck und Prosa als Erzählung verwischt. Ihre lyrische Prosa steht im Kontext der Literatur der Jahrhundertwende, ihre Gedichte sind zu erzählenden Zyklen zusammengefaßt. Neben den lyrisch-empfindungsvollen, esoterischen Texten gibt es aber immer wieder auch die pointierten, ja zynischen gesellschaftskritischen Studien, und zwar abwechselnd, nicht einer zeitlichen Entwicklung folgend.

Asenijeffs Akzeptanz in künstlerischen Kreisen zeigt u. a. ihre Mitarbeit am Anti-Kriegsflugblatt »Der Krieg«, das Beiträge von Richard Dehmel, Klabund, Hauptmann, Lichtenstein u. a. enthält, zeigt auch ihre Mitarbeit an dem von Kurt Pinthus initiierten und herausgegebenen »Kinobuch 1913«, das sogenannte Kinostücke, eine Art Treatments für zu drehende Filme, enthält, und in dem sich – neben Asenijeff – Richard A. Bermann, Walter Hasenclever, Else Lasker-Schüler, Max Brod, Kurt Pinthus, Albert Ehrenstein u. a. an dem neuen Medium versuchen. Die elegante Kunstsammlerin ist also nicht in der Fin-de-siècle-Literatur »hängengeblieben«, sondern sie hat, vielleicht besser als Klinger, Anschluß an die neuen Kunstströmungen gefunden.

Im Jahr 1900 wurde die gemeinsame Tochter Desirée geboren, ein Faktum, das sich in Asenijeffs Weltanschauung dezisiv niederschlagen sollte, da für sie Frau-Sein aufs engste mit der Mutterschaft verbunden war, letztere Voraussetzung für künstlerisches Gestalten überhaupt sein sollte. Allerdings ist Mutterschaft bei ihr kein rein biologischer Begriff, er verwirklicht sich vielmehr erst in der verantwortungsvollen Erziehung des Kindes für die neue utopische Gesellschaftsform durch die Mutter. Doch wie so häufig klaffen auch in diesem Punkt Theorie und Praxis auseinander: Die Tochter wird in Paris erzogen und kommt erst nach dem Tod Klingers, der sie in seinem Testament bedacht hat, für ein Jahr nach Leipzig. Die Mutter ist zu diesem Zeitpunkt schon in einer Anstalt – ob die Tochter sie besucht hat, wissen wir nicht.

Die scheinbar so harmonische und produktive Verbindung des Künstlerpaares erweist sich als gefährdet. Bereits im Jahr 1910 nimmt sich Klinger ein neues Modell, die 18jährige Gertrud Bock, was die Beziehung Klinger – Asenijeff offensichtlich empfindlich stört. Briefe Klingers klagen über die Nervosität, die Eifersucht von

Asenijeff, 1913 treten Klinger und Asenijeff zum letzten Mal offiziell gemeinsam auf. Der Anlaß ist die Grundsteinlegung zum Richard-Wagner-Denkmal in Leipzig, und irgendwann kommt es dann zum endgültigen Bruch, 1919 heiratet Klinger Gertrud Bock.

Asenijeff verlangt von Klinger – auch über Rechtsanwälte – finanzielle Unterstützung, eine Forderung, die dieser offensichtlich verweigert; der Krieg tut ein übriges, und 1917 kommt es zu einer ersten gerichtlichen Pfändung; Asenijeff ignoriert die gerichtlichen Vorladungen, sodaß es schließlich zu einem Haftbefehl und Prozeß wegen »Beamtenbeleidigung, Freiheitsberaubung und Pfandbruchs« kommt. 1921 folgt das nächste Verfahren, das diesmal durch psychiatrische Gutachten begleitet wird, die befinden, daß Elsa Asenijeff »infolge der Verkennung ihrer Persönlichkeit, der Neigung zum Querulantentum und der Abnahme ihrer geistigen Fähigkeiten zu einer sinnvollen Lebensführung nicht mehr in der Lage ist« und daher entmündigt wird. Daß der Gutachter dabei freimütig zugibt, die Betroffene nie gesprochen zu haben, tut seiner Kompetenz keinen Abbruch. Asenijeffs Verleger benutzt das Aufsehen, das der Prozeß in den Zeitungen verursacht, dazu, ihre Gedichte 1922 unter dem Titel *Aufschrei* neu herauszubringen.

Verwahrlost und unterernährt wird sie drei Jahre später am 25. März 1924 – unter ihrem heftigen Protest – in die psychiatrische Klinik der Leipziger Universität eingeliefert und von dort am 6. April in die Klinik Hubertusburg in Wermsdorf verlegt, die sie in einer Beschwerde als »Verschleppungsanstalt« bezeichnet. Als »nicht-allgemeingefährlich«, aber querulant eingestuft, landet sie schließlich im Versorgungshaus Colditz und stirbt nach 20 Jahren »Verwahrung« in Anstalten, eine Verwahrung, die sie in Briefen und Beschwerden heftig bekämpft, am 5. April 1941 in Bräunsdorf bei Freiberg, eine arme, unbekannte, alte Irre.

# Elsa Asenijeff

## *Sie*

Endlich war es ihr erlaubt! Sie durfte lernen! Sie durfte frei sein – d. h. nicht bedingungslos, aber doch ein wenig; man schenkte ihr ja ein ganzes Semester. War das nicht viel? War das nicht gnädig? Da konnte sie ihr großes Talent – denn Talent zur Schriftstellerei hatte sie – ausbilden, und auch etwas veröffentlichen. Hauptsächlich etwas veröffentlichen, wünschte der Mann, damit mehr Geld ins Haus gebracht werde; hauptsächlich das Talent ausbilden, daß sie sich Ruhm sammle, meinten Mutter, Tante und Basen.

So entschied man über sie. Während der Mann behufs geschäftlicher Unternehmungen nach Australien mußte, durfte sie ein Semester Universität hören. Sie fragte man weiter nicht darum; wußte man nicht, daß sie studieren wollte? Also auch diese Freude gewährte man ihr!

Sie war ein schmachtendes Vöglein, das sich nach Freiheit sehnte. Erst hatte sie den ungeliebten Mann geheiratet, um die Last ihrer Erzieher und Vormünder abzuschütteln – ein Rechenexempel, bei welchem sie sich geirrt hatte, denn jetzt kam noch der Mann als Herrscher hinzu; die andern aber, die sie so sehr liebten, ließen nicht nach. Alle erzogen sie, und manchmal dachte sie weinend, sie werde wohl bis zum Grabe erzogen werden. Und sie wollte doch nichts, als in aller Unschuld ein bißchen Freiheit und – lernen dürfen. Konnte sie dafür, daß sie eine andere Natur als die anderen hatte?

Endlich kam Gelegenheit und Erlaubnis. Lernen, ja! Man war so sehr pädagogisch in ihrer Familie. Alles mußte durch Pflichtgefühl, Gehorsam und guten Willen erreicht werden können. Man sagte ihr also: »Wir, die so Einsichtsvollen, Gütigen, stets deiner Laune Nachgebenden, haben beschlossen, daß du gescheit werden darfst, wir erlauben dir, berühmt zu werden, und lassen dir sechs Monate Zeit dazu. Beeile dich also, damit du zeigst, daß du nicht ein dummes Weib bist, welches überhaupt nie ernst arbeiten kann, sondern nur herumtändelt. Arbeite ordentlich, leiste etwas Originelles.« Darauf löste man ihr ein Billet und schickte sie nach der berühmten Universitätsstadt.

Die Tante wandte freilich ein, es sei unschicklich für eine junge Frau, allein zu fahren; doch diese erwiderte, sie führe ja im Damencoupé. So entschied der Geiz über den pädagogischen Einfluß, und man

ließ sie, unter Nichtschicklichkeitsgejammer der Tante, fort. Sie sollte nur schnell sehen, ob man ihr überhaupt die Erlaubnis, die Vorlesungen zu hören, erteilte. Erhält sie dieselbe, so habe sie telegraphisch Nachricht zu geben, und sofort käme der erziehliche Einfluß in Form einer Tante wieder angerückt.
Die Reise war köstlich. In dem poetischen Gemüte der jungen Frau jauchzte und sang es. Noch nie hatte sie sich so glücklich gefühlt. Einmal, ein erstes, süßes, einziges Mal war sie frei in ihrem Leben. Niemand kam ihr mit den verschiedenen »du sollst doch, du mußt«. Sie durfte sie selbst sein. Einmal konnte sie sich ihren Gedanken überlassen, ohne daß sie von jemand unterbrochen wurde. Plötzlich erschien ihr die Welt so schön, so groß, so erhaben. Gleichzeitig aber ergriff sie ein unendliches Mitleid mit sich selbst.
Warum ließ man ihr keine Freiheit? Tat sie irgend das geringste Schlechte? Nein! Sie sprach mit niemand Fremdem und blickte niemand an. O nein! Damit würde sie ja die köstliche Zeit des Denkens verlieren. Sie dachte auch, wie sie an ihren schriftstellerischen Arbeiten schreiben werde.
In dem Fieber ihrer Gedankenblitze sah sie gleich einer Vision sich selbst, groß, bedeutend, etwas leistend. Fata Morgana! Nie erreichbar unter den Umständen, in denen sie lebte; ewig nur ein täuschendes Bild! Ein Zittern flog durch ihre Seele, ein Schluchzen um ihr armes Selbst.
Doch kam sie endlich an.
Die lange Hemmung der Ausübung ihrer geistigen Fähigkeiten hatte eine Anstauung zur Folge gehabt; mächtig und breit floß der Strom ihrer Gedanken. Sie lernte; jeder Gedanke, den sie aufnehmen wollte, wurde gleichsam der letzte Stoß, welcher einer neuen Quelle aus dem Felsen half.
Das versprochene Telegramm hatte sie nicht abgeschickt, sondern einen Brief voll Entzücken, voll Jubel. Sie hatte eine Pension gefunden, in der stillsten Gasse, im stillsten Hause. Dort, in der Ruhe des grämlichen Hauses wucherten ihre Gedanken wie grüner Efeu über den Gräbern. Sie gab auch zu verstehen, daß sie ganz zufrieden so allein sei. Aber das wurde nicht verstanden.
Sondern einige Zeilen kündigte ihr die Ankunft ihrer Tante am soundsovielten soundsoviel Uhr an. Ihre ganze Tageseinteilung kam gleich damit ins Wanken. Erstens konnte sie wegen kleiner Anordnungen, welche noch zu geben waren, während des Tages weder schreiben, noch lernen, und abends versäumte sie des Abholens der Tante wegen die Vorlesung. Ein böses Omen für die kommende Zeit.

Und nun hieß es: ei, gehe doch mit mir spazieren, ich bringe dir das Opfer, bei dir zu wohnen, nun bringe mir auch dies kleine Gegenopfer. Oder war sie mitten in der Meditation, so raschelte die Zeitung in Tantes Händen, während diese unbekümmert um des jungen Weibes Entsetzen ihr irgend eine uninteressante Nachricht aus derselben vorlas. Oder war sie gerade in Gedanken, so tönte Tantes gelangweilte Stimme: »Störe ich dich?, sage es nur aufrichtig, denn«... und dann kam ein langer Satz. Das junge Weib zitterte vor Zorn und Schmerz, aber sie konnte es nicht ändern. Denn es wäre unmöglich gewesen, der Tante begreiflich zu machen, was Denken sei. – Allerdings würde letztere andachtsvoll stillgeschwiegen haben, falls an ihrer Nichte Platz ein Mann gesessen wäre; wenn derselbe selbst nur seine Pfeife geraucht hätte. Das war der anerzogene Respekt vor dem männlichen und die anerzogene Achtungslosigkeit vor dem eigenen Geschlecht. Bei dem Gedanken an den Mann würde sie sich gleich in die nötige unterwürfige Distanz gesetzt haben, während sie fühlte – dachte, können wir bei ihr nicht sagen – »wir Weiber sind alle gleich;« – also es an dem nötigen Abstand zwischen ihrer Nichte und sich selbst fehlen ließ. So litt die letztere. Von Tag zu Tag wurden die Pausen reiner Sammlung kürzer, die Zwischenräume des Zerstreutseins ausgedehnter. Und immer deutlicher hatte sie die Empfindung, als tauche sie aus der Tiefe der Seele mehr und mehr an die Oberfläche. Sie schauderte davor, sie kämpfte dagegen, was nützte es? Einmal kommt doch die Minute des Aufreibens der Kraft. Sie ist der müde Vogel mit den zerschlagenen Flügeln. Vergebens schlug sie sich an den Wänden ihres Gefängnisses wund, vergebens bat und sang und jammerte sie: »Mütterchen, laß mich allein! Ich verspreche dir, brav zu sein. Und daß ich arbeite, sollen dir meine Schriften beweisen. Alle schicke ich sie dir. Denke doch 'mal, bin ich schlecht, so bin ich's, ob ich bewacht bin oder nicht, und bin ich gut, so bin ich auch allein gut. Also, Mütterchen, laß mich allein, damit ich arbeiten kann. Das Geräusch in dem einen, einzigen Zimmer, wo wir wohnen, das fortwährende Mich-Anreden: Möchtest du? Willst du? Was glaubst du? Was sagst du dazu? zerstreut meine Gedanken, sie zerflattern, und ich werde nichts leisten können, obwohl ich sonst etwas in mir fühle, das mir sagt: Du kannst! Also, Mütterchen, sei gnädig, habe Erbarmen! Alles sollst du ja sehen, was ich arbeite.«

Sie flehte wie eine Sklavin, die sie war; wie eine Unmündige, dies majorenne Weib!

Was war aus ihrem stillen Heime geworden! Dort saß sie in der zuckenden Glut der Inspiration, gewitterschwanger wie Wolken, die sich entladen wollen. Heilige Ruhe wollte sie; so wie das ehrfurchtsvolle Schweigen aller Wesen beim Herannahen des Gewitters; aber da schlugen die Stricknadeln vom Strumpfe ihrer Muhme aneinander – Klingdilidang, Klingdilidang, Klingdilidang, und rasend vor Wut, mitten in der Fieberhalluzination des Denkens, des geistigen Gebärenwollens, suchte ihr Geist nach einer Erlösung. Ihre Ideen kämpften mit dem Zorne über die Störung; noch hielt sie jene fest, jenes Scheingebäude, flüchtiger als aus Spinnweben gebaut; aber der Kampf der nächsten Minute schon wird es zerreißen. Klingdilidang, Klingdilidang! Dort sitzt die alte Muhme würdevoll und dumm, und klappert ihre Strickerei zusammen. Ihr blödes Alltagsgesicht strahlt gutes Gewissen aus, dennoch ist sie eine Lumpin, ärger als irgend eine. Denn sie stört, sie tötet das Blühen dieses jungen Talentes, sie mordet die Schönheit dieser noch ungeborenen Gedanken. Wie ein Nebel fliegen sie auf, immer ferner und ferner – jetzt sind sie fort!
Schluchzend wirft sich das junge Weib auf das Sofa. Aus ihr wird nichts. Kann nichts werden. Wie ihr Schatten folgt ihr diese Qual überall hin, wo ihr Sonne schiene. Sie weint. Helle, dicke Tropfen entfallen ihren Augen.
Da steht die alte Tante auf, eingedenk ihrer Christenpflicht, zu trösten, wenn sie auch nicht weiß, für welches Leid. Sie muß ja, wie alle geistig Inferioren, eine vorgeschriebene, abgegrenzte Pflicht haben, weil sonst ihr lederner Instinkt, welcher nicht die Vibrationen höherer Seelen hat, sie im Stiche ließe.
So geht sie auf die junge, in maßloser Verzweiflung ringende Frau zu, ihr sagend, sie solle sich nicht soviel mit Arbeit überanstrengen, sie aber werde zu Gott beten, damit dieser ihrer Nichte gnädig sei.

**Adelheid Popp**
**1869–1939**

Das weibliche Geschlecht kann nicht unfrei, rechtlos, minder gewertet bleiben, wenn der Sozialismus seinen Siegeszug antreten soll, denn vom Sozialismus erhoffen und erwarten alle, die an ihn glauben, die Sprengung aller Fesseln, unter deren Druck sie jetzt leiden. Wer aber sollte mehr hoffen als die, die am gefesseltsten sind, die am meisten leiden? Und wer wollte bestreiten, daß das die Frauen sind.«

Für Adelheid Popp waren die Hoffnungen, die sie mit der gesellschaftsverändernden Kraft des Sozialismus verband, immer mit der Befreiung der Frauen verknüpft. 1909 erschien anonym ihre *Jugendgeschichte einer Arbeiterin,* die in elf Sprachen übersetzt wurde und die im deutschsprachigen Raum zahlreiche Auflagen erlebte.

Über ihre Motivation, ihre Erinnerungen anonym erscheinen zu lassen, schrieb die damals bereits anerkannte Sozialdemokratin: »Nicht übertriebene Bescheidenheit, deren er (Bebel) mich freundlich zieh, war es, die mich hinderte, mit meinem Namen für meine Jugendgeschichte einzutreten. Ich schrieb die Jugendgeschichte nicht, weil ich sie als etwas individuell Bedeutsames einschätze, im Gegenteil, weil ich in meinem Schicksal das von hunderttausenden Frauen und Mädchen des Proletariats erkannte, weil ich in dem, was mich umgab, was mich in schwere Lagen brachte, große gesellschaftliche Erscheinungen wirken sah. [ich hoffte,] daß das Schriftchen als das Lebensschicksal *einer* Arbeiterin, das gleichzeitig das von Hunderttausenden ist, wirken werde.«

August Bebel, der Verfasser des bahnbrechenden Werkes »Die Frau und der Sozialismus«, zeigte sich in seinem Geleitwort beeindruckt von der Darstellung der untersten Schicht und der Befreiung daraus und wünschte dem Buch eine Verbreitung in Zehntausenden Exemplaren. »… aber ich hielt es für die Verbreitung der Schrift wirksamer, wenn sie, deren Namen alle kennen, mit offenem Visier sagte: ›So war ich einst, und so bin ich jetzt. Was ich getan, mußte ich tun, ihr anderen könnt ähnliches tun, ihr müßt nur wollen.‹«

Von der dritten Auflage an wurde die *Jugendgeschichte* endlich unter Adelheid Popps Namen publiziert und seit der vierten Auflage schließlich im parteiinternen Vorwärtsverlag, »was von allem Anfang mein Wunsch war« – wie die Autorin im Vorwort schrieb. Die Protagonistin der österreichischen proletarischen Frauenbewegung bekannte sich zu ihrem Buch, weil ihr bewußt war, daß ihre Leidensgeschichte zwar eine kollektive war, »daß aber nur wenige den Weg zur Erhebung und zum Aufstieg aus einer bedrückten und versklavten Jugend fanden«.

Adelheid Dworzak wurde 1869 als jüngstes von fünfzehn Kindern einer Weberfamilie in Inzersdorf bei Wien geboren. Zehn Kinder starben bereits im Säuglingsalter, der Vater war Trinker und tyrannisierte die Familie. Er starb an einem Krebsleiden, als Adelheid sechs Jahre alt war. Die Mutter übersiedelte mit den Kindern nach Wien, Adelheid mußte nach drei Jahren die Schule verlassen und bereits im Alter von zehn Jahren zum Familieneinkommen beitragen.

In ihrer *Jugendgeschichte* erzählte sie vom Elend des elterlichen Haushaltes, vom verpatzten Weihnachtsfest, vom Tod des Vaters, von der tüchtigen Mutter, dem kranken Bruder, den schier ausweglosen Geldsorgen. Adelheid mußte zunächst Perlmuttknöpfe aufnähen, blieb ein Jahr lang Schafwollhäklerin, wechselte dann in das etwas besser bezahlte Posamenteriegewerbe, wo sie zwölf Stunden am Tag aus Perlen und Seidenschnüren Aufputz für die Damenkollektion herstellte, bezahlt nach Akkord. Mit 13 Jahren landete sie in einer Patronenfabrik, bis Erschöpfung und Krankheit dem frühen Berufsleben eine vorübergehende Pause bereiteten. Aber selbst diese Verschnaufpause im Krankenhaus währte nur kurz, die Arbeitssuche begann von neuem, und schließlich erhielt sie in einer Fabrik etwas mehr Lohn.

Adelheid Popps Erinnerungen sind vom Bewußtsein der vierzigjährigen Frauenrechtlerin und Sozialistin, die zurückschaut und erzählt, was ihren Weg bestimmt hat, geprägt, und deshalb läßt sie weg, was ihr entlang dieses roten Lebensfadens als nicht interessant erscheint. Liebe und Gefühle bleiben weitgehend ausgespart. Sexualität wird nur im Zusammenhang mit sexueller Belästigung am Arbeitsplatz thematisiert. Die Kindheit erschien ihr aus Gründen der frühen Erwerbsarbeit als glücklose Zeit: »Kein Lichtpunkt, kein Sonnenstrahl, nichts vom behaglichen Heim, wo mütterliche Liebe und Sorgfalt meine Kindheit geleitet hätte, ist mir bewußt.«

Für Mädchen aus dem proletarischen Milieu war die Schulbildung auf ein Minimum beschränkt. Wie für viele bürgerliche Frauen wurde die autodidaktische Aneignung von Wissen durch Lektüre zur einzigen Bildungsmöglichkeit. Adelheid Popp betonte die Bedeutung des Lesens und die Rolle der Literatur für ihre eigene Entwicklung. Die Veränderung ihres Lesestoffes symbolisiert die Veränderung ihres Bewußtseins und ihre Politisierung. »Ich las gerne. Ich las wahllos, was ich in die Hände bekommen konnte … Indianergeschichten, Kolportageromane, Familienblätter … Räuberromane … Jesuitenromane … Romane mit hundert Heften …«,

bekannte Adelheid Popp ihre frühe Flucht in die Traumwelt der Literatur. Später las sie »schon bessere Bücher, auch Klassiker« und schließlich jede Woche die Parteizeitung.
Die Begegnung mit sozialistischer Lektüre wurde durch Kollegen in der Fabrik ausgelöst, doch mit ihren Überlegungen zur Frauenfrage war sie zunächst völlig allein. »Von der ›Frauenfrage‹ hatte ich noch immer keine Ahnung. Darüber stand nichts in der Zeitung [...] Ich kannte auch keine Frau, die sich für Politik interessiert hätte. Ich galt als eine Ausnahme und betrachtete mich selbst als eine. Die soziale Frage, wie ich sie damals verstand, hielt ich für eine Männerfrage und ebenso die Politik.«
Doch eines Tages las sie einen Artikel über das Weib im 19. Jahrhundert, der ihr die Augen für das Problem der Prostitution öffnete. Ein Bruder nahm sie zu einer sozialdemokratischen Versammlung mit, auf der sie – wie sie sich später erinnert – »das einzige weibliche Wesen im Saale« war, auf das sich alle Blicke richteten.
Die Mutter stand den politischen Ideen der Tochter mit Unverständnis gegenüber. Ihre Vorstellung für die Zukunft der Tochter war eine Heirat, die gleichzeitig Erlösung von der Fabrik bedeuten würde. Das bürgerliche Familienleben erschien der Mutter als einzige Möglichkeit des gesellschaftlichen Aufstiegs.
Als der bereits greise Friedrich Engels den Kontinent bereiste und sich auch für die engagierte Adelheid Popp interessierte, bat sie ihn, der Mutter begreiflich zu machen, daß sich die Tochter auf dem richtigen Weg befinde. Gemeinsam mit August Bebel, der altersmäßig Adelheids Vater hätte sein können, versuchte Friedrich Engels der Mutter beizubringen, daß sie stolz auf ihre Tochter sein sollte. Doch die Mutter kannte von den beiden berühmten Männern nicht einmal den Namen, geschweige denn deren revolutionäre Arbeit. Ironisch und resigniert notierte Adelheid Popp über die mütterliche Reaktion: »Als wir wieder allein waren, sagte sie geringschätzig: So Alte bringst du daher.«
Aber die Tochter setzte ihren Weg fort, und es dauerte nicht mehr lange, bis Adelheid Dworzak ihr erstes Referat über die »Bedeutung der gewerkschaftlichen Organisation« hielt. Dieses erste öffentliche Auftreten wurde zum entscheidenden Wendepunkt in ihrem Leben: »Der Jubel in der Versammlung war grenzenlos, [...] man forderte mich auf, so wie ich gesprochen habe, solle ich für das Fachblatt einen Artikel an die Arbeiterinnen schreiben. Das war nun freilich eine böse Sache. Ich hatte ja nur drei Jahre die Schule besucht, von Orthographie und Grammatik hatte ich keine Ahnung und meine

Schrift war wie die eines Kindes, da ich ja nie Gelegenheit gehabt hatte, zu üben. [...] Ich war wie in einem Taumel, als ich nach Hause ging. Ein unnennbares Glücksgefühl beseelte mich, ich kam mir vor, als hätte ich die Welt erobert.«

Bereits ihr erster Artikel mit dem Titel *Zur Lage der in Fabriken beschäftigten Arbeiterinnen* wurde ein flammender Appell an die Frauen, sich für ihre Anliegen politisch zu engagieren. Da sie selbst durch den Schritt in die Öffentlichkeit Selbstbewußtsein und Selbstvertrauen gewann, versuchte sie zeitlebens, auch andere Frauen zu politischem Engagement zu ermutigen.

Ihre *Jugendgeschichte einer Arbeiterin* endet daher auch mit Adelheid Popps Aufstieg von der Kinderarbeiterin zur Sozialistin und wird zum kollektiven Aufruf: »Wenn ich das Bedürfnis fühlte zu schreiben, wie ich Sozialistin geworden, so war es einzig der Wunsch, jenen zahlreichen Arbeiterinnen, die mit einem Herzen voll Sehnsucht nach Betätigung lechzen, aber immer wieder zurückschrecken, weil sie sich die Fähigkeit nicht zutrauen, etwas leisten zu können, Mut zu machen. So wie der Sozialismus mich verwandelt und stark gemacht hat, so würde er dies auch bei anderen vermögen.« Sie sah die Integration in eine kollektive Bewegung als Selbstbefreiung, die auch ihr Schreiben motiviert.

Am 2. Oktober 1892 erschien erstmals die »Arbeiterinnen-Zeitung« in Wien, die von Adelheid Dworzak mitbegründet worden war und deren verantwortliche Redakteurin sie bereits im Oktober desselben Jahres wurde, eine Frau, die als Kind kaum lesen und schreiben gelernt hatte. Anders, als die Mutter erhofft hatte, ließ sie also die Fabrik hinter sich zurück und wurde zur engagierten Funktionärin der Sozialdemokratischen Partei, zur Publizistin und Agitatorin für die sozialistische Frauenbewegung.

Am ersten organisierten Arbeiterinnen-Streik in Wien im Mai 1893 wirkte Adelheid Popp tatkräftig mit. Unter der Initiative der Textilarbeiterin Amalie Seidel nahmen schließlich ungefähr 700 Arbeiterinnen am Protest teil und forderten eine Verkürzung der Arbeitszeit auf zehn Stunden pro Tag und die Freigabe des 1. Mai als Feiertag. Nach zwei Wochen hatten sie ihre Forderungen durchgesetzt. Im gleichen Jahr wurde auch der Lese- und Diskutierklub »Libertas« gegründet, dem vor allem Funktionärinnen angehörten. Ebenfalls 1893 heiratete Adelheid Dzworzak den um zwanzig Jahre älteren sozialdemokratischen Redakteur Julius Popp.

Er war für sie ein Mann, der ihre Ideale teilte. In ihren *Erinnerungen* schrieb sie: »Er achtete nicht nur in der erwerbenden Frau die

Arbeiterin, sondern auch in der im Haushalt Tätigen sah er die Arbeitssklavin und er empörte sich über die Ungerechtigkeit, daß man ihre ermüdende und oft aufreibende Tätigkeit als Spielerei betrachte. Wenn ich morgens mit ihm zusammen von daheim fortging und schon unser Zimmer aufgeräumt hatte, während er beim Lesen einer Zeitung gesessen, sah er das nie als Selbstverständlichkeit an, sondern als eine über meine Pflicht gehende Leistung.«

Die bürgerlichen Ideale der Geschlechterrollendifferenz teilten offenbar Adelheid und Julius, denn die zitierte Passage ist nicht als Ironie, sondern als Anerkennung für den Ehemann zu verstehen. Adelheid Popp gebar zwei Söhne. Während die Kinder klein waren, half die Mutter im Haushalt, und sehr bald stellte sich heraus, daß der Ehemann krank war und nicht mehr lange leben würde. Aber nicht nur ihren Gefährten verlor Adelheid Popp bereits nach achtjähriger Ehe, auch ihre beiden Söhne starben früh.

Interessant ist, daß sie im Vorwort zur dritten Auflage ihrer *Jugendgeschichte einer Arbeiterin* betonte, daß sie einige Veränderungen vorgenommen und erst in dieser Ausgabe ihre Ehe erwähnt hatte: »Meine leider allzu kurze Ehe habe ich geschildert, aber nicht um über mich zu sprechen, sondern um an meinem individuellen Schicksal zu zeigen, daß die öffentliche Tätigkeit der Frau durch die Ehe und durch ihre Pflichten als Mutter und Gattin nicht gehemmt werden muß. Es handelt sich da um eines der großen Probleme der Frauenfrage, um eine der wichtigsten Vorfragen bei der Erörterung vollkommener politischer und gesellschaftlicher Gleichberechtigung der Frau.«

Fast entschuldigend wird also die Schilderung der privaten Sphäre erklärt und gleichzeitig wieder auf das Allgemeine verwiesen, gleichsam als Musterbeispiel für die sozialistische Politik, die Widersprüche in den starren Geschlechtervorstellungen bleiben ausgespart.

In ihren agitatorischen Schriften und in ihrer Fortsetzung der *Jugendgeschichte einer Arbeiterin,* dem Buch *Erinnerungen* (1915), bekämpfte sie allerdings die Institution der Ehe als Besitzverhältnis und trat für die »freie Liebe« als Verhältnis zweier ebenbürtiger Partner ein, die eine Trennung und Scheidung der Partner mit einschließt. Diese Anschauung war damals nicht nur heftig umstritten, sondern trug Adelheid Popp sogar wieder eine ihrer zahlreichen Arreststrafen ein: »Der Zweifel an der Heiligkeit der Ehe mußte geahndet werden mit der Verhängung von vierzehn Tagen Arrest, verschärft durch zwei Fasttage. Ich kann nicht sagen, daß ich nach

der Verbüßung dieser Strafe andere Anschauungen über die Ehe bekommen habe. Die Geschworenen waren der Meinung, daß in dem erwähnten Artikel die ›freie Liebe‹ propagiert wurde. [...] In Wirklichkeit wurde die ›freie Liebe‹, die in jenem Artikel vertreten wurde, so dargestellt, daß die Ehe kein Geschäft sein soll, bei dem die Höhe der Mitgift und des Einkommens die Entscheidung geben.«
Da Adelheid Popp sah, daß die Berufstätigkeit der Frau und die Erziehung der Kinder kaum vereinbar waren, wenn nicht die Männer ihren Beitrag dazu leisteten, plädierte sie für eine staatliche Kindererziehung: »Eine gemeinsame Erziehung in Staats- oder kommunalen Anstalten, geleitet von wirklichen Pädagogen und Kinderfreunden, dürfte das beste sein.« Wie der Vorschlag der bürgerlichen Frauenrechtlerin Irma von Troll-Borostyáni in den siebziger Jahren des 19. Jahrhunderts stieß auch Adelheid Popps vernünftige Argumentation in den zwanziger Jahren dieses Jahrhunderts auf wenig Verständnis.
In ihren zahlreichen Artikeln und Büchern ging sie immer von ihren eigenen Erinnerungen und Erfahrungen aus und entwickelte daraus ihre gesellschaftsverändernden Forderungen. Sie verknüpfte also ihre politische Arbeit immer mit dem privaten Leben. »Das Private ist politisch« – wird Jahrzehnte später ein Motto der Frauenbewegung der siebziger Jahre lauten. Adelheid Popp schilderte gleich in der Einleitung zu ihren *Erinnerungen,* daß die politische Arbeit in der Öffentlichkeit für die Frauen schwieriger war als für die Männer, weil diese Rolle für Frauen immer noch eine Ausnahme darstellte. Und in ihrem Bericht über den ersten Frauenstreik zeigte sie sich auch enttäuscht darüber, »daß die Arbeiterinnen nicht gehalten haben, was ihr erstes Eintreten in die Arbeiterbewegung versprochen hatte«.
Andererseits war die politische Mitarbeit in der Arbeiterinnenbewegung nicht ungefährlich: »Überhaupt war es damals rasch geschehen, daß man Frauen wegen politischer Delikte anklagte und einsperrte. [...] Es gab im Anfang der Arbeiterinnenbewegung fast keine Rednerin, die das Gefängnis nicht kennen gelernt hätte.« Sie selbst wurde mehrmals verhaftet und zu Gefängnisstrafen verurteilt.
1912 gab Adelheid Popp das *Gedenkbuch. Zwanzig Jahre österreichische Arbeiterinnenbewegung* heraus und veröffentlichte eine Studie über Dienstmädchen unter dem Titel *Haussklavinnen,* in der sie die Dienstbotinnen zum Widerstand gegen unzumutbare Arbeitsbedingungen aufrief. Noch ihre letzte Buchpublikation trug einen optimi-

stischen Titel: *Der Weg zur Höhe. Die sozialdemokratische Frauenbewegung Österreichs. Ihr Aufbau, ihre Entwicklung und ihr Aufstieg* (1929) und verweist auf ihren ungebrochenen Glauben an die Idee des Sozialismus.
Neben ihrem unermüdlichen Einsatz für die Verbesserung der Arbeitsbedingungen für Frauen und insbesondere für die Mütter kämpfte die sozialdemokratische Frauenbewegung für das allgemeine Wahlrecht und das Frauenwahlrecht. Adelheid Popp konnte den Frauen in diesem Kampf ein besseres Zeugnis ausstellen: »Schon im Herbst des Jahres 1893 hatte die Wahlrechtsbewegung unter den Frauen so viel Verständnis gefunden, daß sie eine eigene große Demonstration auf einem freien Platz mit der Forderung nach dem Frauenwahlrecht veranstalteten.«
Es sollte noch bis 1907 dauern, bis das allgemeine Wahlrecht erkämpft war: »Das Ziel wurde erreicht, das Wahlrecht errungen, aber noch nicht für die Frauen. Sie sind noch immer ausgeschlossen von der Gleichheit, die allen Staatsbürgern zukommt. […] Und darum hat der Kampf um das Wahlrecht für die Frauen noch kein Ende erreicht.«
Bei einer großen Demonstration 1911 in Wien für das Frauenwahlrecht bekannte sich die Rednerin Adelheid Popp auch zu den Zielen der Friedensbewegung: »Wir wollen aber auch dagegen kämpfen, daß Millionen verschwendet werden für Mordzwecke und Bruderkrieg. Wir wollen, daß die Mordrüstungen ihr Ende nehmen, und diese Millionen verwendet werden für die Bedürfnisse des Volkes.«
Aber der Krieg konnte nicht verhindert werden, und das Wahlrecht wurde erst als Folge des Ersten Weltkrieges erreicht. Nach dem Zusammenbruch der österreichisch-ungarischen Monarchie wurde die Vereins- und Versammlungsfreiheit und das allgemeine Wahlrecht ohne Unterschied des Geschlechts eingeführt.
Bereits 1918 konnte Adelheid Popp in den Wiener Gemeinderat einziehen, von 1919 bis zur Auflösung 1934 gehörte sie als sozialdemokratische Abgeordnete dem österreichischen Parlament an. Bereits 1902 gründete sie den »Verein sozialdemokratischer Frauen und Mädchen«, und nachdem Clara Zetkin zur Kommunistischen Partei übergetreten war, übernahm Popp den Vorsitz des »Internationalen Frauenkomitees«. Es fiel ihr schwer, im Alter aus verschiedenen Funktionen auszuscheiden.
Als die siebzigjährige Adelheid Popp am 7. März 1939 an den Folgen eines Schlaganfalles starb, hatten sich die politischen Verhält-

nisse grundlegend geändert. Der Nationalsozialismus hatte die Herrschaft übernommen, im Herbst begann Adolf Hitler den Zweiten Weltkrieg. Es fand sich über ihren Tod keine Notiz in einer Zeitung, und die sozialdemokratische Gefährtin Gabriele Proft erinnert sich an das Begräbnis: »Als wir am Grabe standen, riß der Sturm der Rednerin die Worte vom Munde, so als wäre auch dieser letzte Freundschaftsdienst verboten.«

# Adelheid Popp

## *Kinderarbeit*

Als ich von der Schule mein Übersiedlungszeugnis erhalten hatte, das mich für reif erklärte, in die vierte Volksschulklasse überzutreten, war das meine ganze geistige Ausrüstung für das Leben voll Arbeit, das ich nun zu beginnen hatte. Nie hat jemand Einspruch erhoben, daß ich der gesetzlichen achtjährigen Schulpflicht entzogen wurde. Bei der Polizei war ich gar nicht angemeldet. Da meine Mutter nicht schreiben konnte, mußte ich die Meldezettel ausfüllen. Ich hätte mich selbstverständlich in die Rubrik: Kinder einzutragen gehabt, da ich mich aber für kein Kind mehr hielt, ich war ja schon Arbeiterin, so ließ ich diese Rubrik unausgefüllt und blieb polizeilich unangemeldet. Andere Leute beachteten diese Unterlassung auch nicht.

Wir zogen in die Stadt zu einem alten Ehepaar in eine kleine Kammer, wo in einem Bett das Ehepaar, im andern meine Mutter und ich schliefen. Ich wurde in einer Werkstätte aufgenommen, wo ich Tücher häkeln lernte; bei zwölfstündiger fleißiger Arbeit verdiente ich 20 bis 25 Kreuzer im Tage. Wenn ich noch Arbeit für die Nacht nach Hause mitnahm, so wurden es einige Kreuzer mehr. Wenn ich frühmorgens um 6 Uhr in die Arbeit laufen mußte, dann schliefen andere Kinder meines Alters noch. Und wenn ich um 8 Uhr abends nach Hause eilte, dann gingen die anderen gut genährt und gepflegt zu Bett. Während ich gebückt bei meiner Arbeit saß und Masche an Masche reihte, spielten sie, gingen spazieren oder sie saßen in der Schule. Damals nahm ich mein Los als etwas Selbstverständliches hin, nur ein heißer Wunsch überkam mich immer wieder: *mich nur einmal ausschlafen zu können.* Schlafen wollt ich, bis ich selbst erwachte, das stellte ich mir als das Herrlichste und Schönste vor. Wenn ich dann manchmal das Glück hatte, schlafen zu können, dann war es erst kein Glück, dann war Arbeitslosigkeit oder Krankheit die Veranlassung. Wie oft an kalten Wintertagen, wenn ich abends die Finger schon so erstarrt hatte, daß ich die Nadel nicht mehr führen konnte, ging ich zu Bett mit dem Bewußtsein, daß ich morgens um so früher aufstehen müsse. Da gab mir die Mutter, nachdem sie mich geweckt, einen Stuhl in das Bett, damit ich die Füße warm halten konnte und ich häkelte weiter, wo ich abends aufgehört hatte. In späteren Jahren überkam mich oft ein Gefühl

grenzenloser Erbitterung, daß ich gar nichts, so gar nichts von Kinderfreuden und Jugendglück genossen hatte. –
Das alte Ehepaar, bei dem wir wohnten, war sehr zweifelhaften Charakters. Die Frau lebte davon, daß sie jungen Mädchen und Frauen aus den Karten ihre Zukunft prophezeite. Auch mich ließ sie in meine Zukunft blicken, die sie mir aus den Karten mit den schönsten Farben malte. Natürlich spielte der Mann die Hauptrolle und ebenso natürlich ein reicher Mann. Diese Frau hätte für mich verhängnisvoll werden können. Sie sagte mir, dem zehneinhalbjährigen Kinde, viele Schmeicheleien, schmückte mich mit Seidenbändern und gab mir Näschereien. Alles das könnte ich immer haben, versicherte sie, nur dürfte meine Mutter nichts davon wissen. Sie eiferte mich zu vielen Dingen an, die ich nicht zu tun wagte, weil sie mir ungehörig erschienen.
Zum Glück war meine Mutter mißtrauisch und wir mieteten ein Kabinett, das wir für uns allein hatten. Auch mein jüngerer Bruder kam wieder zu uns und brachte einen Kollegen mit, mit dem er sein Bett teilte. So waren wir vier Personen in einem kleinen Raum, der nicht einmal ein Fenster hatte, sondern das Licht nur durch die Fensterscheiben erhielt, die sich in der Tür befanden. Als einmal ein bekanntes Dienstmädchen stellenlos wurde, kam sie auch zu uns, sie schlief bei meiner Mutter im Bett und ich mußte zu ihren Füßen liegen und meine eigenen Füße auf einen angeschobenen Stuhl lehnen.
Ein Jahr blieb ich Schafwollhäklerin und lernte eine ganze Anzahl Werkstätten kennen; denn wenn wir hörten, anderswo werde auch nur um einen Kreuzer für das Tuch mehr bezahlt, so mußte ich dorthin gehen. So kam ich immer in eine andere Umgebung und unter andere Menschen und konnte mich an keinem Ort recht eingewöhnen. Dadurch erhielt ich Einblick in viele Familienverhältnisse. Der Ertrag der Ausbeutung so vieler junger Mädchen war überall die Grundlage der Existenz ganzer Familien. Ich arbeitete wiederholt bei Beamtengattinnen oder bei Angestellten kaufmännischer Berufe, wo die standesgemäße Lebensweise nach außen nur möglich war durch die Ausnützung unserer Arbeitskraft. Ich war überall die Jüngste von allen, und um nicht mit Rücksicht auf meine Jugend noch schlechter bezahlt zu werden, gab ich ein höheres Alter an, was ich ganz gut konnte, da ich über mein Alter groß war und weil mich mein ernstes Wesen auch älter erscheinen ließ. Zudem mußte ich als älter gelten, damit nicht jemand verraten konnte, daß ich eigentlich die Schule besuchen sollte.

Ich war im zwölften Jahr, als sich meine Mutter entschloß, mich in eine Lehre zu geben. Ich sollte einen Beruf erlernen, von dem noch angenommen wurde, daß ein besserer Verdienst bei Fleiß und Geschicklichkeit zu erzielen sei, das Posamenteriegewerbe. Natürlich konnte ich wieder, meines schulpflichtigen Alters wegen, nur zu einer Zwischenmeisterin kommen. Zwölf Stunden im Tage mußte ich aus Perlen und Seidenschnüren Aufputz für Damenkonfektion herstellen. Ich erhielt keinen fixen Lohn, sondern jeder neue Artikel wurde genau berechnet, wieviel davon in einer Stunde zu machen sei und dafür wurden fünf Kreuzer bezahlt. Hatte man größere Übung erlangt und dadurch die Möglichkeit mehr zu verdienen, so reduzierte die Meisterin, mit der Begründung, daß auch der Fabrikant weniger bezahle, den Lohn. Unaufhörlich, ohne sich auch nur eine Minute Ruhe zu gönnen, mußte man arbeiten. Daß dies von einem Kind in meinem Alter schließlich nicht zu erwarten war und auch von keinem andern zu leisten ist, weiß jeder, der selbst beurteilen kann, was zwölf Stunden anhaltender Arbeit überhaupt zu bedeuten haben. Mit welchem Verlangen sah ich immer nach der Uhr, wenn mich die zerstochenen Finger schon schmerzten und wenn ich mich am ganzen Körper ermüdet fühlte. Und wenn ich dann endlich nach Hause ging, an schönen warmen Sommertagen oder im bitterkalten Winter, mußte ich oft, wenn viel zu tun war, noch Arbeit für die Nacht nach Hause nehmen. Darunter litt ich am meisten, weil es mich um die einzige Freude brachte, die ich hatte.

Ich las gerne. Ich las wahllos, was ich in die Hände bekommen konnte, was mir Bekannte liehen, die auch nicht zwischen Passendem und Unpassendem unterschieden, und was ich im Antiquariat der Vorstadt, für eine Leihgebühr von zwei Kreuzern, die ich mir vom Munde absparte, erhalten konnte. Indianergeschichten, Kolportageromane, Familienblätter, alles schleppte ich nach Hause. Neben Räuberromanen, die mich besonders fesselten, interessierte ich mich lebhaft für die Geschichte unglücklicher Königinnen. Neben »Rinaldo Rinaldini« (der mein besonderer Liebling war), die »Katarina Kornaro«, neben »Rosa Sandor« die »Isabella von Spanien«, »Eugenie von Frankreich«, »Maria Stuart« und andere. »Die weiße Frau in der Hofburg« zu Wien, alle Kaiser-Josef-Romane, »Die Heldin von Wörth«, »Kaisersohn und Baderstochter« vermittelten mir geschichtliche Kenntnisse. Ihnen reihten sich die Jesuitenromane an und in weiterer Folge die Romane mit hundert Heften, vom armen Mädchen, das nach Überwindung vieler grauenerregender Hindernisse zur Gräfin oder mindestens zur Fabrikantens- oder Kaufherrnsgattin gemacht wurde. Ich lebte wie in einem Taumel. Heft um Heft verschlang ich; ich war der Wirklichkeit entrückt und identifizierte mich mit den Heldinnen meiner Bücher. Ich wiederholte in Gedanken alle Worte, die sie sprachen, fühlte mit ihnen die Schrecken, wenn sie eingemauert, scheintot begraben, vergiftet, erdolcht oder gefoltert wurden. Ich war mit meinen Gedanken immer in einer ganz andern Welt und sah nichts von dem Elend um mich her, noch empfand ich mein eigenes Elend. Da meine Mutter nicht lesen konnte, stand meine Lektüre unter keiner Kontrolle. So las ich mit 13 Jahren *Paul de Kock,* aber so harmlos ließen mich die frivolen französischen Erzählungen, daß ich bis in die kleinsten Details den Inhalt wieder erzählte und nicht begriff, warum mein Bruder und sein Kollege lachten, wo ich nichts Erheiterndes gefunden hatte. Eine Stelle habe ich noch immer im Gedächtnis. Ein Marquis hatte ein Mädchen in ein Gebüsch geführt, und da stand dann ungefähr: »Als sie wieder heraustraten, ging das Mädchen bleich und mit schwankenden Knien weiter. Einen letzten Blick warf sie nach dem Ort zurück, wo sie ihre Unschuld verloren hatte.« Was lachten da die zwei jungen Menschen, ohne daß ich eine Erklärung dafür fand. Erzählen mußte ich sehr viel, ich erzählte sehr genau und wußte manche Dialoge fast wörtlich, als hätte ich alles auswendig gelernt. Ich erlangte als Erzählerin fast »Berühmtheit«. Am Sonntag abend wurde ich zu meiner Lehrfrau geladen, um dort vorzulesen. Die Liebesabenteuer der »Isabella von Spanien« bildeten damals die Lektüre. Im Haus, wo ich wohnte, wurde ich von Familien eingeladen, um zu erzählen und meine Mutter und mein Bruder bereiteten mir wirklich Qual mit ihrer Lust, mich erzählen zu hören. Wenn alles im Bett lag, mußte ich erzählen, die anderen schliefen schließlich ein, ich aber wurde des Schlafes beraubt und lag dann in erregtem Zustand wach im Bett, in dem ich mich nicht rühren durfte, weil ich ja sonst meine Mutter gestört hätte. Zudem hätte ich oft die Zeit lieber angewandt, um zu lesen, wenn ich schon nicht arbeiten mußte. Am Sonntag nachmittag, wenn ich vormittags in unserem bescheidenen Hauswesen geholfen hatte, las ich ununterbrochen, bis es dunkel wurde. Im Sommer ging ich mit meiner Lektüre auf den Friedhof, wo ich unter einer Trauerweide ruhend stundenlang weilte, ohne auf etwas anderes zu achten als auf mein Buch. Wie haßte ich die Sonntagsarbeit, die ich oft zu machen hatte! Einen solchen Tag betrachtete ich als einen verlorenen und das bessere Abendbrot und das Gläschen Wein oder Bier, das ich als Entschädigung erhielt, betrachtete ich nicht als solche. –

Zwei Jahre blieb ich in der Lehre und erfuhr in dieser Zeit viel Kränkung, Härte und Herzlosigkeit. Man benützte mich als eine Art Aschenputtel. Ich mußte oft an Samstagen die großen Reinigungsarbeiten machen und noch heute fühle ich die Empörung wie damals, wenn ich daran denke, was man mir alles zumutete und wie man mich behandelte. Von dem ziemlich weit entfernten öffentlichen Brunnen mußte ich in einem schweren Holzgefäß das Wasser bringen. Die Wasserleitung im Haus hatte man damals noch nicht und ich ließ mir nicht träumen, daß es einmal eine solche Annehmlichkeit geben könnte. Oft erbarmten sich fremde Menschen meiner und halfen mir tragen. Meine Lehrfrau nahm den Standpunkt ein, ich müßte mich an alles gewöhnen, »denn eine gnädige Frau wirst du ja doch nicht werden«, meinte sie.
Die beiden Kinder ließen an mir alle Bosheiten aus, derer sie fähig waren. Sie spotteten über meine Armut und machten sich lustig, weil ich im Sommer barfuß gehen mußte, was mich selbst bitter genug kränkte. Da ich aber nur einige Schritte zu gehen hatte, hielt meine Mutter das Schuhe-Tragen am Wochentag bei einem so jungen Geschöpf für Verschwendung. Da der Beruf, den ich erlernte, sehr von der Saison abhängig war, so gab es zweimal im Jahre einige Wochen, wo wenig und vorübergehend auch gar nichts zu tun war. Meine Mutter bemühte sich, mich während dieser Pausen anderwärts unterzubringen; ich selbst mußte nach Arbeit suchen gehen. Da las ich dann alle Schilder ab, und wo ich annehmen konnte, daß Mädchen verwendet werden, ging ich hinein. Das war das schwerste. Immer die stereotype Frage: »Bitt schön, ich möchte Arbeit.« Auch dieses demütigende Gefühl empfinde ich noch heute mit aller Lebendigkeit, wie ich es damals bei meiner ängstlichen und doch erwartungsvollen Bitte nach Arbeit empfand. Oft mußte ich erst die gewaltsam aufsteigenden Tränen trocknen, ehe ich sprechen konnte.
Einmal, ich war etwas über 13 Jahre alt und sah fast erwachsen aus, kam ich auf meiner Suche nach Arbeit in das Kontor eines Bronzewarenfabrikanten. Ein kleiner alter Herr, es war der Chef selbst, fragte mich nach meinem Alter, Namen und Familienverhältnissen und bestellte mich für den nächsten Montag. Ich erhielt einen Platz inmitten von zwölf jungen Mädchen und war endlich wieder in einem warm geheizten Raum. Ich wurde unterwiesen, wie man Kettenglieder aneinanderreiht und eignete mir bald Geschicklichkeit an. Der Chef nahm sich meiner wohlwollend an. Ich war auch hier die jüngste Arbeiterin, verdiente aber bald mehr, als ich in der Lehre bekommen hatte. Diese wurde nun ganz aufgegeben, da sich der

neue Beruf als einträglicher herausstellte. Zehn Monate arbeitete ich ununterbrochen in der Bronzefabrik. Ich erhielt nun, für meine damaligen Begriffe, schöne Kleider, durfte mir hübsche Schuhe kaufen und auch sonst manches, was jungen Mädchen Freude macht.

Mein Chef begünstigte mich sehr und zog mich allen andern Mädchen vor. Er sprach in wahrhaft väterlicher Weise und bestärkte mich in meinem Entschluß, all den Vergnügungen, die meine Kolleginnen erfreuten, fernzubleiben. Die Mädchen gingen am Sonntag tanzen, wovon sie dann erzählten. In den Pausen unterhielten sie sich mit den jungen Arbeitern; obwohl ich den Sinn ihrer Gespräche nicht verstand, hatte ich doch die Empfindung, daß man so nicht reden dürfe. Ich wurde oft verspottet, weil ich mich so isolierte, da ich aber immer bereit war, in den Pausen Geschichten zu erzählen, so war man mir nicht weiter gram.

Nach einigen Monaten wurde mir eine andere Arbeit zugewiesen, die besser bezahlt wurde. Sie war aber anstrengender. Ich mußte bei einem mit Gas betriebenen Blasebalg löten, was mir nicht gut zu tun schien. Meine Wangen wurden immer bleicher, eine große unbezwingliche Müdigkeit bemächtigte sich meiner, ich bekam Schwindelanfälle und mußte oft plötzlich eine Stütze suchen. [...]

In der Bronzefabrik hatte ich nicht bleiben dürfen, weil die Arbeit meine Gesundheit untergrub, jetzt aber arbeitete ich in einer *Metalldruckerei,* wo ich eine Presse zu bedienen hatte und wo ich als zuletzt gekommene Arbeiterin das Brennmaterial vom Keller heraufschleppen mußte, immer von der Angst gepeinigt, beim Gehen über die schlechte Stiege von einer Ohnmacht befallen zu werden. Ich blieb nur einige Tage dort und fand dann Arbeit in einer *Patronenfabrik.* Als ich die dritte Woche dort war und mittags auf der Straße ging, wurde ich von Passanten gestützt, als ich zu wanken begann und wieder ohnmächtig wurde. Als die Ohnmacht vorüber war, führte man mich nach Hause, zum Entsetzen meiner Mutter. Ich bat sie, mich in das Krankenhaus zu bringen, davon hoffte ich Genesung, wenn sie überhaupt möglich war.

Da man sich über mein Leiden nicht klar war, kam ich auf das Beobachtungszimmer der psychiatrischen Klinik. Ich war mir damals der furchtbaren Bedeutung nicht bewußt, als halbes Kind unter Geisteskranken leben zu müssen. Es war ja, so paradox es klingen mag, die beste Zeit, die ich bis dahin verlebt hatte. Alle Menschen waren gut gegen mich. Die Ärzte, die Pflegerinnen und auch die Patienten. Ich bekam einigemal am Tag gute Nahrung, selbst gebratenes Fleisch und Kompott, das ich vorher nicht gekannt hatte, erhielt ich öfter. Ich hatte für mich allein ein Bett und immer reine Wäsche. Ich machte mich den Pflegerinnen nützlich, half ihnen beim Aufräumen und bei der Bedienung der im Bett befindlichen Kranken. Ich nähte und strickte an ihren Handarbeiten. Dann las ich wieder Bücher, die mir einer der Ärzte lieh. Damals lernte ich die Werke *Schillers* und *Alfons Daudets* kennen. Die dramatischen Gedichte Schillers und von den Dramen: »Die Braut von Messina« begeisterten mich am meisten. Auch »Fromont junior und Rißler senior« von Daudet machte großen Eindruck auf mich. Mein Leiden, das mich so unglücklich gemacht hatte, zeigte sich im Krankenhaus nicht ein einziges Mal. Ich erholte mich und bekam ein blühendes Aussehen. Im stillen betete ich immer, von meiner Angst befreit zu werden und betend schlief ich ein. In dem Zimmer, in dem ich mich befand, waren nur ruhige Kranke: Trübsinnige und Melancholische. Auch zwei junge Mädchen waren da, die mir erzählten, warum man sie aufs Beobachtungszimmer gebracht hatte. In dem einen Falle sollte ein grausamer Vater die Tochter von dem Geliebten getrennt haben, im anderen Falle wurde der Vormund teuflischer Schurkereien gegen das vermögende Mündel beschuldigt. Ich glaubte alles, was mir erzählt wurde und war bekümmert mit den Traurigen. Im Garten kamen wir mit anderen Kranken, mit wirklichen Geisteskranken zusammen. Eine Frau bildete sich ein, die Kaiserin Charlotte von Mexiko zu sein. Sie stand immer auf einem Fleck und sprach mit lauter Stimme, als Kaiserin zu den Untertanen. Eine andere hielt sich für eine Mörderin und fürchtete sich vor dem Gericht. In dieser Umgebung blieb ich vier Wochen, dann wurde ich als gesund entlassen.

Die Suche nach Arbeit begann von neuen.

**Else Jerusalem**
**1877–1942**

Die Recherchen über das Leben Else Jerusalems geben ein typisches Beispiel für die Schwierigkeiten, Biographien von Schriftstellerinnen, auch von sehr erfolgreichen, zu rekonstruieren. Da sie 1911 mit ihrem zweiten Ehemann, dem Dozenten für Embryologie, Dr. Viktor Widakowitsch, nach Buenos Aires ausgewandert ist, verlieren sich ihre Spuren im Dunkeln, nicht einmal ihr Todesdatum (in den wenigen Lexika, die sie aufführen, wird 1942 angegeben) ist gewiß.
Dabei wirft gerade ihr bekanntestes Werk, der Roman *Der heilige Skarabäus,* die Frage auf: Woher kommt diese genaue Kenntnis des Bordellmilieus? Selbst dieser erfolgreiche Roman, der im damals bereits renommierten S. Fischer Verlag erschienen ist, wird im Gesamtverzeichnis des deutschsprachigen Schrifttums erst mit der 25. Auflage 1916 und der 40. Auflage 1926 erwähnt, die Rezensionen von 1909/1910 lassen als Erscheinungsjahr 1909 erschließen. Ihre anderen Werke – die Novellenbände *Venus am Kreuz* (1899), noch unter ihrem Mädchennamen Kotányi erschienen, und *Die Komödie der Sinne* (1902), sind ebenso wie ihre Streitschrift *Gebt uns die Wahrheit!* ebenfalls 1902, sowie das Drama *Die Steinigung von Sakya* (1928) nur unter größten Schwierigkeiten, wenn überhaupt, in den Bibliotheken aufzufinden. Und das, obwohl nicht nur sie selber, sondern auch ihre Freunde noch in den zwanziger Jahren durchaus damit spekulierten, daß sie für ihren Roman den Nobelpreis bekommen könnte.
Fassen wir die spärlichen Ergebnisse der biographischen Recherchen zusammen: Die Schriftstellerin wurde 1877 in die Familie Kotányi, eine bürgerliche Kaufmannsfamilie aus Wien, deren Name noch heute durch die gleichnamige Gewürz-Marke bekannt ist, geboren. Der Vater war ein ungarischer Weinhändler, die Mutter die Wienerin Henriette Deutsch. Als junges Mädchen – sechzehnjährig – überrascht sie dadurch, daß sie zu den ersten Frauen gehört, die als Hospitantinnen die Wiener Universität besuchen; sie hört dort vier Jahre lang Vorlesungen aus Literaturwissenschaft und Philosophie. Zwar kann dieses Faktum aus den Universitätsmatrikeln nicht verifiziert werden, doch ist dies bei Gasthörerinnen nicht unüblich. Schenkt man ihren eigenen Angaben Glauben, hat sie eine Matura-Prüfung ablegt, da diese eine Voraussetzung für den Universitätsbesuch war. Fest steht auf jeden Fall, daß sie sich das – durchaus beachtliche – klassisch-humanistische Bildungsgut, wie es die damaligen Gymnasien in der österreichisch-ungarischen Monarchie vermittelten, angeeignet hat. Ihre Werke beweisen klar, daß sie zu einer

schmalen Schicht der Gebildeten und zur noch schmaleren der gebildeten Frauen gehörte.
Ihr erstes Buch erscheint noch unter ihrem Mädchennamen Kotányi 1899, sie ist 22 Jahre alt und studiert zu dieser Zeit. Kurz danach, 1901, heiratet sie den Fabrikanten Alfred Jerusalem und erwirbt damit jenen Namen Jerusalem, unter dem sie alle ihre weiteren Werke (auch nach der Scheidung und Wiederverheiratung) publizieren wird. 1902 wird eine Tochter, 1903 ein Sohn geboren, Wilhelm, der Medizin studieren und später als Wilhelm Jensen ebenfalls schriftstellerisch Karriere machen wird. Er ist vor allem durch seine Bücher über China und Vietnam bekannt geworden. Sein Lebenslauf ist der eines klassischen österreichischen Oppositionellen: Nach dem Medizinstudium kämpfte er auf Seite der Sozialisten im Bürgerkrieg in Wien, kam ins Lager Wöllersdorf, ging von dort nach seiner Entlassung nach Spanien und kämpfte auf der Seite der Republikaner, floh nach der Niederlage nach China und kämpfte auf der Seite der Kommunisten, heiratete eine Chinesin und wurde nach der Befreiung Österreichs 1945 Ostasien-Korrespondent der kommunistischen Zeitung »Volksstimme«. In dieser Eigenschaft kam er bei einem Attentat 1955 ums Leben.
Soweit das durchaus abenteuerliche Leben des Sohns, das besser dokumentiert ist als das der Mutter. Diese hatte ihn bereits als Kind verlassen, denn ihre erste Ehe endete in Scheidung, und sie heiratete – wahrscheinlich 1910 oder 1911 – Viktor Widakowitsch, der um 3 Jahre jünger war als sie und sich gerade habilitiert hatte; die Kinder aus der ersten Ehe blieben offensichtlich beim Vater, allerdings brach sie den Kontakt nicht völlig ab, bei ihren späteren Wien-Aufenthalten sind Treffen mit dem Sohn dokumentiert.
Viktor Widakowitsch läßt sich von seinem Assistentenposten an der Medizinischen Fakultät der Universität Wien beurlauben, um 1911 in Buenos Aires mit dem Aufbau eines embryologischen Instituts an der dortigen Universität zu beginnen. Bereits 1912 verzichtet er auf die bis 1914 lautende Beurlaubung und teilt der Universität mit, daß er in Buenos Aires bleiben werde.
Voll positiver Stimmung schreibt Else Jerusalem-Widakowitsch am 2. Februar 1911 aus Triest an ihren Freund Franz Servaes, den Redakteur der »Neuen Freien Presse« in Wien:
»Das Meer funkelt weit hinaus, das Schiff, das mich nach Amerika bringen wird, liegt vor Anker, schmuck und tändelnd wie eine Braut. Nun ich bin sehr glücklich und wünsche mir alle – die ich lieb habe – mögen so hell ins Leben sehen wie ich.«

Diese positive Stimmung hält allerdings nicht an. Durch Zufall sind auch einige ihrer Briefe aus Buenos Aires an Franz Servaes erhalten: Vor allem der acht Seiten lange Brief vom 5. Juni 1912 gibt ein Bild ihres Zustands in der Neuen Welt. Der Brief versucht, nach fast zwei Jahren Aufenthalt in Südamerika, dem Freund in Wien ihre Lage zu schildern: Obwohl es der Familie finanziell sehr gut geht, obwohl sie inzwischen eine Tochter, Myriam Dolores, geboren hat, ist Else Widakowitsch ganz offensichtlich heimwehkrank nach Wien. Buenos Aires ist zwar faszinierend, aber »wild« und »völlig unkultiviert«. In 500 Jahren könne es vielleicht einmal zivilisiert sein, klagt sie; alles, was man hier machen könne, sei Geld verdienen. Sie vermißt die Theater, die Konzerte, kurz und gut, die europäische Metropole mit ihrem kulturellen Leben, in dem sie beheimatet war, leidet unter der fremden Sprache, die ihr die Kontaktaufnahme mit den Menschen erschwert. Ihr Mann scheint sich wohler zu fühlen; sie lobt sein Verständnis für ihre Gefühle, für ihr Weinen und Unglücklichsein, spricht von seinen Ermunterungen, daß ein großer Geist überall arbeiten könne, unabhängig von der Umgebung sei, aber dazu sei sie leider nicht fähig. Dennoch will sie nicht jammern. Den Satz »Ich bin zuzeiten ganz glücklich« unterstreicht sie, auch wenn sie ihn durch den Nachsatz sofort wieder einschränkt: »Denn wenn ich vergesse, daß ich in Buenos Aires bin, was leider nicht zu oft möglich ist, die störenden Kulissen schieben sich immer in das Bild meines innersten Erlebens, [...und so] kann ich Mann und Kind nicht so genießen und beglücken wie ich möchte.« Der Brief schließt mit sehnsüchtigen Reminiszenzen an Wien, an den Holler im Prater, die Sperrstunde, die Kondukteure in der Tramway, kurzum, mit einer typischen Heimweh-Aufzählung.
Die finanzielle Lage der Familie Widakowitsch war offenbar tatsächlich sehr günstig, denn die Briefe an Servaes dokumentieren zumindest zwei Europa-Aufenthalte Else Jerusalems, einen bereits 1913, einen weiteren 1925, der auch durch mündliche Auskunft von Eduard März bestätigt wird, der sie damals im Kreis um Ernst Fischer in Wien getroffen hat, in dem Milieu, in dem auch ihr Sohn verkehrte und in dem sie, wie ihr Vortrag in der Wiener Volkshochschule »Gebt uns die Wahrheit« 1902 zeigt, auch bereits während ihrer ersten Ehe beheimatet war. Bei diesen Europa-Reisen knüpft sie an ihre früheren Kontakte an, hält wieder Vorträge, versucht Manuskripte bei Verlagen zu plazieren und macht bereits die ersten Erfahrungen mit dem zunehmenden Antisemitismus, der schließlich ihren europäischen Kontakten ein Ende macht, aus ihrer frei-

willigen bzw. durch ihre Ehe bedingten Übersiedlung nach Buenos Aires eine echte Emigration, ein Exil machen wird, in dem sie schließlich vergessen und verschollen stirbt.
Schon die bloßen biographischen Fakten lassen das Bild einer ungewöhnlichen Frau entstehen, einer Frau, die 1877 geboren, es durchsetzt, trotz aller administrativen – und wohl auch familiären – Schwierigkeiten, an der Universität zu studieren. Else Jerusalem ist eine Frau, die heiratet, Kinder bekommt, sich – wahrscheinlich aus Liebe zu einem anderen, jüngeren Mann – scheiden läßt (die zeitgenössischen Romanrezensionen deuten einen »Skandal« an: Die erste Frau von Widakowitsch beging kurz nach der Scheidung Selbstmord), die noch relativ kleinen Kinder (die Tochter war höchstens neun, der Sohn acht Jahre alt) beim Vater zurückläßt und mit dem neuen Mann nach Südamerika auswandert.
Doch die literarischen Texte, die wir von ihr kennen, machen dieses ohnehin schon interessante Leben noch interessanter, lassen die Versuchung aufkommen, die großen Lücken fiktional zu schließen. Die erste Buchveröffentlichung mit dem für Else Jerusalem in der Verbindung von Liebe/Sexualität und christlicher Religion bezeichnenden Titel *Venus am Kreuz* verblüfft auch literarisch, denn die titelgebende Novelle der Zweiundzwanzigjährigen ist, 1899 publiziert, durchgehend im inneren Monolog geschrieben – Schnitzlers dafür berühmte Novelle »Leutnant Gustl« ist aber erst 1900 in der »Neuen Freien Presse« erschienen! Aber nicht nur die literarische Form ist auffällig, sondern auch der Inhalt: Es handelt sich um den inneren Monolog einer jungen Frau, die als Klavierlehrerin in einer wohlhabenden Familie arbeitet, aber zwischen der ruhigen Anständigkeit und Sicherheit dieses Lebens und den erotischen und sexuellen Wünschen ihrer Vergangenheit hin und her gerissen wird. Schließlich siegt ihre Lebensgier, sie wird die Geliebte eines Offiziers, geht klaren Bewußtseins ins gesellschaftliche Out und in ihren letztendlichen Untergang. Sexuelle Erfüllung, Luxus und Lebensgenuß sind ihr – trotz des drohenden katastrophalen Endes – wichtiger als fade Bürgerlichkeit und Anständigkeit. Die Entscheidung fällt nicht kampflos, sie wird durch Vererbung, mangelnde Erziehung und frühe Verführung moralisch erklärt.
Die weibliche Sexualität, die Leidenschaft, die Frage der Prostitution sind die großen literarischen Themen von Else Jerusalem, die sie in unterschiedlicher Form behandelt.
Auf den leidenschaftlich-pathetischen inneren Monolog der Novelle folgt die rationale Behandlung des Themas in einem Vortrag in

der Wiener Volkshochschule aus dem Jahre 1902, der den ebenfalls noch recht pathetischen Titel »Gebt uns die Wahrheit!« trägt.
Durch den Vortragsort plaziert sich Jerusalem im Umkreis der Volksbildungsbemühungen der Sozialdemokratischen Partei. Daß in diesem qualitativ damals weitaus anspruchsvolleren Rahmen der Wiener Volkshochschule eine Frau sprechen durfte, war eine bemerkenswerte Ausnahme – Musil, Canetti, Broch, Mahler fanden hier ein Publikum.
Sie nahm mit ihrem Vortrag direkt auf einen aktuellen Literaturskandal in Wien Bezug, auf den Fall »Vera«. Das 1902 erschienene anonyme Tagebuch griff die bürgerliche Doppelmoral an, die den jungen Männern selbstverständlich sexuelle Erfahrungen vor der Ehe zugestand, während die jungen Frauen bis zur Eheschließung keusch leben mußten. Die Forderung des Buches war Enthaltsamkeit für beide Geschlechter bis zur Ehe, was auf dem Hintergrund der Verbreitung von Syphilis zur damaligen Zeit durchaus in Parallele zu gegenwärtigen Sexualitätsdiskussionen angesichts von Aids gesehen werden kann.
Den großen literarischen und kommerziellen Erfolg erreicht Else Jerusalem allerdings mit ihrem bei S. Fischer erschienenen Roman *Der heilige Skarabäus*. Dem Roman sind mehrfache Motti vorangestellt, die das Thema anschlagen und mit Bezug auf die Tradition entschuldigend motivieren, denn ein Roman aus dem Bordellmilieu, noch dazu von einer Schriftstellerin, bedurfte dringend derartiger Entschuldigungen. Bereits am Titelblatt finden wir Lenau:

»Auch im zerbrochenen Spiegelglase,
Zeigt sich von unserer Zeit ein Bild.«

Darauf folgt eine Widmung:

»Euch!
Tanzenden Mädchen – lachenden Bräuten – spielenden Müttern
– euch gehört dieses Buch.
Aus der Höhe eueres Daseins lauschet in die Tiefen.
Aus dem Lichte eueres Lebens starret in das Dunkel .
Fühlet – wo ihr lange verurteilt habt.
Denket – wo ihr allzulange vorübergeschritten seid.
Und euer Mitempfinden grüße sie sanft – diese Opfer eueres Glückes. –«

Und darauf dann noch ein Motto, diesmal von Goethe:
»Wär ich ein häusliches Weib und hätte, wes ich bedürfte,
Treu sein wollt ich und froh, herzen und küssen den Mann.
So sang unter andern gemeinen Liedern ein Dirnchen
Mir in Venedig, und nie hört ich ein frömmer Gebet.«

Was sich so vielfach als aufklärerisch absichert, ist ein 686 Seiten starker Roman, der in einem Bordell spielt und dieses als kapitalistischen Betrieb darstellt. Die verbindende Gestalt der sieben Bücher ist Milada, Kind einer Prostituierten, aus deren anfangs naivem Blickwinkel das Geschehen geschildert wird, was Jerusalem erlaubt, auf billiges Moralisieren zu verzichten. Der Roman beschreibt den Übergang von der Straßenprostitution zum Bordell, das unter der Besitzerin Goldscheider ein ausgesprochenes Nobel-Bordell ist, von den weiteren Besitzerinnen aber – trotz des Eingreifens von Milada – zu einem miesen Etablissement heruntergewirtschaftet wird. Die drei Besitzerinnen – eine jüdische Geschäftsfrau, die mit dem Gewinn die protestantische bürgerliche Erziehung ihrer Tochter finanziert, eine ehemalige Pfarrersköchin, die für ihren Lebensabend sorgt, und schließlich eine ehemalige Prostituierte, die keine konkreten Zukunftspläne hat – zeigen deutlich die gesellschaftskritische Komponente des Romans, die durch die Schilderung von einzelnen Schicksalen der Prostituierten, durch genaue Angaben über den Mädchenhandel, aber auch durch die Darstellung der bürgerlichen Rechtfertigung durch einzelne männliche philosophierende Besucher abgerundet wird.
Die realistische und informierte Schilderung des Milieus veranlaßte zeitgenössische Kritiker zu der Vermutung, Jerusalem habe sich in das Milieu »eingeschlichen«, ein Walraff der Jahrhundertwende sozusagen, doch bedurfte es derartiger Mittel nicht, um sich die nötigen Informationen zu beschaffen. Die bürgerliche Frauenbewegung der Zeit setzte sich intensiv mit der Frage der Prostitution auseinander, forderte die Abschaffung sowohl der Bordelle als auch des »Büchels«, der polizeilichen Registrierung von Prostituierten, da diese a) keine gesundheitliche Wirkung hätten, da ja die Männer nicht kontrolliert würden, und b) den Frauen die Rückkehr in ein bürgerliches Leben unmöglich machten. Die internationale Abolitions-Bewegung sammelte und publizierte statistisches Material, Lebensgeschichten von Prostituierten etc., aus denen auch die österreichische Frauenbewegung in ihrer Petition an das Parlament ausführlich zitierte, eine Petition, die Jerusalem sicher bekannt war. Der

kommerzielle Erfolg des Romans zeigt, daß Jerusalem mit dieser Thematik ein gesellschaftliches Tabu literaturfähig gemacht hat. In der großen Literaturgeschichte von Nagl-Zeidler-Castle figuriert sie dementsprechend auch als Schöpferin des »Prostituiertenromans«, als eine leicht verspätete Vertreterin des literarischen Naturalismus in Österreich – eine Einordnung, der ihre Novellen mit ihrer impressionistischen Seelenzergliederung nicht entsprechen.
Die Entfernung von der Kulturszene durch die Auswanderung nach Buenos Aires – bereits vor der durch den Nationalsozialismus bedingten Emigrationswelle – hat allerdings auch bei ihr zu einem totalen Vergessen geführt, das noch heute das Entdecken von Lebensspuren zu einem detektivischen Unternehmen macht.

# Else Jerusalem

## *Mädchenhandel*

Bei der Goldscheider ging es indes lustig zu. Wieder war eine Saison glänzend abgelaufen. Da gab's eine Menge frischer, junger, eleganter Mädchen, temperamentvoll und mit angenehmem Witz, – freigebige Herren, die voll Interesse und Lachen mittaten, im Keller teure Weine und im Salon ein feines Klavier mit Silberton, das der Herr Musikprofessor meisterlich behandelte. In freundlicher Stimmung und bei guten Einnahmen gab er eine Extraration »Klassik«, wie er stolz verkündete. – Ja, man konnte jetzt das »Gebet der Jungfrau« oder »Isoldens Liebestod« in diesen Räumen hören, und das war immerhin etwas wert.

Zweimal wöchentlich kam der Arzt ins Haus und untersuchte die Mädchen. Erkrankte wurden unverzüglich weggeschafft, und wenn die Herren Ärzte Gesichter schnitten und meinten, der Fall sei unbedenklich und Hauspflege genüge, die Goldscheider bestand auf ihrem Recht und brachte die Kranken immer unter; kamen sie ausgeheilt zurück, gingen sie schnell in andere Häuser, meist aber nach der Provinz ab, mit der sie stets einen lebhaften Tauschverkehr unterhielt. Die Madame ließ ein Mädchen nie gerne im Hause weilen, das von ihr aus auf A II, wie die Abteilung der Prostituierten auf der Klinik hieß, befördert worden war.

Freilich konnte die Goldscheider nur selten die Fräulein verwenden, die ihr zum Tausch zurückgeschickt wurden. Aber hier zeigte sich Theobald Sucher auf seinem Posten, und auch Carlotta, die sich jetzt zur untertänigsten Dienerin verwandelt hatte, schuf jedesmal Rat. Beide hatten eine enorme Bekanntschaft unter den Besitzern von Tingeltangeln, Weinstuben, Schaubühnen, öffentlichen und geheimen Bordellen und trieben geradezu Massenverwertung von verwelkenden, durch die Prostitution zugrunde gehenden Geschöpfen. Carlotta sammelte sie bei der Goldscheider ein und verschaffte ihr als Gegenwert junges Material, das sie mit Vorliebe bei kleinbürgerlichen Tanzunterhaltungen und in Gasthäusern einfing; sie erschien dort mit der Moosmann, einer kleinen, grotesk häßlichen, aber zu allem verwendbaren Näherin, die die Goldscheider aus ihrem ehemaligen Geschäfte mitgenommen hatte. Selbstverständlich ging es in den meisten Fällen nicht an, diese angelockten und gewonnenen Mädchen gleich zu kasernieren. Da gab es solche, die tagsüber in

den verschiedensten, freilich schlecht bezahlten Stellungen tätig waren, wie Gouvernanten, Empfangsdamen, Modistinnen, eine gewisse Sorte schicker Ladenfräuleins und Kassiererinnen, kleine unerfahrene Handarbeiterinnen, die von der Goldscheider für halbe Nächte engagiert wurden und den Reingewinn mit ihr zu teilen hatten ... Carlotta empfahl ihr auch verheiratete Frauen – die berüchtigten Frauen von Reisenden und Agenten, aber dieses Angebot lehnte die Goldscheider entschieden ab. – Die andern aber, zumeist alleinstehende Geschöpfe, zahlten im Salon für das Verzehrte die Gästepreise und kamen immer noch mit einem leidlichen Überschuß davon. – Sie kamen niemals aufs Geratewohl, sondern wurden von der Goldscheider zu gewissen Gelegenheiten verständigt, wenn sie vor jeder Überraschung gesichert war. Trotzdem klopfte die vorsichtige Frau bei Sucher an, und der gefällige Beamte verschaffte ihr dutzendweise Kontrollbücher, die sie in Aufbewahrung hielt.
Noch eine letzte sichere Quelle hatte sich die Goldscheider eröffnet, aus der sie ohne Gefahr Mädchen beziehen konnte, die sie in die Schule nahm, erzog und ausbeutete. Das waren die öffentlichen Gebäranstalten und Krankenhäuser. Sie unterhielt freundliche und gut bezahlte Beziehungen mit den Portiers und den Wärterinnen und konnte mit Sicherheit darauf rechnen, daß es ihr mitgeteilt würde, sobald etwas für sie Passendes eingegangen war.
Sozial entwertete und von widerwärtigen Schicksalen zerzauste Geschöpfe waren es zumeist, denen das Weiterleben wie eine Last erschien und die begehrlich und glückshungrig die Schilderungen und Verheißungen eines sorgenlosen Lebens in sich aufnahmen. Den Wärterinnen floß es honigsüß von den Lippen, wie herrlich dort alles sei; wie wunderfein und voll Vergnügen die Tage dort verfließen. Auf einen derart geebneten Weg kam dann die Goldscheider und räumte den letzten Widerstand mit resoluter Hand hinweg, das heißt, sie versorgte das Kind bei einer der Landweiber, die alltäglich anrückten und es war klar, daß die meisten herzlich froh waren, die drückendste Last vom Halse zu haben. Für sie alle war die Mutterschaft das grausame Erwachen nach einem leichtfertigen genußrohen Sinnentraum. Da lagen in den mit grobem grauen Leinen überbreiteten Eisenbetten Stundenlehrerinnen neben Dienstmädchen, Handwerkerfrauen neben Bürgertöchtern, die die Provinz verstoßen hatte, – und ganz unreife, vierzehn- bis sechzehnjährige Proletarierkinder, die grau und abgezehrt in ihren Betten lagen, froh, daß sich ein Dach über ihrem Elend wölbte. Bei solchen

und ähnlichen Geschäftsfahrten mußte Milada die gnädige Frau begleiten; sie saß neben dem Kutscher und beaufsichtigte das magere Gepäck, das die Angeworbene mit sich führte. Aus dem Innern des Wagens hörte sie anfänglich immer noch Gezeter und Geheul, aber die Goldscheider sprach mit freundlicher Ruhe darüber hinweg, so daß, wenn man bei der Carlotta oder im Rothause ankam, die Augen der »Frischen« begehrlich aufleuchteten. Diese ganz direkte und unleugbare Gravitation der Goldscheider nach Mitteltypen, die noch immer zwischen dem anständigen Mädchen und der bezahlten Dirne sich behaupten mochten, gaben dem Salon seine Eigenart und gewisse Nuancen, die in den Kreisen der Lebewelt Aufsehen erregten.

Es war ein Etablissement der Liebe, in dem der reguläre Dirnentypus beinahe durchgängig fehlte.

Mit gefährlicher Planmäßigkeit brach die Goldscheider räuberisch in die Reihen der Bourgeoisie ein und schlug Breschen, wo immer sie eine Lücke oder Schwäche in der Organisation entdecken mochte. Und wahrhaftig, sie fand deren viele.

Da die Besitzerin des Rothauses all das junge Menschenmaterial, das auf diese Weise in ihren Händen zusammenkam, in ihrem und Carlottas Geschäfte nicht unterzubringen vermochte, verfiel sie auf den Gedanken, damit zu spekulieren, und wie alles, was diese geniale Frau anpackte, gelang auch dieses auf die ausgezeichnetste Weise.

Es entwickelte sich in ihren Händen ein groß angelegter Mädchenhandel, der sehr bald allen europäischen Interessenten bekannt und von ihnen in Anspruch genommen wurde. Dieses letzte Unternehmen bildete nun die Hauptquelle, aus der das rasch sich anhäufende Vermögen der Goldscheider stammte. Sie vermochte das Rothaus in dem vornehm originellen Stile weiterzuführen, dessen Aufrechterhaltung immerhin kostspielig war.

Dafür empfand sie eine geheime Genugtuung darin, daß sich jetzt häufig zu den Stammgästen auch Aristokraten, Fremde, Globetrotter und Schriftsteller von Rufe mischten, die den Salon als Merkwürdigkeit in seiner Art betrachteten. Manche unter ihnen ließen sich sogar in weitläufige Gespräche mit ihr ein und folgten interessiert den Ausführungen der praktischen Frau. Zu jener Zeit trug sie sich mit mancherlei Ideen und ehrgeizigen Plänen; sie wollte zubauen, ein paar intime klubähnliche Räume mit Zeitschriften und Billards, ebenso wie eines der modernen Cabarets eröffnen, aber die Vielbeschäftigte, deren Interesse an zu viele Punkte gebunden war, fand keine Zeit zur Ausführung. Doch auch ohne derartige Reorganisationen fühlten sich die Insassinnen des Rothauses zufrieden genug. Es gab keine Streitigkeiten und keine Klagen, man sah Geld, behielt es eine Weile und konnte fröhlich das junge Leben genießen. Ja, solange sie jung und froh waren, gesund und ergiebig, umgab die Goldscheider ihre Fräulein mit allem Komfort und mit jeglichem Behagen. Es war eine der größten und bestausgenützten Klugheiten der Goldscheider, daß sie niemals im einzelnen und kleinen ihre Machtvollkommenheit zuungunsten der Besiegten ausnützte. Nur mit dem großen sozialen Unrecht, das schwarz geflügelt über den Tiefen des Lebens schwebt, verband sie sich und triumphierte in seiner Gemeinschaft.

# Zu den Autorinnen und Texten

*Elsa Asenijeff,* Pseudonym für Elsa Maria Packeny (verh. Nestoroff), geboren 1868 in Wien, gestorben 1941 in Leipzig, Lehrerinnenausbildung in Wien, 1890 Heirat mit dem Bulgaren Ivan Johannis Nestoroff, 1896 Scheidung, erste Veröffentlichung *Ist das die Liebe? Kleine psychologische Erzählungen und Betrachtungen,* ab 1899 Studium in Leipzig, wo sie dem Bildhauer Max Klinger begegnete, dessen Modell und Lebensgefährtin sie wurde; Trennung, wegen finanzieller Schwierigkeiten Einweisung in eine psychiatrische Anstalt.

*Sie.* In: *Ist das die Liebe? Kleine philosophische Erzählungen und Betrachtungen.* Leipzig: Friedrich, 1896, S. 40–47.

*Ada Christen,* Pseudonym für Christi(a)ne Friderick (verh. von Breden), geboren 1839, gestorben 1901 in Wien, Schauspielerin bei einer Wandertruppe, 1864 in Ungarn Heirat mit Stuhlrichter Neupaur, nach dessen Tod Rückkehr nach Wien, Ferdinand von Saar edierte ihren Gedichtband *Lieder einer Verlorenen* (1868/1869: Der Band ist offenbar – wie Briefe von Grün und Frankl zeigen – schon im Jahr 1868, allerdings mit dem Impressum 1869, erschienen), zuerst Zusammenleben, später Heirat mit Adalmar von Breden (1873), schrieb Gedichte, Erzählungen über das Kleinbürgermilieu und Theaterstücke.

*Die Liese.* In: *Unsere Nachbarn. Neue Skizzen.* Dresden und Leipzig: Minden, 1884, S. 1–17.

*Helene von Druskowitz* (Druschkovich), Pseudonyme: Adalbert Brunn, Erna von Calagis, H. Foreign, Frl. E. v. René, Sakkorausch, Sacrosanct, geboren 1856 in Wien, gestorben 1918 in Mauer-Oehling, war die erste Österreicherin, die 1878 in Zürich zum Doktor der Philosophie promovierte, veröffentlichte einige Bücher, schrieb Theaterstücke, literaturwissenschaftliche Studien und philosophische Texte. Sie wurde 1891 ins Irrenhaus eingeliefert, doch auch diese Einschränkung konnte sie nicht zum Verstummen zwingen.

*Unerwartet.* In: *Die Emancipations-Schwärmerin.* Lustspiel in fünf Aufzügen und dramatische Scherze. Dresden: Petzold, 1890, S. 101–110.

*Marie von Ebner-Eschenbach,* Freifrau, geboren 1830 als Gräfin Dubsky in Zdislawice/Mähren, gestorben 1916 in Wien; ist eine wichtige Vertreterin des österreichischen Realismus, schrieb Erzählungen *(Dorf- und Schloßgeschichten),* Romane, Aphorismen; Freundschaften mit Schrifsteller/inne/n und Künstler/inne/n (Betty Paoli, Louise von François); erhielt 1898 als erste Frau das »Ehrenzeichen für Kunst und Wissenschaft« und 1900 den Ehrendoktor der Universität Wien verliehen.

*Eine dumme Geschichte.* In: *Das Gemeindekind.* Novellen. Aphorismen. Darmstadt: Wissenschaftliche Buchgesellschaft, 1978 [nach: Gesammelte Schriften. Berlin: Paetel, 1893], S. 919–924.

*Maria Janitschek* (geb. Tölk), Pseudonym: Marius Stein, geboren 1859 als uneheliche Tochter der Anna Tölk in Mödling bei Wien, gestorben 1927 in München, lebte seit ihrem 19. Lebensjahr in Graz, wo sie journalistische Arbeiten veröffentlichte; heiratete 1882 den Kunsthistoriker Hubert Janitschek in Straßburg und folgte diesem 1892 nach Leipzig; nach seinem Tod Übersiedlung nach Berlin, später München; war von Nietzsche beeinflußt, schrieb Erzählungen, Romane, Lyrik.

*Moderne Ehe.* In: *Die neue Eva.* Leipzig: Rothbart, 3. Aufl. 1906, S. 169 bis 190.

*Else Jerusalem* (geb. Kotányi, verh. Widakowitsch), geboren 1877 in Wien, gestorben vermutlich 1942 in Buenos Aires; studierte als Gasthörerin an der Universität Wien Literatur und Philosophie, Beginn der schriftstellerischen Tätigkeit, Heirat mit dem Fabrikanten Alfred Jerusalem, nach der Scheidung ging sie mit ihrem zweiten Mann, Prof. Viktor Widakowitsch nach Buenos Aires; großer Erfolg mit dem Roman über ein Bordell *Der heilige Skarabäus* (1909).

*Mädchenhandel*.* Aus: *Der heilige Skarabäus.* Roman. Berlin: S. Fischer, 1909, S. 128–132.

*Minna Kautsky* (geb. Jaich), Pseudonyme: Eckert, Wilhelm Wiener, 1837 in Graz geboren, 1912 in Berlin gestorben, Engagements als Schauspielerin an verschiedenen Bühnen in Böhmen und Mähren, heiratete 1854 den Maler Johann Kautsky, lebte von 1863 bis 1904 in Wien, begann 1870 mit literarischen Skizzen für die Presse, durch ihren Sohn Karl wurde sie mit sozialistischen Ideen bekannt, Freundschaften mit Liebknecht, Adler, Mehring, Luxemburg, lebte seit 1904 bei ihrem Sohn in Berlin; ihre erfolgreichen Erzählungen, welche die Probleme der Arbeiterschaft und der Frauen zum Thema hatten, erschienen fast alle zuerst in Zeitungen und Zeitschriften.

*Die Spinnfabrik »Victoria«**. Aus: *Victoria.* Roman in 2 Teilen. Zürich: Schabelitz, 1889, S. 26–31.

*Emil Marriot,* Pseudonym für Emilie Mataja, weiteres Pseudonym: Hugo Valentin, geboren 1855, gestorben 1938 in Wien, kaufmännische Ausbildung, arbeitete kurz im Geschäft des Vaters, schrieb seit ihrer Kindheit als Auflehnung gegen die weibliche Rolle; 1875 begann sie eine Korrespondenz mit Leopold von Sacher-Masoch, weitere Briefkontakte mit Emil Franzos und Paul Heyse; ab 1880 regelmäßige Mitarbeit im Feuilleton der »Wiener Allgemeinen Zeitung«; 1883 erster großer Erfolg mit *Familie Hartenberg;* Reisen nach Berlin, wo sie in Naturalisten-Kreisen verkehrte, publizierte Romane und zahlreiche Beiträge in Zeitungen.

*Die Kindheit – ein Paradies.* In: Ernst Brausewetter (Hg.). *Meisternovellen Deutscher Frauen. Mit Charakteristiken der Verfasserinnen und ihren Porträts.* Berlin: Schuster & Löffler, 1897, S. 234–238.

*Rosa Mayreder* (geb. Obermayer), Pseudonym Franz Arnold, geboren 1858, gestorben 1938 in Wien, erhielt als Gastwirtstochter die übliche Mädchenerziehung, Musikunterricht, Malerei, 1881 Heirat mit dem Architekten und Hochschulprofessor Karl Mayreder, war zuerst Malerin und Kunstkritikerin, später Schriftstellerin, 1893 Mitbegründerin des »Allgemeinen Österreichischen Frauenvereins«, 1899/1900 Mitherausgeberin der Zeitschrift *Dokumente der Frauen,* mit ihren beiden Essaybänden *Zur Kritik der Weiblichkeit* (1905) und *Geschlecht und Kultur* (1923) gehört sie zu den wichtigsten Theoretikerinnen der österreichischen Frauenbewegung, schrieb Essays, Erzählungen, Gedichte und Libretti.

*Die Befreiung vom Korsett**. Aus: *Das Haus in der Landskrongasse. Jugenderinnerungen.* Wien: Mensa, 1948, zitiert nach: Hanna Bubeníček. *Rosa Mayreder oder Wider die Tyrannei der Norm.* Wien, Köln, Graz: Böhlau, 1986, S. 27–33.

*Betty Paoli,* Pseudonym für Barbara Elisabeth Babette Glück, geboren 1814 in Wien, gestorben 1894 in Baden bei Wien; arbeitete als

Erzieherin und Gesellschafterin in Rußland, Polen, seit 1835 wieder in Wien, wo sie ihren Lebensunterhalt durch Stundengeben und Übersetzungen verdiente, seit 1841 Gesellschafterin im Haus Wertheimer, seit 1843 bei der Fürstin Schwarzenberg, nach dem Tod der Fürstin lebte sie seit 1852 bei ihrer Freundin Ida Fleischl-Marxow; war mit Marie von Ebner-Eschenbach befreundet und hatte zahlreiche Kontakte mit Künstlern ihrer Zeit; anerkannte Lyrikerin, schrieb auch Erzählungen, Essays.

*Kein Gedicht. Pythia. Ich.* In: *Gedichte.* Pest: Heckenast, 1945, S. 70 ff., 14 f., 178 f.

*Ida Pfeiffer* (geb. Reyer), geboren 1797, gestorben 1858 in Wien, 1820 »Vernunftehe« mit dem Lemberger Rechtsanwalt Pfeiffer, zwei Söhne, kehrte 1835 nach unglücklichen Ehejahren nach Wien zurück, unternahm ab 1842 mehrere Weltreisen, mit den Reiseberichten finanzierte sie sich jeweils die folgenden Reisen, Mitglied diverser geographischer Gesellschaften, ihre letzte Reise ging nach Madagaskar, starb an Gelbfieber.

*Eine Frauenfahrt um die Welt: Chinesische Impressionen*.* Aus: *Eine Frauenfahrt um die Welt.* Band 2. Wien: Gerold, 1850, S. 12–26.

*Adelheid Popp* (geb. Dwořzak), geboren 1869 als 15. Tochter einer Weberfamilie in Inzersdorf bei Wien, gestorben 1939 in Wien, mußte bereits als Kind arbeiten, wurde 1892 Mitbegründerin und verantwortliche Redakteurin der *Arbeiterinnen-Zeitung,* war seither als Publizistin und Agitatorin der sozialdemokratischen Frauenbewegung aktiv, 1909 erschien anonym ihre *Jugendgeschichte einer Arbeiterin,* die in elf Sprachen übersetzt wurde, seit 1919 war sie Mitglied des Nationalrats, sie publizierte einige Erinnerungsbücher und Artikel zur Frauenfrage.

*Kinderarbeit*.* Aus: *Jugendgeschichte einer Arbeiterin.* In: *Jugend einer Arbeiterin.* Hrsg. v. Hans Schütz. Nachdruck v. 1922. Bonn: Verlag J. H. Dietz Nachfolger, 2. Aufl. 1991, S. 34–43.

*Wanda von Sacher-Masoch* (geb. Angelika Aurora Rümelin), weiteres Pseudonym: Wanda von Dunajew, geboren 1845 in Graz, gestorben um 1906 in der Schweiz (?), nahm als Sechsundzwanzigjährige Briefkontakt mit Leopold von Sacher-Masoch auf, Heirat 1873, Übersiedlung nach Wien, Bruck an der Mur, Budapest, Leipzig; mimte sowohl in ihrer Ehe als auch in ihrer Literatur die Rolle der grausamen Wanda von Dunajew, der Protagonistin der Novelle *Venus im Pelz* von Leopold von Sacher-Masoch; wurde von diesem schuldig geschieden, nachdem sie mit ihrem Geliebten Armand Saint-Cère nach Paris gegangen war; schrieb Erzählungen, Novellen, Romane, Lebenserinnerungen.

*Warwara Pagadin.* In: *Die Damen im Pelz. Geschichten und Novellen.* [1882], Leipzig. Schreitersche Verlagsbuchhandlung, 7. Aufl. [o. J.], S. 285–304.

*Bertha Freiin von Suttner* (geb. Gräfin Kinsky), Pseudonyme: Jemand, B. Oulot, geboren 1843 in Prag, gestorben 1914 in Wien, arbeitete als Erzieherin bei der Familie von Baron Suttner in Wien, 1876 war sie Sekretärin bei Alfred Nobel in Paris, im selben Jahr Rückkehr und Heirat mit dem jüngsten Suttner-Sohn in Wien, gemeinsam ging das Paar nach Georgien, dort Musik- und Sprachlehrerin, Korrespondentin, Schriftstellerin. 1885 Rückkehr nach Österreich, auf den Suttner-Familiensitz nach Harmannsdorf; seit 1891 aktive Beteiligung an der Organisation der Friedensbewegung, hielt Vorträge, schrieb Romane, Erzählungen, Essays, ihr programmatischer Roman *Die Waffen nieder!* (1889) wurde ein Welterfolg. 1905 erhielt sie als erste Frau den Friedensnobelpreis.

*Eine Baronin auf dem Schlachtfeld**. Aus: *Die Waffen nieder! Eine Lebensgeschichte.* 2 Bde. [1889]. Zitiert n. d. Taschenbuchausgabe, München: Knaur [o. J.], S. 201–213.

*Irma von Troll-Borostyáni,* Pseudonyme: Leo Bergen, Veritas, geboren 1847, gestorben 1912 in Salzburg, ließ sich in Wien als Pianistin ausbilden, Schauspielausbildung, erste literarische Veröffentlichungen, lebte als Erzieherin in Ungarn, in Budapest lernte sie ihren späteren Ehemann Nandor Borostyáni kennen, nach dem Tod ihrer dreijährigen Tochter kehrte sie 1882 nach Salzburg zurück, lebte mit ihrer Schwester Wilhelmine und den Schwestern Baumgartner in einem Haushalt; Vorkämpferin der Frauenemanzipation, schrieb theoretische Schriften zur Frauenfrage, sozialpolitische und essayistische Texte, Erzählungen, Romane.

*Die weibliche »Verziehung«.** Aus: *Die Mission unseres Jahrhunderts. Eine Studie über die Frauenfrage.* Preßburg: Heckenasts Nachfolger, 1878, S. 11–20, 45–47.

*Hinweise zur Textgestaltung*
Die Rechtschreibung wurde behutsam modernisiert.
Die mit Sternchen versehenen Titel wurden von den Verfasserinnen des Bandes für die abgedruckten Textausschnitte gewählt.
Kürzungen in den Textausschnitten sind mit [...] gekennzeichnet.

# Werkverzeichnisse

Die folgenden Angaben verzeichnen alle selbständigen Buchpublikationen der Autorinnen: als primäre Quelle dient dabei das *Gesamtverzeichnis des deutschen Schriftums*. Wo in Einzeluntersuchungen darüber hinausgehende Daten recherchiert werden konnten, wurden diese aufgenommen (z. B. bei Else Jerusalem); Neuausgaben nach 1960 sind nach dem *VLB (Verzeichnis lieferbarer Bücher)* dokumentiert.
Die Auflagen und Höhen sind dem *Gesamtverzeichnis* entnommen, um die Verbreitung und Wirkung der Werke zu dokumentieren. Fehlende Angaben von Erstpublikationen wurden, wenn möglich, eruiert (z. B. bei Ada Christen durch Rezensionen).
Mehrere Jahreszahlen markieren Auflagen im jeweiligen Jahr.
Aus Platzgründen wurde auf die vollständige Nennung der Ausgaben von Ebner-Eschenbach verzichtet, die jeweiligen Erstauflagen, die für die Biographie wichtig sind, sind vermerkt, die weitere Publikationsgeschichte kann im *Gesamtverzeichnis* leicht nachvollzogen werden.

## *Elsa Asenijeff*

*Ist das die Liebe? Kleine psychologische Erzählungen und Betrachtungen.* Leipzig: Friedrich, 1896, 2. Aufl. 1896, 1900.
*Sehnsucht.* Leipzig: Friedrich, 1898.
*Aufruhr der Weiber oder das dritte Geschlecht.* Leipzig: Friedrich, 1898.
*Unschuld. Ein modernes Mädchenbuch.* Leipzig: Seemann, 1901.
*Max Klingers Beethoven. Eine kunsttechnische Studie.* Leipzig: Seemann, 1902.
*Tagebuchblätter einer Emanzipierten.* Leipzig: Seemann, 1902.
*Der Kuß der Maja. Traumfugen über das Leben.* Leipzig, Berlin: Seemann, 1903, 2. Aufl. 1903, Leipzig: Rothbarth [o. J].
*Die Schwestern. Eine Novelle.* Berlin & Leipzig: Hegner, 1905, Leipzig: Rothbarth, 1905.
*Epithalamia.* Berlin: Amseler & Ruthardt, 1907.
*Hohelied an den Ungenannten. Lyrischer Roman.* München: Georg Müller, 1914.
*Aufschrei. Freie Rhythmen.* Leipzig: Payne, (Aufl. 10 000) 1922.

## *Ada Christen*

*Lieder einer Verlorenen. Gedichte.* Hamburg: Hoffmann und Campe, 1869, 2.

Aufl. 1869, 1871, 1873.
*Ella. Roman.* Wien: Martin, 1869.
*Aus der Asche. Neue Gedichte.* Hamburg: Hoffmann & Campe, 1870.
*Schatten. Gedichte.* Hamburg: Hoffmann & Campe, 1873.
*Gesammelte Gedichte.* Hamburg: Hoffmann & Campe, 1874.
*Vom Wege. Skizzen.* Hamburg: Hoffmann & Campe, 1874.
*Aus dem Leben. Skizzen.* Leipzig: Günther, 1876.
*Aus der Tiefe. Neue Gedichte.* Hamburg: Hoffmann & Campe, 1878.
*Unsere Nachbarn. Neue Skizzen.* Dresden: Minden, 1884.
*Jungfer Mutter. Eine Wiener Vorstadtgeschichte.* Dresden u. Leipzig: Minden, 1892. Wien, Zürich: Bellaria, 1947.
*Ausgewählte Werke.* Hg. von W. A. Hammer Wien 1911 (= Dt.-öst. Klassiker Bibliothek 29).
*Als er heimkehrte* und Luise von François: *Eine Formalität.* Hg. von Wilhelm Arthur Hammer. Wien 1912 (= Schulausgaben Graesers Klassiker-Werke 98).
*Geschichten aus dem Haus »Zur blauen Gans«.* Wien 1929 ( = Deutsche Hausbücherei 29).
*Neckpeter.* Konstanz: Christliche Verlagsanstalt, 1950 (= Edelweiß-Erzählungen Heft 10).
*Das Haus zur Blauen Gans.* Erzählungen und Gedichte. Hg. von Hanna-Heide Kraze. Berlin-Ost: Union, 1964.

### *Helene von Druskowitz*

*Ueber Lord Byron's »Don Juan«.* Eine literarisch-ästhetische Abhandlung. Zürich: Zürcher & Furrer, 1879. Phil. Diss. von 1878.
*Sultan und Prinz.* Wien: Künast, 1882.
*Percy Bysshe Shelley.* Berlin: Oppenheim, 1884.
*3 englische Dichterinnen.* Berlin: Oppenheim, 1885.
*Moderne Versuche eines Religionsersatzes. Ein philosophischer Essay.* 1886.
*Wie ist Verantwortung und Zurechnung ohne Annahme der Willensfreiheit möglich?* Heidelberg: Weiss, 1887.
*Eugen Dühring. Eine Studie zu seiner Würdigung.* Berlin: Salinger, 1888. Heidelberg: Weiss, 1888.
*Zur neuen Lehre. Betrachtungen.* 1888.
*Zur Begründung einer überreligiösen Weltanschauung.* Berlin: Philosophischer = historischer Verlag. [o. J.].
*Die Emancipations-Schwärmerin.* Lustspiel in 5 Aufzügen (Neu-Ausgb. v. Aspasia) u. dramat. Scherze. Dresden: Petzold, 1890.

*Pessimistische Kardinalsätze. Ein Vademekum für die freiesten Geister von Erna.* Wittenberg: Herrosé & Ziemsen [1905] Neuauflage: *Der Mann als logische und sittliche Unmöglichkeit und als Fluch der Welt. Pessimistische Kardinalsätze.* Freiburg: Kore, 1988.

### *Marie von Ebner-Eschenbach*

*Die Prinzessin von Banalien. Ein Märchen.* Wien: Rosner, 1872.
*Erzählungen.* 1875.
*Božena. Erzählung.* Stuttgart: Cotta, 1876.
*Aphorismen.* Berlin: Ebhardt, 1880.
*Neue Erzählungen.* Berlin: Ebhardt, 1881.
*Dorf- und Schloßgeschichten.* Berlin: Paetel, 1883.
*Zwei Comtessen.* Berlin: Ebhardt, 1885.
*Neue Dorf- und Schloßgeschichten.* Berlin: Paetel, 1886.
*Das Gemeindekind.* Berlin: Paetel, 1887.
*Die Unverstandene auf dem Dorfe.* Erzählung. Berlin: Paetel, 1888.
*Miterlebtes.* Erzählungen. Berlin: Paetel, 1889.
*Ein kleiner Roman.* Berlin: Paetel, 1889.
*Lotti, die Uhrmacherin.* Berlin: Paetel, 1889.
*Unsühnbar. Erzählung.* Berlin: Paetel, 1890.
*Margarete.* Stuttgart: Cotta, 1892.
*Drei Novellen.* Berlin: Paetel, 1892.
*Parabeln, Märchen und Gedichte.* Berlin: Paetel, 1892.
*Glaubenslos. Erzählung.* Berlin: Paetel, 1893.
*Gesammelte Schriften.* 6 Bde. Berlin: Paetel, 1893.
*Gesammelte Schriften.* 10 Bde. Berlin: Paetel, 1893–1911.
*Das Schädliche. Die Totenwacht. Zwei Erz.* Berlin: Paetel, 1894.
*Rittmeister Brand. Bertram Vogelweid. Zwei Erz.* Berlin: Paetel, 1896.
*Alte Schule. Erzählungen.* Berlin: Paetel, 1897.
*Am Ende. Szene in 1 Aufzug.* Berlin: Bloch, 1897.
*Hirzepinzchen. Ein Märchen.* Stuttgart: Union, 1900.
*Aus Spätherbsttagen. Erzählung.* 1901.
*Bertram Vogelweid. Erzählung.* Berlin: Paetel, 1901.
*Ein Spätgeborener.* Stuttgart & Berlin: Cotta, 1903.
*Agave.* Berlin: Paetel, 1903.
*Die arme Kleine. Erzählung.* Berlin: Paetel, 1903.
*Die Freiherrn von Gemperlein.* 1904.
*Uneröffnet zu verbrennen.* Berlin: Neelmeyer, 1905.
*Krambambuli.* 1905.

*Die unbesiegbare Macht. 2 Erzählungen.* Berlin: Paetel, 1905.
*Meine Kinderjahre. Biogr. Skizze.* Berlin. Paetel, 1906.
*Aus meinen Schriften. Ein Buch für die Jugend.* Berlin: Paetel, 1907.
*Ein Buch, das gern ein Volksbuch werden möchte. Aus den Schriften von E.-E.* Berlin: Paetel, 1909.
*Altweibersommer.* Berlin: Paetel, 1909.
*Die erste Beichte.* Stuttgart: Cotta, 1910.
*Genrebilder. Erzählungen.* Berlin: Paetel, 1910.
*Der Kreisphysikus.* 1910.
*Ausgewählte Erzählungen.* 3 Bde. Berlin: Paetel, 1910.
*Sämtliche Werke.* 6 Bde. Berlin: Paetel und Berlin-Grunewald: Klemm, 1920.
*Sämtliche Werke.* 12 Bde. Leipzig: Schmidt & Günther, 1928.
*Ausgewählte Werke.* Linz: Öst. Verlag für Belletristik und Wissenschaft, 1947.

## *Maria Janitschek*

*Legenden und Geschichten.* Leipzig: Kreisende Ringe, 1885. Stuttgart: Spemann, 1885.
*Im Kampf um die Zukunft.* Stuttgart: Union, 1887. Stuttgart: Spemann, 1887.
*Verzaubert. Eine Herzensfabel in Versen.* Stuttgart, München: Janitschek, 1888.
*Irdische und unirdische Träume.* Stuttgart: Union, 1889. Stuttgart: Spemann, 1889.
*Aus der Schmiede des Lebens.* Berlin: Zoberbier, 1890. Leipzig: Gracklauer 1902. Leipzig: Schulze, 1902. Berlin: Boegels [o. J.].
*Gesammelte Gedichte.* Stuttgart: Union, 1892.
*Lichthungrige Leute.* Dresden: Pierson, 1892, 1895. Berlin: Vogelsang, 1892. Berlin: Verlag Berlin-Wien, 1895.
*Atlas.* Berlin: Grote, 1893.
*Pfadsucher. 4 Novellen.* Berlin: Grote, 1894.
*Lilienzauber.* Leipzig: Kreisende Ringe, 1895. Berlin: Marquardt, 1911.
*Im Sommerwind.* Leipzig: Kreisende Ringe, 1895.
*Gott hat es gewollt. Aus dem Leben eines russischen Priesters.* Leipzig: Kreisende Ringe, 1896. Berlin: Marquardt, 1911.
*Der Schleifstein. Ein Lebensbild.* Leipzig: Kreisende Ringe, 1896. Berlin: Marquardt, 1911.
*Vom Weibe. Charakterzeichnungen.* Berlin: Fischer, 1896, 2. Aufl. 1901.
*Ninive.* Leipzig: Kreisende Ringe, 1896. Berlin: Marquardt, 1911.
*Die Amazonenschlacht.* Leipzig: Kreisende Ringe, 1897. Berlin: Marquardt, 1911.
*Raoul und Irene.* Berlin: Fischer, 1897.

*Abendsonne.* 1897.
*Gelandet.* Berlin: Romanwelt, 1897. Berlin: Vita, 1897.
*Kreuzfahrer.* Leipzig: Kreisende Ringe, 1897. Berlin: Marquardt, 1911.
*Despotische Liebe. Es geistert. Meisterwerke der zeitgenössischen Novellistik.* Breslau: Frankenstein, 1897.
*Ins Leben verirrt.* Berlin: Fischer, 1898.
*Im Sonnenbrand. 8 Novellen.* Berlin: Hillger, 1898.
*Überm Thal.* Breslau: Schottländer's Schlesische Buchdruckerei, 1898. Berlin: Hillger, 1907.
*Frauenkraft.* Berlin: Vita, 1900.
*Aus alten Zeiten.* Leipzig: Kreisende Ringe, 1900.
*Stückwerk.* Leipzig: Gracklauer, 1900 (1901). Berlin: Boegels, 1901.
*Olympier.* Breslau: Schlesische Buchdruckerei, 1901.
*Kinder der Sehnsucht.* Goslar: Lattmann, 1901.
*Harter Sieg.* Berlin: Janke, 1902.
*Die neue Eva.* Leipzig: Seemann, 1902. Leipzig: Concordia, 1902. Berlin, Leipzig: Rothbarth, 1905.
*Aus Aphrodites Garten.* Leipzig: Seemann, 1902, 1907.
*Auf weiten Flügeln.* Leipzig: Seemann, 1902.
*Pfingstsonne.* Breslau: Schlesische Buchdruckerei, 1903.
*Mimikry. Ein Stück modernen Lebens.* Leipzig: Seemann, 1903. Leipzig: Rothbarth, 1906. Berlin: Concordia, [o. J.]. Berlin: Phönix, 1919.
*Landysi.* Petersburg 1904.
*Das Haus in den Rosen.* Berlin: Hillger, 1905.
*Wo die Adler horsten.* Stuttgart: Dt. Verlagsanstalt, 1906.
*Esclarmonde. Ihr Lieben und Leiden.* Stuttgart: Dt. Verlagsanstalt, 1906, 2. Aufl. 1906. Berlin: Borchardt, 1906.
*Eine Liebesnacht.* Leipzig: Elischer, 1908.
*Heimweh.* 1909.
*Irrende Liebe.* Leipzig: Elischer, 1909.
*Im Finstern.* Leipzig: Elischer, 1910.
*Gesammelte Gedichte.* München: Verlag Süddeutsche Illustrationscentrale, 1910. Leipzig: Elischer, 1911.
*Lustige Ehen. Eine Geschichte in der sich alle kriegen.* Leipzig: Elischer, 1912.
*Stille Gäste.* Leipzig, Berlin: Heilbrunn, 1912.
*Dinas Erweckung.* Berlin: Hillger, 1914.
*Liebe, die siegt.* Leipzig: Elischer, 1914.
*Die Sterne des Herrn Ezelin.* Leipzig: Elischer, 1915.
*Das Fräulein vom Monde.* Berlin: Weichert, 1915.
*Als der Mai kam.* Berlin: Hillger, 1915.
*Wildes Blut.* Berlin: Jacobsthal, 1916.

*Der rote Teufel.* Leipzig: Elischer, 1916.
*Gedichte.* Berlin-Schöneberg: Jacobsthal, 1917.
*Kinder der Pußta.* Berlin: Hillger, 1920, 1932.

## *Else Jerusalem*

*Venus am Kreuz. Drei Novellen.* Leipzig u. Berlin: Meyer, 1899.
*Gebt uns die Wahrheit! Ein Beitrag zu unsrer Erziehung zur Ehe.* Leipzig: Seemann, 1902, 2. Aufl. 1902.
*Komödie der Sinne.* Leipzig: Seemann, 1902.
*Der heilige Skarabäus.* Roman. Berlin: Fischer, 1909, 1911, 25.–26. Aufl. 1916, 37.–40. Aufl. 1926, stark gekürzte Neuauflage mit Happy-End: Berlin: Amsel 1954.
*Steinigung in Sakya. Ein Schauspiel in 3 Akten.* Berlin: Reiss, 1928.
*Das Abenteuer einer Jüdin. Eine Geschichte aus Buenos Aires.* Buenos Aires 1933.
*Die Dreieinigkeit der menschlichen Grundkräfte.* Zürich: Verlag der Gestaltung Oprecht & Helbling, 1939.

## *Minna Kautsky*

*Madame Roland. Historisches Drama in fünf Akten.* Wien: Rosner, 1878. Leipzig: Polytechnische Buchhandlung, 1883.
*Stefan vom Grillenhof.* 2 Teile. Leipzig: Goldhausen, 1881. Unselbständige Erstveröffentlichung: Neue Welt, Leipzig, 1879. Neue-Welt-Novellen 1. Leipzig: 1882.
*In der Wildnis.* 1882.
*Herrschen oder Dienen.* Roman. Leipzig: Reißner, 1882. Zuerst getrennt erschienen: »Die Schwestern. Herrschen oder Dienen.« Neue Welt, Leipzig, 1881.
*Helene. Roman.* Stuttgart: Dietz, 1884, 1900.
*Die Alten und die Neuen.* 2 Bände. Leipzig: Reißner, 1885. Unselbständige Erstveröffentlichung: Neue Welt, Leipzig, 1884.
*Victoria. Roman.* Zürich: Verlags-Magazin, 1889. Unselbständige Erstveröffentlichung: Illustriertes Unterhaltungsblatt, Hamburg, 1887 (durch Verbot der Zeitung abgebrochen).
*Die Mühseligen und die Beladenen.* 1900.
*Die Leute von St. Bonifaz. Roman.* Wien: Beilage des Freimütigen, 1901.
*Im Vaterhause. Roman.* Unselbständige Erstveröffentlichung: Neue Welt, Hamburg, 1904.

*Der Pariser Garten und anderes.* Berlin: Buchhandlung Vorwärts, 1913.
*Gesammelte Schriften.* 2 Bde. Nürnberg: Fränkische Verlagsanstalt & Buchdruckerei, 1914.
*Minna Kautsky. Auswahl aus ihrem Werk.* Hrsg. u. mit einem Nachwort von Cäcilia Friedrich. Textausgaben zur frühen sozialistischen Literatur in Deutschland 4. Berlin: Akademie Verlag, 1965.

### *Emil Marriot*

*Egon Talmors. Roman.* Wien: Hartleben, 1880.
*Die Familie Hartenberg. Roman aus dem Wiener Leben.* Berlin: Lehmann, 1883, Berlin: Freund & Jeckel, 1886, 1895.
*Mit der Tonsur. Geistliche Novellen.* Berlin: Lehmann, 1886, 1887.
*Mit der Tonsur. Geistliche Novellen* 2. Band, 1887.
Beide Bände unter dem Titel: *Novellen und neue Novellen.* Berlin: Freund & Jeckel, 1886, 1887, 1890, 1897.
*Der geistliche Tod. Roman.* Berlin: Lehmann 1888, 1890, 5. Aufl. 1893, 7. Aufl. 1904, 9. Aufl. 1907, Berlin: Grote 13. Tsd. 1912, 22. Tsd. 1920, 23. Tsd. 1924.
*Moderne Menschen. Roman.* Berlin: Freund & Jeckel 1893, 1900.
*Die Starken und die Schwachen und andere Novellen.* Berlin: Freund & Jeckel, 1894, Berlin: Grote, 3. Aufl. 1899.
*Caritas. Der Roman einer Familie.* Berlin: Freund & Jeckel 1895. Berlin: Grote, 6. Tsd. 1919.
*Junge Ehe. Roman.* Berlin: Freund & Jeckel 1897, Berlin: Grote, 6. Tsd. 1902, 7. Tsd. 1909, 8. Tsd. 1914, 11. Tsd. 1919, 13. Tsd. 1922.
*Seine Gottheit. Roman.* Berlin: Freund & Jeckel, 3. Aufl. 1898, 4. Aufl. 1904, Berlin: Grote, 6. Tsd. 1912, 9. Tsd. 1919, 12. Tsd. 1922.
*Auferstehung. Roman.* Berlin: Freund & Jeckel 1898, Berlin: Grote, 4. Tsd. 1908, 5. Tsd. 1916, 7. Tsd. 1921.
*Tiergeschichten.* Berlin: Freund & Jeckel, 1899.
*Schlimme Ehen. Novellen.* Berlin: Grote, 1901, unter dem Titel: *Meine Frau und andere Geschichten. 5 Erzählungen.* 1910.
*Menschlichkeit. Roman.* Berlin: Grote, 3. Tsd. 1902, 5. Tsd. 1921.
*Anständige Frauen. Roman.* Berlin: Grote, 1906, 4. Tsd. 1910.
*Ein schwerer Verdacht. Vertauschte Rollen. Dem Leben nacherzählt.* Berlin u. Leipzig: Hillger, 1907 (= Kürschners Bücherschatz 559).
*Sterne. Drei Erzählungen.* 1908.
*Die Unzufriedenen. Roman aus den bürgerlichen Kreisen.* Berlin: Grote, 1908, 3. Tsd. 1908.
*Erstarrung. Stilles Martyrium. Geschichte eines Mädchens.* Berlin & Leipzig:

Hillger, 1909 (= Kürschners Bücherschatz 657).
*Heinz Henning*. Roman. Berlin: Grote, 1911.
*Der abgesetzte Mann. Roman aus der Zeit vor dem Krieg*. Berlin: Grote, 1916, 4. Tsd. 1924.

## *Rosa Mayreder*

*Der Corregidor. Operntext.* Mannheim: Heckel, 1896, 1906.
*Aus meiner Jugend. Drei Novellen.* Dresden, Wien: Pierson, 1896. Wien: Heller, 1908.
*Übergänge. Novellen.* Dresden, Wien: Pierson, 1897. Wien: Heller, 1908.
*Die Abolitionisten-Föderation.* Sonderabdruck aus der Wiener klinischen Rundschau 32. Wien: Plant, 1898.
*Idole. Geschichte einer Liebe.* Berlin: Fischer, 1899.
*Pipin. Ein Sommererlebnis.* Wien: Heller, 1903, 1908.
*Zur Kritik der Weiblichkeit. Essays.* Jena, Leipzig: Diederichs, 1905, 1907, 1922.
*Zwischen Himmel und Erde. Sonette.* Jena, Leipzig: Diederichs, 1908.
*Der typische Verlauf sozialer Bewegungen.* Wien: Anzengruber, 1917. Wien: Braumüller, 2. durchges. Aufl. 1926.
*Die Frau und der Internationalismus.* Wien: Frisch, 1921.
*Fabeleien über göttliche und menschliche Dinge.* Leipzig, Wien: Anzengruber, 1921.
*Sonderlinge.* Berlin: Hillger, 1921 (Neuabdruck einer Novelle aus *Aus meiner Jugend*).
*Geschlecht und Kultur.* Essays. Jena: Diederichs, 1923.
*Askese und Erotik.* Jena: Diederichs, 1926.
*Ideen der Liebe.* Jena: Diederichs, 1927.
*Mensch und Menschlichkeit.* Wien: Braumüller, 1928.
*Die Krise der Ehe.* Jena: Diederichs, 1929.
*Der letzte Gott.* Stuttgart: Cotta, 1933.
*Anda Renata. Ein Mysterium in zwei Teilen und zwölf Bildern.* Teil I. Wien: Krey, 1934.
*Gaben des Erlebens. Sprüche und Betrachtungen.* Darmstadt: Darmstädter Verlag, 1935.
*Diana und Herodias. Ein mythisches Spiel.* Privatdruck 1937.
*Das Haus in der Landskrongasse. Jugenderinnerungen.* Hrsg. u. mit einem Nachwort von Käthe Braun-Prager. Wien: Mensal, 1948. Mit einem Vorwort von Eva Geber, Wien: Mandelbaum, 1998.
*Krise der Väterlichkeit.* Eingel. u. ausgew. von Käthe Braun-Prager. Graz, Wien: Stiasny, 1963. (Auszüge aus den Schriften Rosa Mayreders)

*Zur Kritik der Weiblichkeit. Essays.* Zusammengestellt u. eingel. von Hanna Schnedl. München: Frauenoffensive, 1982.
*Rosa Mayreder oder Wider die Tyrannei der Norm.* Hrsg. von Hanna Bubeniček. Monographien zur österreichischen Kultur- und Geistesgeschichte 2. Wien, Köln, Graz: Böhlau, 1986.
*Mein Pantheon. Lebenserinnerungen.* Dornach: Geering, 1988.
*Tagebücher. 1883–1937.* Hrsg. u. eingel. von Harriet Anderson. Frankfurt/Main: Insel, 1988.

### *Betty Paoli*

*Gedichte.* Pest: Heckenast, 1841, 2. verm. Aufl. 1845.
*Nach dem Gewitter.* Pest: Heckenast, 1843, 2. verm. Aufl. 1850.
*Die Welt und mein Auge. Novellen.* 3 Bde. Pest: Heckenast, 1844.
*Romancero.* Leipzig: Georg Wigand, 1845.
*Neue Gedichte.* Pest: Heckenast, 1850, 2. verm. Aufl. 1856.
*Lyrisches und Episches.* Pest: Heckenast, 1855.
*Wiens Gemälde-Galerien in ihrer kunsthistorischen Bedeutung.* Wien: Gerold, 1865.
*Julie Rettich. Ein Lebens- und Charakterbild.* Wien: Klemm, 1866.
*Neueste Gedichte.* Wien: Gerold, 1870.
*Grillparzer und seine Werke.* Stuttgart: Cotta, 1875.
*Gedichte. Auswahl und Nachlaß.* Stuttgart: Cotta Nachfolger, 1895.
*Die Brüder. Anna. 2 Erzählungen.* [o. J.] (= Allgem. National-Bibliothek Nr. 205/206).
*Ausgewählte Gedichte. Mit einer Einleitung von Marie von Ebner-Eschenbach.* Stuttgart: Cotta Nachfolger, 1904 (= Cotta'sche Handbibliothek Nr. 91).
*Gesammelte Aufsätze.* Wien [o. J.] (= Schriften d. literarischen Vereins in Wien IX).
*Die schwarzgelbe Hyäne. Auswahl.* Eingel. u. ausgew. von J. Halper. Graz und Wien: Stiasny, 1958 (= Stiasny-Bücherei Bd. 19).

### *Ida Pfeiffer*

*Reise einer Wienerin in das Heilige Land,* nämlich: von Wien nach Konstantinopel, Brussa, Beirut, Jaffa, Jerusalem, dem Jordan und todten Meere, nach Nazareth, Damaskus, Balbeck und dem Libanon, Alexandrien, Kairo, durch die Wüste an das rothe Meer, und zurück über Malta, Sicilien, Neapel, Rom u.s.w. Unternommen im März bis Dezember 1842. Nach den Notaten ihrer sorgfältig geführten Tagebücher von ihr selbst beschrieben, 2 Teile, 1. Aufl.

Wien 1844. Wien: Dirnböck, 4. verb. Aufl. 1855. Hrsg. von Ludwig Plakolb. Stuttgart: Steingrübler, 1969. (= Bibliothek klassischer Reiseberichte). Neuauflage: *Reise in das Heilige Land. Konstantinopel, Palästina, Ägypten im Jahre 1842*. Wien: Promedia, 1995.

*Reise nach dem skandinavischen Norden und der Insel Island im Jahre 1845*. 2 Bde. Pest: Heckenast, 1846. Neuauflage: *Nordlandfahrt. Eine Reise nach Skandinavien und Island im Jahre 1845*. Wien: Promedia, 1991.

*Eine Frauenfahrt um die Welt. Reise von Wien nach Brasilien, Chili, Otahaiti, China, Ost-Indien, Persien und Kleinasien*. 3 Bde. Wien: Gerold, 1850. Neuauflage hrsg. v. Brigitte Fürle. Wien: Promedia, gekürzte Fassung, 1989. Neuauflage: *Eine Frau fährt um die Welt. Die Reise 1846 nach Südamerika, China, Ostindien, Persien und Kleinasien*. Wien: Promedia, 1992.

*Meine Zweite Weltreise. Erster Teil: London, das Cap der Guten Hoffnung, Singapore, Borneo, Java. Zweiter Teil: Sumatra, Java, Celebes, die Molukken. Dritter Teil: Kalifornien, Peru, Ecuador. Vierter Teil: Vereinigte Staaten von Nordamerika*. Wien: Gerold, 1856. Neuauflage: *Abenteuer Inselwelt. Die Reise 1851 durch Borneo, Sumatra und Java*. (Teil 1 und 2) Wien 1993. *Reise in die Neue Welt. Amerika im Jahre 1853*. (Teil 3 und 4) Wien: Promedia, 1994.

*Reise nach Madagaskar. Nebst einer Biographie der Verfasserin, nach ihren eigenen Aufzeichnungen*. 2 Bde. Wien: Gerold, 1861. Neuauflage: *Verschwörung im Regenwald. Ida Pfeiffers Reise nach Madagaskar*. Hannover, Basel: Schönbach, 1991.

## *Adelheid Popp*

*Die Arbeiterin im Kampf ums Dasein*. Wien: Erste Wiener Volksbuchhandlung, 1895, 2. vollst. umgearb. Aufl. Wien 1911.

*Die Jugendgeschichte einer Arbeiterin, von ihr selbst erzählt. Mit einführenden Worten von August Bebel*. München: Reinhardt, 1.–5. Tsd. 1909, 2. Aufl. 6.–10. Tsd. 1909, verm. Aufl. 11.–15. Tsd. 1910, 3. verm. Aufl. 1927, 4. Aufl. 1930. Berlin, Stuttgart: Dietz, 1922. Wien: Wiener Volksbuchhandlung, 1964. Hrsg. v. Hans Schütz. Bonn: Dietz, 1978.

*Schutz der Mutter und dem Kinde*. Wien: Wiener Volksbuchhandlung, 1910 (= Lichtstrahlen Nr. 21).

*Mädchenbuch*. Wien: Wiener Volksbuchhandlung [o. J.] (= Die junge Welt Bd. 6), Wien: Wiener Volksbuchhandlung, 1924.

*Gedenkbuch. 20 Jahre österreichische Arbeiterinnenbewegung*. Wien [o. J.].

*Haussklavinnen. Ein Beitrag zur Lage der Dienstmädchen*. Wien: Wiener Volksbuchhandlung, 1912.

*Erinnerungen. Aus meinen Kindheits- und Mädchenjahren. Aus der Agitation*

*und anderes.* Stuttgart: Dietz, 1915.
*Frau – Arbeiterin – Sozialdemokratie.* Hrsg. vom Frauenreichskomitee Wien. Wien: Wiener Volksbuchhandlung [1916].
*Frauen der Arbeit, schließt euch an! Ein Mahnruf.* Wien: Wiener Volksbuchhandlung, 1919.
*Was die Frauen der Republik verdanken.* Wien: Wiener Volksbuchhandlung, 1919.
*Frauenarbeit in der kapitalistischen Gesellschaft.* Wien: Frauen-Zentralkomitee 1922.
*Vorkämpferinnen der Menschheit.* Teplitz-Schönau: Zentralstelle für das Bildungswesen der deutschen sozialdemokratischen Arbeiterpartei 1925 (Merkblätter für Frauenvorträge).
*Der Weg zur Höhe. Die sozialdemokratische Frauenbewegung Österreichs. Ihr Aufbau, ihre Entwicklung und ihr Aufstieg.* Wien: Frauen-Zentralkomitee, 1929.

## *Wanda von Sacher-Masoch*

*Der Roman einer tugendhaften Frau. Ein Gegenstück zur »geschiedenen Frau« von Sacher-Masoch. Interessante Gestalten.* Bibliothek neuer Romane und Erzählungen 4. Prag: Bohemia, 1878.
*Echter Hermelin. Geschichten aus der vornehmen Welt.* Bern: Frobeen, 1879.
*Die Damen im Pelz. Geschichten und Novellen.* 2 Bde. Leipzig: Morgenstern, 1881, 1882. Berlin: Neufeld & Henius, 1895, 1896, 1900.
*Meine Lebensbeichte. Memoiren.* Berlin, Leipzig: Schuster & Löffler, 1906.
*Masochismus und Masochisten. Nachtrag zur Lebensbeichte.* Berlin: Seemann Nachfolger, 1908.
*Die Beichte der Dame im Pelz.* München, Breitbrunn: Moewig, 1986. Neuaufl. von *Meine Lebensbeichte.*
*Damen mit Pelz und Peitsche.* Hrsg. u. mit einem Nachwort von Christa Gürtler. Frankfurt/Main, Berlin: Ullstein, 1995.
*Wanda und Leopold von Sacher-Masoch. Szenen einer Ehe. Eine kontroversielle Biographie.* Hrsg. von Adolf Opel. Wien: Wiener Frauenverlag, 1996.

## *Bertha Freiin von Suttner*

*Ein Manuscript.* Dresden, Leipzig: Pierson, 1885, 3. Aufl. 1895.
*Ein schlechter Mensch.* München: Heinrichs, 1885. Dresden: Pierson/ Verlag Berlin-Wien Volksausgabe 1907; 1909.
*Daniela Dormes.* 1886. Dresden: Pierson, 1900.

*High life.* 2 Teile in einem Band. München: Heinrichs, 1886. Dresden: Pierson, 2. Aufl. 1896, 1902.
*Verkettungen.* Leipzig: Friedrich, 1887. Dresden, Leipzig: Pierson, 1892.
*Inventarium einer Seele.* Leipzig: Friedrich, 1883, 2. verb. Aufl. 1888. Dresden: Pierson, 4. durchges. Aufl. 1904. Volksausgabe 1908.
*Schriftstellerroman.* Dresden: Pierson, 1888, 1898, Volksausgabe 1908.
*Das Maschinenalter. Zukunftsvorlesungen über unsere Zeit.* Zürich: Verlags-Magazin 1889, Dresden: Pierson, 3. Aufl. 1899.
*Die Waffen nieder! Eine Lebensgeschichte.* 2 Bde. Dresden: Pierson, [1889], 2. u. 3. Tsd. 1891, 4.–11. Tsd. 1892–94, 28. Aufl. 1898. Für die reifere Jugend bearbeitet, illustriert von Adrienne Gräfin Pötting. 1897. Volksausgabe 1896. Drama in 3 Akten. Halle: Hendel, 1893. Monatsschrift zur Förderung der Friedensbewegung. 6. Jg. Dresden: Pierson, 1897, 29. Aufl. 1899, 31. Aufl. 1901, 32.–37. Aufl. 1903–05. Volksausgabe, 1.–60. Tsd. 1905, 1906, 38. Aufl. 1907. Berlin: Verlag Berlin-Wien, Volksausgabe 191.–210. Tsd. 1914. Berlin: Verlag Berlin-Wien, 39. Aufl. 1917, 40. Aufl. 1917. Wien: Javorsky, 1966. Hg. u. mit einem Nachwort von Sigrid und Helmut Bock. Berlin: Verlag der Nation, 1990.
*Doktor Hellmut(h)s Donnerstage.* Dresden, Leipzig: Pierson, 1892.
*An der Riviera.* 1892, umgearbeitet als: *La Traviata.* Dresden: Pierson, 1898, Volksausgabe 1908.
*Eva Siebeck.* Dresden: Pierson, 1892, 3. Aufl. 1895 [1893], Volksausgabe 1908.
*Wehrt Euch! Ein Mahnwort an die Juden.* [o. J.]
*Die Tiefinnersten.* Dresden: Pierson, 1893.
*Trente-et-Quarante.* Dresden: Pierson, 1893.
*Im Berghause. Novelle.* Berlin: Goldschmidt, 1893, 3. Aufl. 1899 (= Goldschmidts Bibliothek für Haus und Reise Band 81).
*Es Löwos. Eine Monographie.* Dresden: Pierson, 1894.
*Phantasien über den »Gotha«.* Dresden: Pierson, 1894, Volksausgabe 1907; Berlin: Verlag Berlin-Wien, 1909.
*Vor dem Gewitter.* Wien: Literarische Gesellschaft, 1894. Dresden: Pierson, 1903.
*Hanna.* Dresden: Pierson, 1894.
*Erzählte Lustspiele. Neues aus dem High-life.* Dresden: Pierson, 1889, 3. Aufl. 1895.
*Krieg und Frieden. Erzählungen, Aphorismen, Betrachtungen.* Zusammengestellt und hg. v. Leopold Katscher. Berlin: Rosenbaum & Hart, 1896.
*Einsam und arm.* 2 Bde. Dresden: Pierson, 1896. Berlin: Verlag Berlin-Wien, Volksausgabe 1909.
*Frühlingszeit. Eine Lenzes- und Lebensgabe, unsern erwachsenen Töchtern zur Unterhaltung und Belehrung gewidmet von den deutschen Dichterinnen der Ge-*

*genwart.* Stuttgart: Süddt. Verlagsinstitut, 1896; Berlin: Globus, 1906.
*»Wohin«. Die Etappen des Jahres 1895.* Publikationen des »Deutschen Vereins für internationale Friedenspropaganda von 1874« zu Berlin. Bd. III. Berlin: Gutenberg, 1896.
*Chronik der Friedensbewegung von 1892/1896. Historische Darstellung der Bestrebungen für Gesetz und Recht zwischen den Völkern.* Stuttgart: Strecker & Moser [o. J.].
*Der Kaiser von Europa.* Nach dem Engl. des R. A. Fawkes. Berlin: Verlag der Romanwelt, 1897.
*Schmetterlinge. Novelletten und Skizzen.* 1897.
*Schach der Qual. Ein Phantasiestück.* Dresden: Pierson, 1898, 5. Aufl. 1899, Volksausgabe 1909.
*Es müssen doch schöne Erinnerungen sein* (= Reuter's Bibliothek für Gebelsberger-Stenographen). Separatabdruck aus: »Der Friede« Jg. 16/1909, Nr. 15/16–19/20.
*Dr. Carl Freiherrn von Stengels und Anderer Argumente für und wider den Krieg von Dr. N.N. Privat-Docent an der Universität xxx* hrsg. v. B. v. Suttner [o. J.].
*Ku–i–kuk. Niemals eine Zweite. Novelle.* Berlin, Eisenach, Leipzig: Hillger, 1899 (= Kürschner's Bücherschatz Nr. 150).
*Krieg und Frieden.* Vortrag, gehalten am 5. 11. 1900 im großen Kaimsaale zu München. München: Schupp, 1900.
*Die Haager Friedenskonferenz. Tagebuchblätter.* Dresden, Leipzig: Pierson, 1900, 2. Aufl. 1901. Düsseldorf: Zwiebelzwerg-Verlag, 1985.
*Johann von Bloch und sein Werk. Gedenkblatt zur Einweihung des Internationalen Kriegs- und Friedensmuseums in Luzern.* Gemeinsam mit Frédéric Passy. Luzern 1902.
*Martha's Kinder. Eine Fortsetzung zu »Die Waffen nieder!«* Dresden: Pierson, 1903, 5.–10. Aufl. 1903, 11. Aufl. 1918. Volksausgabe 1.–20. Tsd. 1906, Volksausgabe 211.–240. Tsd. 1917.
*Ketten und Verkettungen. Dona Sol.* [o. J.] (= Hesse's Volksbücherei).
*Der Krieg und seine Bekämpfung.* Berlin: Continent, 3. Tsd. 1904 (Broschüren-Folge Nr. 6).
*Briefe an einen Toten.* Dresden: Pierson, 6. Aufl. 1905.
*Franzl und Mirzl. Langeweile. Ermengildens Flucht. Erzählte Lustspiele.* [o.J.] (= Hesse's Volksbücherei).
*Babies siebente Liebe und Anderes. Neue Folge der »Erzählten Lustspiele«.* Dresden: Pierson, 1.–3. Aufl. 1905, 4. Aufl. 1905.
*Der Frauenweltbund und der Krieg.* Berlin: Vossische Buchhandlung, 1.–10. Tsd. 1905.
*Randglossen zur Zeitgeschichte. Das Jahr 1905.* Kattowitz: Siwinna, 1906.
*Gesammelte Schriften.* In 12 Bdn. Dresden: Pierson, 1906/07.

*Stimmen und Gestalten.* Leipzig: Elischer, 1907.
*Randglossen zur Zeitgeschichte. Das Jahr 1906.* Kattowitz: Phönix, 1907.
*Zur nächsten intergouvernementalen Konferenz im Haag.* Berlin: Süsserott, 1907.
*Rüstung und Überrüstung.* Berlin: Hesperus, 1909.
*Memoiren.* Hg. von Lieselotte v. Reinken. Geleitw. v. Eva Helen Pauling und Linus Pauling. Stuttgart, Leipzig: Dt. Verlags-Anstalt, 1909. Bremen: Schünemann, 1965 (= Zeugen ihrer Zeit).
*Der Menschheit Hochgedanken. Roman aus der nächsten Zukunft.* Berlin: Verlag der »Friedens-Warte«, 1911 [1910].
*Aus der Werkstatt des Pazifismus* (Aus der eigenen Werkstatt. Vortragszyklus im Wiener Volksbildungsverein). Wien: Heller, 1912.
*For la batalilojn! El la germana lingvo esperantigita de Armand Caumont.* Dresden: Adler & Borel, 1914.
*Der Kampf um die Vermeidung des Weltkrieges. Randglossen aus zwei Jahrzehnten zu den Zeitereignissen vor der Katastrophe.* Hg. Alfred H. Fried. 2 Bde. Zürich: Art. Inst. Orell Füßli, 1917.
*Die Barbarisierung der Luft.* Internationale Organisation. 6. Heft.
*»Rüstet ab«* (Werke, Ausz.) Eingel. und ausgew. v. H. Schwarz. Graz, Wien: Stiasny, 1960 (= Stiasny-Bücherei Bd. 67).
*Gedenkblatt für Bertha von Suttner anläßlich ihres 50. Todestages am 21. Juni 1964.* Berlin: Friedensrat der DDR, 1964.
*Kämpferin für den Frieden: Bertha von Suttner: Lebenserinnerungen, Reden und Schriften.* (Auswahl) Hrsg. u. eingeleitet von Gisela Brinker-Gabler. Frankfurt: Fischer, 1986.
*Ariela.* Berlin: Ed. Fischerinsel, 1990.

### *Irma von Troll-Borostyáni*

*Die Mission unseres Jahrhunderts. Eine Studie über die Frauenfrage.* Pressburg: Heckenasts Nachfolger, 1878.
*Im freien Reich. Ein Memorandum an alle Denkenden und Gesetzgeber zur Beseitigung sozialer Irrtümer und Leiden.* Zürich: Verlags-Magazin, 1884. Titel der 2. Auflage: *Die Gleichstellung der Geschlechter und die Reform der Jugenderziehung.* Zürich: Verlags-Magazin, 1888. 3. Aufl. hrsg. v. Verein für Bayerisches Stimmrecht. München: Reinhardt, 1913.
*Das Recht der Frau. Das Vermächtnis einer Unglücklichen an ihre Mitschwestern. Gedanken und Vorschläge aus dem Nachlaß einer Verstorbenen.* Zürich: Schabelitz, 1885.
*Herzens- und Gedankensplitter.* Leipzig: Verlag des Versand-Geschäfts, 1888.

*Aus der Tiefe.* Roman. 2 Bde. Dresden: Pierson, 1892.
*Die Prostitution vor dem Gesetz. Ein Appell ans deutsche Volk und seine Vertreter.* Leipzig: Clausner, 1893.
*Das Recht der Frau. Eine sociale Studie.* Berlin: Fischer, 1893.
*Das Verbrechen der Liebe. Eine social-pathologische Studie.* Leipzig: Spohr, 1896, 2. Aufl. 1900.
*Das Weib und seine Kleidung.* Leipzig: Spohr, 1897.
*Onkel Clemens.* Erfurt, Leipzig: Moos, 1897.
*Was ich geschaut.* Wien: Hartleben, 1898.
*Hunger und Liebe.* Leipzig: Altmann, 1900.
*Katechismus der Frauenbewegung.* Leipzig 1. u. 2. Aufl. 1903.
*Dem Verdienst seine Krone.* Berlin: Dreyer, 1903.
*Der Moralbegriff des Freidenkers.* Salzburg: Höllrigl, 1903. Freilassing 1903.
*Die Schule des Lebens. In Pflichten und Treue.* Konkordia 1904.
*Höhenluft und andere Geschichten aus dem Hochgebirge.* Mit zahlreichen Bildern von H. Stubenrauch. Reutlingen: Enßlin & Laiblin, [1907].
*Irrwege.* Roman. 2 Bde. Prachatitz: Pohl, 1908.
*So erziehen wir unsere Kinder zu Vollmenschen. Ein Elternbuch.* Oranienburg: Möller, 1912.
*Ausgewählte kleinere Schriften.* Hrsg. von Wilhelmine von Troll. Mit einer Lebensskizze von H. Widmann. Leipzig: Spohr, 1914.
*Ungehalten. Vermächtnis einer Freidenkerin.* Hrsg. u. eingel. von Christa Gürtler. Salzburg, Wien: Otto Müller Verlag, 1994.

# Verwendete Literatur und Quellen

*Allgemeine Literatur (Auswahl):*

Harriet Anderson: *Vision und Leidenschaft. Die Frauenbewegung im Fin de siècle Wiens.* Wien: Deuticke, 1994.

*Aufbruch in das Jahrhundert der Frau? Rosa Mayreder und der Feminismus in Wien um 1900.* Ausstellungskatalog des Historischen Museums der Stadt Wien. Wien 1990.

Gisela Brinker-Gabler (Hrsg.): *Deutsche Literatur von Frauen.* 2 Bände. München: Beck, 1988 und 1989.

Gisela Brinker-Gabler, Karola Ludwig, Angela Wöffen: *Lexikon deutschsprachiger Schriftstellerinnen 1800–1945.* München: dtv, 1986.

Lisa Fischer und Emil Brix (Hrsg.): *Die Frauen der Wiener Moderne.* Wien: Verlag für Geschichte und Politik, 1997.

Elisabeth Friedrichs: *Die deutschsprachigen Schriftstellerinnen des 18. und 19. Jahrhunderts. Ein Lexikon.* Stuttgart: Metzler, 1981.

Hans Giebisch und Gustav Guggitz: *Biobibliographisches Literaturlexikon Österreichs von den Anfängen bis zur Gegenwart.* Wien: Hollinek, 1964.

Hiltrud Gnüg und Renate Möhrmann (Hrsg.): *Frauen – Literatur – Geschichte. Schreibende Frauen vom Mittelalter bis zur Gegenwart.* Stuttgart: Metzler, 1985, Frankfurt: Suhrkamp, 1989.

Christa Gürtler und Sigrid Schmid: *Die bessere Hälfte. Österreichische Literatur von Frauen seit 1848.* Salzburg: Otto Müller Verlag, 1995.

Theresia Klugsberger, Christa Gürtler, Sigrid Schmid-Bortenschlager (Hrsg.): *Schwierige Verhältnisse. Liebe und Sexualität in der Frauenliteratur um 1900.* Stuttgart: Akademischer Verlag Heinz, 1992.

J. W. Nagl, J. Zeidler, E. Castle: *Deutsch-österreichische Literaturgeschichte in vier Bänden.* Wien, Leipzig 1914–1937.

Sophie Pataky: *Lexikon deutscher Frauen der Feder.* Berlin 1898 (Bern 1971).

Sigrid Schmid-Bortenschlager und Hanna Schnedl-Bubeniček: *Österreichische Schriftstellerinnen 1880–1938.* Eine Bio-Bibliographie. Stuttgart: Akademischer Verlag Heinz, 1982.

Sigrid Schmid und Hanna Schnedl (Hrsg.): *Totgeschwiegen. Texte zur Situation der Frau von 1880 bis in die Zwischenkriegszeit.* Wien: Österreichischer Bundesverlag, 1982.

Sigrid Schmid-Bortenschlager: *Der Verein der Schriftstellerinnen und Künstlerinnen in Wien. 1885–1938.* In: Jahrbuch der Universität Salzburg 1984, S. 124–137.

Daniela Weiland: *Geschichte der Frauenemanzipation in Deutschland und Österreich.* Hermes-Handlexikon. Düsseldorf: Econ, 1983.

*Elsa Asenijeff*

Briefe in der Österreichischen Nationalbibliothek
Gutachten aus dem Leipziger Archiv
Peter Nürnberg: *Traumgekrönt. Elsa Asenijeff als Schriftstellerin.* In: Leipziger Blätter 17 (1990), S. 40–43.

*Ada Christen*

Nachlaß in der Wiener Stadt- und Landesbibliothek
Oskar Katann: *Storm als Erzieher. Seine Briefe an Ada Christen.* Wien: Hollinek, 1948.
Melanie Lebner: *Ada Christen. Eine Monographie.* Dissertation Wien 1933.

*Helene von Druskowitz*

Hinrike Gronewold: *Helene von Druskowitz (1856–1918). »Die geistige Amazone«.* In: *WahnsinnsFrauen.* Hrsg.v. Sibylle Duda und Luise Pusch. Frankfurt: Suhrkamp, 1992.
Ursula Kubes-Hofmann: *»Etwas an der Männlichkeit ist nicht in Ordnung«. Intellektuelle Frauen am Beispiel von Rosa Mayreder und Helene von Druskowitz.* In: *Die Frauen der Wiener Moderne.* Hrsg.v. Lisa Fischer und Emil Brix. Wien: Verlag für Geschichte und Politik, 1997.
Petra Nachbaur: *Vogue la galère. Die ›Frauenfrage‹ als Modeströmung. Skepsis und Ambivalenz in Helene Druskowitz' ›Die Emancipations-Schwärmerin‹ (1890).* In: *Script 11,* Klagenfurt 1997. (Die Verfasserin arbeitet an einer Dissertation an der Universität Innsbruck über Helene von Druskowitz).
Elisabeth Reichart: *Sakkorausch.* Salzburg: Otto Müller Verlag, 1994.

*Marie von Ebner Eschenbach*

Marie von Ebner-Eschenbach: *Autobiographische Schriften.* Hg. von Christa Maria Schmidt. Tübingen: Niemeyer, 1989.
Marie von Ebner-Eschenbach: *Tagebücher I–V.* Hg. von Karl Konrad Polheim. Tübingen: Niemeyer, 1989-1996.
Anton Bettelheim: *Marie von Ebner-Eschenbachs Wirken und Vermächtnis.* Leipzig: Quelle & Meyer, [1920].

### *Maria Janitschek*

Ernst Brausewetter: *Meisternovellen deutscher Frauen.* Berlin: Schuster und Löffler, 1897, S. 195–201.

Eleonora Karner: *Maria Janitschek. Eine Schriftstellerin der Jahrhundertwende.* Hausarbeit. Universität Salzburg 1982.

Natalie Lettner: *»Vom Weibe« oder Chercher la feministe. Maria Janitschek: Eine feministische Autorin oder eine feministische Interpretation?* In Klugsberger u. a.: *Schwierige Verhältnisse.*

Isolde Wernbacher: *Maria Janitschek. Persönlichkeit und dichterisches Werk.* Phil. Diss. Wien 1950.

### *Else Jerusalem*

Briefe in der Österreichischen Nationalbibliothek Wien

Adelheid Unterwurzacher: *Das Problem der Prostitution im deutschen Frauenroman der Jahrhundertwende. Else Jerusalem: Der heilige Skarabäus und Tagebuch einer Verlorenen.* Hausarbeit Salzburg 1981.

### *Minna Kautsky*

*Kautsky Minna. Beiträge zum literarischen Werk.* Hrsg. v. Stefan Riesenfellner und Ingrid Spörk. Wien: Verlag für Gesellschaftskritik, 1996. (Darin Beiträge von Riesenfellner, Spörk, Cella, Sunk, Kok-Ertl, Michler, Troch; für biographische Hinweise wurden vor allem die Aufsätze von Stefan Riesenfellner und Ingrid Cella herangezogen.)

### *Emil Marriot*

Marriot-Nachlaß in der Wiener Stadt- und Landesbibliothek

Leopold von Sacher-Masoch: *Seiner Herrin Diener. Briefe an Emilie Mataja.* Hg. von Michael Farin und Albrecht Koschorke. München: Belleville, 1987.

### *Rosa Mayreder*

*Aufbruch in das Jahrhundert der Frau? Rosa Mayreder und der Feminismus in Wien um 1900.* Ausstellungskatalog. Wien: Historisches Museum, 1989.

*Betty Paoli*

Josef Halper: *Einleitung.* In: Betty Paoli: *Die schwarzgelbe Hyäne.* Graz, Wien: Stiasny, 1957, S. 5–30.
Helene Bettelheim-Gabillon: *Einleitung.* In: Helene Bettelheim-Gabillon: *Betty Paolis Gesammelte Aufsätze.* Wien 1908.
Karl Hugo Zinck: *Betty Paoli und Adalbert Stifter.* In: *Vierteljahresschrift des Adalbert Stifter-Instituts des Landes Oberösterreich* 22/1973.
Karl Hugo Zinck: *Betty Paoli (1814–1894) und Dr. Josef Breuer (1842 –1925) in ihrer Zeit.* In: *Vierteljahresschrift des Adalbert Stifter-Instituts des Landes Oberösterreich* 25/1976.

*Ida Pfeiffer*

Gabriele Habinger: *Eine Wiener Biederdame erobert die Welt. Die Lebensgeschichte der Ida Pfeiffer (1797–1858).* Wien: Promedia, 1997.
Hiltgund Jehle: *Ida Pfeiffer – Weltreisende im 19. Jahrhundert. Zur Kulturgeschichte reisender Frauen.* Münster 1989.
Hiltgund Jehle: *»Ich reiste wie der ärmste Araber« – Ida Pfeiffer (1797–1858).* In: *Die Reisen der Frauen. Lebensgeschichten von Frauen aus drei Jahrhunderten.* Hrsg.v. Susanne Härtel und Magdalena Köster. Weinheim, Basel: Beltz, 1995.

*Adelheid Popp*

Ursula Münchow: *Neue Wirklichkeitssicht und politische Praxis. Sozialistische Literatur und Arbeiterinnenbewegung.* In: Gisela Brinker-Gabler: *Deutsche Literatur von Frauen.* Band 2. München: Beck, 1988.
*Die Jugendgeschichte einer Arbeiterin, von ihr selbst erzählt.* Hrsg. und mit einer Einleitung v. Hans Schütz. Bonn: Dietz, 1978.
Elisabeth Freismuth: *Adelheid Popp – ihr Weg zur Höhe.* In: Aufbruch in das Jahrhundert der Frau? Rosa Mayreder und der Feminismus in Wien um 1900. Ausstellungskatalog des Historischen Museums der Stadt Wien. Wien 1990.

*Wanda von Sacher-Masoch*

Albrecht Koschorke: *Leopold von Sacher-Masoch. Die Inszenierung einer Perversion.* München: Piper, 1988.

Leopold von Sacher-Masoch: *Materialien zu Leben und Werk.* Hrsg.v. Michael Farin. Bonn: Bouvier, 1987.
Carl Felix von Schlichtegroll: *»Wanda« ohne Maske und Pelz. Eine Antwort auf »Wanda« von Sacher-Masochs »Meine Lebensbeichte« nebst Veröffentlichungen aus Sacher-Masochs Tagebuch.* Leipzig: Leipziger Verlag, 1906.

### *Bertha von Suttner*

Brigitte Hamann: *Österreichische Frauen in der Friedensbewegung.* In: *Aufbruch ins Jahrhundert der Frau?* Rosa Mayreder und der Feminismus in Wien um 1900. Wien: Historisches Museum, 1989.
Brigitte Hamann: *Bertha von Suttner. Ein Leben für den Frieden.* München: Piper, (1986) 1991.
Hanna Schnedl-Bubeniček: *Pazifistinnen. Ein Resümee zu theoretischen Ausführungen und literarischen Darstellungen Bertha von Suttners und Rosa Mayreders.* In: *Wiener Beiträge zur Geschichte der Neuzeit,* Band 11, Friedensbewegungen, hrsg. v. Gernot Heiss und Heinrich Lutz. Wien 1984.

### *Irma von Troll-Borostyáni*

Nachlaß von Wilhelmine von Troll im Museum Carolino Augusteum in Salzburg (u. a. Briefwechsel der Schwestern, Rezensionen und Textabdrucke der Texte von Irma von Troll-Borostyáni)

*Bildnachweis*

Bildarchiv der Österreichischen Nationalbibliothek: 19, 35, 49, 77, 93, 109, 141, 173, 213
Historisches Museum der Stadt Wien: 63, 187
Museum der bildenden Künste Leipzig: 201
Privatarchiv: 155, 229
Salzburger Museum C. A.: 127

In Fällen, in denen die Rechtssituation nicht geklärt werden konnte, bleiben berechtigte Ansprüche gewahrt.

*Editorische Notiz*

Die Porträts von Ida Pfeiffer, Betty Paoli, Minna Kautsky, Bertha von Suttner, Wanda von Sacher-Masoch, Irma von Troll-Borostyáni, Helene von Druskowitz, Rosa Mayreder, Maria Janitschek und Adelheid Popp wurden von Christa Gürtler, die von Marie von Ebner-Eschenbach, Ada Christen, Emil Marriot, Elsa Asenijeff und Else Jerusalem von Sigrid Schmid-Bortenschlager verfaßt.

Für die computergestützte Erfassung der literarischen Texte und die kritische Durchsicht des Manuskripts danken wir Frau Mag. Julia Neissl.

Friedrich Weissensteiner

# Frauen auf Habsburgs Thron

## Die österreichischen Kaiserinnen

Sisi, Kaiser Franz Josephs exaltierte Gemahlin, ist zum Mythos geworden, gilt als österreichische Kaiserin schlechthin. Wie aber verliefen die Schicksale der anderen österreichischen Kaiserinnen? Bunt und anschaulich schildert der Historiker Friedrich Weissensteiner die Schicksale der Gemahlinnen Kaiser Franz' I., Marie Therese, Maria Ludovica und Karoline Auguste, die Lebensgeschichte Maria Annas an der Seite Ferdinands I., Kaiserin Elisabeths unglücklichen Lebenslauf und zeichnet schließlich das Porträt der Kaiserin Zita, deren Beisetzung in der Kapuzinergruft 1989 zur letzten Demonstration monarchisch-höfischen Zeremoniells wurde.

192 Seiten

Renate Wagner

# Heimat bist du großer Töchter

## Bedeutende Frauen und ihre Geschichte

In 42 Porträts stellt Renate Wagner Leben und Werk großer Österreicherinnen vor, die – bekannt oder bereits vergessen – wesentlich die Geschichte Österreichs mitgestaltet und mitgeprägt haben. Die Lebensgeschichten von Johanna von Pfirt bis Karin Brandauer erzählen von Frauen, die mit Klugheit und Kraft Beispielhaftes geleistet und so mitgewebt haben an dem großen Gobelin der österreichischen Geschichte.

224 Seiten

UEBERREUTER